Des milliards en jeu

L'avenir de l'énergie et des affaires en Afrique

NJ Ayuk

MADE FOR
SUCCESS

Made for Success Publishing
P.O. Box 1775 Issaquah, WA 98027
www.MadeForSuccessPublishing.com

Copyright © 2021 NJ Ayuk

Distributed by Made for Success Publishing

First Printing
Library of Congress Cataloging-in-Publication data
Ayuk, NJ
BILLIONS AT PLAY: The Future of African Energy and Doing Deals

p. cm.

LCCN: 2019939284
ISBN: 978-1-64146-573-1 (HDBK-French Edition)
ISBN: 978-1-64146-612-7 (EBOOK-French Edition)

Printed in the United States of America

For further information contact Made for Success Publishing
+14255266480 or email service@madeforsuccess.net

Table des matières

Avant-Propos

De Mohammad Sanusi Barkindo, secrétaire général de l'OPEP

Nelson Mandela a dit un jour ces mots célèbres : « Un gagnant est un rêveur qui n'abandonne jamais. »[1]

Ayuk est précisément le type de rêveur dont parlait M. Mandela.

Ayuk expose dans ce livre son engagement à mettre les pays africains sur la voie d'un avenir prospère. La clé, selon Ayuk, est un effort concerté de tous les dirigeants africains, les entreprises et les individus pour assurer que le continent réalise pleinement le potentiel de sa vaste richesse pétrolière.

En tant que PDG d'un groupe de droit panafricain florissant connu pour son expertise dans les domaines du pétrole et du gaz, Ayuk est un expert en la matière. Ses connaissances sectorielles et son talent en tant que négociateur lui ont valu le respect et la confiance des pays membres de l'OPEP – et permis de négocier pour le compte de notre organisation.

De plus, il a investi son temps et ses ressources à montrer le chemin : il a commencé en créant la Chambre africaine de l'énergie et en co-écrivant *Big Barrels : African Oil and Gas and the Quest for Prosperity [Big Barrels : pétrole et gaz africains et la quête de la prospérité]*, un ouvrage mettant en vedette les pays africains exploitant leurs ressources pétrolières avec succès.

Dans cet ouvrage, Ayuk s'appuie sur ce qu'il a commencé avec *Big Barrels*, qui est d'encourager les Africains à utiliser les ressources pétrolières de leur continent pour prendre le contrôle de leur propre destinée.

Ce qui est peut-être plus important encore, cependant, c'est que cet ouvrage

1

n'hésite pas à aborder les idées potentiellement controversées. Bien qu'il rêve du succès du secteur pétrolier africain, Ayuk a une vision claire des obstacles à ce succès : il plaide avec force en faveur de l'intégration d'un plus grand nombre de femmes dans ce secteur, notamment dans les postes de direction. Il réprimande les gouvernements africains et les entreprises pour cause de manquements dans des domaines allant de la distribution injuste de la richesse pétrolière à la mauvaise gouvernance qui viole les populations africaines.

Ayuk est franc dans son évaluation de l'inefficacité du réseau électrique africain et du leadership inefficace de ses compagnies énergétiques, plaidant pour le dégroupage des services publics comme moyen pour le continent de prendre en main son avenir. En outre, il appelle à un changement culturel qui permettra aux compagnies pétrolières et gazières de se convertir en compagnies énergétiques qui investiront dans les énergies renouvelables en Afrique.

Il aborde également le problème très réel du torchage de gaz dans mon pays d'origine, le Nigéria, où le gaz naturel pourrait être exploité pour faire bénéficier de larges couches de la population d'un accès fiable à l'électricité longtemps attendu.

C'est un honneur pour moi de fournir l'avant-propos de cet ouvrage. Je suis d'accord avec les points évoqués par Ayuk – et avec ses arguments en faveur du rôle crucial que l'OPEP va jouer pour aider les producteurs de pétrole africains à obtenir une voix bien méritée dans l'industrie pétrolière.

Oui, on pourrait soutenir qu'Ayuk est un rêveur. Cependant, il a pris le temps de développer une feuille de route détaillée pour réaliser ce rêve. Il appartient à chacun de prendre le temps de le lire et de jouer un rôle dans la réalisation de son rêve d'une croissance économique alimentée par le pétrole, de stabilité et d'une qualité de vie améliorée pour l'Afrique.

Clé d'abréviation

B : barils de pétrole

b/j : barils par jour

Gb : milliard de barils de pétrole

Gbep : milliard de barils d'équivalent pétrole (fait référence au pétrole brut et au gaz naturel). L'unité de mesure de baril du gaz est basée sur l'énergie approximative libérée par la combustion d'un baril de pétrole brut. Le gaz est récupérable à 100%.)

Gm^3 : milliard de mètres cubes

Gpi^3 (std) milliard de pieds cubes standard de gaz

E&P : exploration et production

CPI : compagnie pétrolière internationale

GNL : gaz naturel liquéfié

Mb : million de barils

Mbep : million de barils d'équivalent pétrole

Mmbtu : million d'unités thermiques britanniques

Mpi^3 (std) : million de pieds cubes standard

Mpi^3/j (std) : million de pieds cubes standard par jour

Mtm/a : million de tonnes métriques par année

ONG : organisation non gouvernementale

CPN : compagnie pétrolière nationale

pb : par baril

tep : tonnes d'équivalent pétrole

Tpi^3 : trillion de pieds cubes

en aval = industries du raffinage et de la pétrochimie

intermédiaire = stockage et transport ; pipelines

en amont = exploration et production

1

Il est grand temps que le pétrole et le gaz africains alimentent un avenir meilleur pour les Africains

Le président des États-Unis, Donald Trump, lors d'une visite en Louisiane en mai 2019, a fréquemment attiré de grandes foules et suscité un tonnerre d'applaudissements pour ses déclarations.

Qu'est-ce qui a suscité l'approbation forte des résidents ? Les éloges sans retenue du président pour le secteur de l'énergie en plein essor de l'État.

« Ici à Hackberry, en Louisiane, vous exporterez très prochainement du gaz naturel américain propre dans le monde entier avec un courage, une compétence et une fierté incroyables », a déclaré le président lors d'une visite guidée de l'installation d'exportation de gaz naturel liquéfié (GNL) de Sempra Energy. « Des travailleurs comme vous éclairent nos maisons, alimentent nos usines et réduisent les coûts en énergie pour les familles américaines qui travaillent dur. »[2]

Le gouverneur de la Louisiane, John Bel Edwards, s'est fait l'écho des propos du président lors de sa visite, soulignant que le secteur de l'énergie du sud-ouest de la Louisiane était en plein essor. « Cette industrie connaît une croissance record avec 30 milliards d'USD de nouveaux investissements et d'activités de l'Afrique du Sud et l'établissement de la Corée du Sud dans le sud-ouest de la Louisiane, créant ainsi des emplois bien rémunérés dans notre État », a déclaré Edwards.

C'est une bonne nouvelle pour des communautés comme Hackberry.

Mais pourquoi des histoires comme celle-ci devraient-elles être limitées aux villes des États-Unis ? Il est temps de voir les mêmes résultats dans les communautés africaines.

Je suis convaincu que les usines de GNL peuvent créer des occasions pour les familles qui travaillent fort en Angola, en Algérie, au Nigéria, en Guinée équatoriale, au Ghana, au Gabon et au Cameroun, entre autres. Pour la toute première fois, les ressources en gaz naturel peuvent rendre les énergies propres plus accessibles aux habitants des communautés rurales de tout le continent. La production de pétrole peut stimuler la croissance économique à Djouba, au Soudan du Sud, à Kampala, en Ouganda et à d'innombrables autres villes et villages à travers le continent africain.

Dans une certaine mesure, cela a déjà commencé.

Un exemple prometteur se passe à environ une heure à l'est de Lagos, au Nigéria, où le chantier de construction d'une raffinerie de pétrole et d'une usine pétrochimique de 12 milliards d'USD est devenu un pôle multiculturel, en quelque sorte.[3] Plus de 7 000 travailleurs du Nigéria, de l'Inde et d'autres pays se rendent quotidiennement au travail et la construction avance à un rythme effréné.

L'homme derrière ce projet, le magnat des affaires nigérian, Aliko Dangote, prédit qu'une fois terminée, la raffinerie traitera 650 000 b/j et créera des milliers d'emplois. Déjà, 900 ingénieurs nigérians sont actuellement formés en Inde pour occuper des postes permanents dans la raffinerie, et encore davantage d'emplois seront créés lorsque le conglomérat industriel multinational de Dangote, le groupe Dangote, poursuivra son initiative d'y construire un port, une jetée, des centrales électriques et des routes.

Si tout se passe comme prévu, le complexe de raffinerie peut beaucoup contribuer à diversifier et à renforcer l'économie du Nigéria, à encourager les transferts de connaissances et de technologie, à attirer des occasions lucratives d'investissements étrangers et à mettre fin à la dépendance du Nigéria à l'égard des exportations de pétrole.[4]

C'est un projet audacieux et un puissant exemple de la capacité de l'industrie pétrolière et gazière à créer un avenir meilleur pour l'Afrique. Et c'est l'un des nombreux développements prometteurs liés au pétrole et au gaz qui surviennent à travers le continent. À l'heure actuelle :

- Anadarko Petroleum Corporation et ses partenaires ont annoncé une décision d'investissement finale (DIF) pour le projet de GNL de la zone 1 au Mozambique le 18 juin 2019. Le projet constituera le premier projet de développement de gaz naturel liquéfié on-shore au Mozambique. Il consistait initialement en deux trains de GNL d'une capacité nominale de 12,88 millions de tonnes métriques par an (Mtm/a) de gaz de traitement issu du champ de Golfinho/Atum situé dans la zone 1 off-shore. Le projet a assuré 11,1 Mtm/a de ventes de GNL à long terme à des clients en Asie et en Europe, représentant 86% de la capacité nominale de l'usine, et comportera également une composante gaz domestique significative.

- Le Gabon, le Cameroun et la République du Congo sont en train d'appliquer de nouvelles lois sur le pétrole qui faciliteront les investissements dans leur pays.

- Le Soudan du Sud a négocié un nouvel accord de paix avec les factions rebelles et augmente la production de pétrole et de gaz tout en développant de nouvelles lois sur le contenu local qui aideront à protéger les intérêts des communautés locales.

- La Guinée équatoriale, avec Noble Energy, Atlas Oranto Petroleum, Guvnor, Glencore et Marathon Oil Company ont finalement convenu d'un accord visant à investir plus de 300 millions d'USD dans le méga-hub gazier d'EG pour la mise en valeur éventuelle de réserves de gaz naturel locales et régionales.

- Le Président angolais, João Lourenço, a mis en avant des réformes visant notamment à réorganiser la société d'énergie publique Sonangol afin de créer une société plus efficace et transparente, en rationalisant l'approbation des investissements des compagnies pétrolières et gazières, en créant des allégements fiscaux pour le développement de champs marginaux et en développant une nouvelle législation sur les droits de gaz. Les résultats pourraient être une augmentation de l'exploration pétrolière en Angola, la fin de la domination accablante de Sonangol sur le secteur pétrolier et gazier angolais et l'accroissement d'occasions pour d'autres sociétés locales et autochtones.

- Une usine de GNL dont la construction est prévue en Tanzanie devrait créer plus de 10 000 emplois permanents dans ce pays d'Afrique de l'Est.

- La deuxième installation de GNL flottant au monde a lancé la production au Cameroun au printemps 2018, et des projets similaires sont en cours de réalisation au Mozambique et en Guinée équatoriale. Chacun d'eux laisse entrevoir la possibilité d'accroître l'indépendance énergétique de l'Afrique, de stimuler la croissance industrielle et de créer des emplois.

- Maintenant que d'énormes gisements de pétrole ont été découverts au large des côtes du Sénégal, le pays a fait adopter une législation qui le positionnera pour devenir un exportateur de pétrole. Les responsables gouvernementaux cherchent également à utiliser les recettes pétrolières et gazières pour couvrir le coût des infrastructures locales et des développements commerciaux.[5]

- Le ministre de l'Énergie, John Peter Amewu, a récemment annoncé que plus de 600 entreprises autochtones au Ghana avaient remporté des contrats dans l'industrie pétrolière et gazière. En septembre 2018, l'industrie pétrolière et gazière du Ghana employait plus de 75% de la main-d'œuvre locale à des postes de niveau intermédiaire et de direction.

J'ai assez entendu les défaitistes pour connaître la réponse :

Vous êtes trop optimiste. Le pétrole et le gaz n'ont pas encore résolu les problèmes de l'Afrique et ne font en réalité que causer plus de problèmes. Qu'en est-il de la corruption et de l'instabilité politique en Afrique ? Qu'en est-il du manque d'infrastructure ?

Mais il est grand temps de laisser cette négativité improductive dans le passé.

Il est assez facile pour quelqu'un de dire que les Africains ne correspondent pas au moule des entrepreneurs pétroliers et gaziers – nous avons prouvé que nous devons briser le moule et nous battre pour une industrie pétrolière qui convient à tous les Africains. Nous connaissons tous les défis auxquels l'Afrique est confrontée et nous sommes conscients de la malédiction perçue des ressources en Afrique. Trop souvent, nos ressources naturelles créent de la richesse pour les investisseurs étrangers et un groupe restreint d'élite africains alors que les citoyens ordinaires ne profitent pas ou, pire encore, en subissant les effets : l'instabilité, les conflits et les dommages environnementaux.

Mais c'est ce dont tout le monde refuse de parler – cette malédiction est réversible. Si les gouvernements, les entreprises et les organisations africaines gèrent judicieusement les recettes pétrolières et gazières africaines, nous pourrons apporter des changements significatifs sur l'ensemble du continent. Nous pouvons remplacer l'instabilité par une bonne gouvernance, une croissance économique et de meilleures occasions pour les Africains ordinaires. Le pétrole peut convenir à tout le monde. Il peut faire de bonnes choses et contribuer à la transition des économies. Nous avons tous l'obligation de soutenir les entreprises fortes qui investissent et font du bon travail, d'encourager celles qui sont timides et avertir ceux qui pensent encore que les affaires doivent être faites comme au bon vieux temps.

Je ne suis pas idéaliste. Vous pouvez trouver de nombreux exemples de ressources naturelles contribuant à des changements significatifs pour le mieux, en Afrique, comme dans les autres parties du monde.

Voici deux de mes exemples récents préférés :

Exploiter le cuivre au Chili

Le Chili est l'un des plus grands producteurs de cuivre au monde : il contrôle plus de 20% des réserves mondiales de cuivre et est responsable de 11% de la production mondiale totale. En juin 2017, une délégation de dirigeants du gouvernement chilien et de représentants d'entreprises est arrivée à Addis-Abeba, capitale de l'Éthiopie, avec un cadeau inestimable. Ils sont venus raconter aux dirigeants africains comment leur pays avait construit leur industrie extrêmement performante d'exploitation du cuivre – et avait évité les effets néfastes de la malédiction des ressources.

Au cours d'une série de tables rondes coordonnée par le Centre africain pour le développement des ressources minérales (AMDC), les délégués chiliens ont partagé leurs idées et les meilleures pratiques de leur industrie minière du cuivre avec des représentants de l'Éthiopie, du Ghana, de la Guinée et de la Zambie. Les séances ont été l'occasion d'apprendre comment le Chili a réussi à :

- Développer et entretenir une chaîne d'approvisionnement en cuivre florissante.
- Encourager la coopération entre le gouvernement et le secteur privé.
- Encourager l'innovation chez les fournisseurs locaux.

Le Chili est reconnu non seulement pour le succès de son industrie du cuivre, mais aussi pour sa croissance économique constante au cours des dernières décennies. Selon la Banque mondiale, le Chili est l'un des pays les plus prospères et économiquement stables d'Amérique latine.[6]

Le succès de l'industrie minière du cuivre et la vigueur de l'économie du Chili sont attribuables à la politique stratégique du gouvernement. « Les autorités locales ont réinvesti les revenus de l'industrie minière dans d'autres industries pour rendre l'économie locale plus compétitive et plus diversifiée », a écrit Martina Mistikova dans un blogue pour Biz Latin Hub. « Au cours des 20 dernières années, le Chili a transformé ses infrastructures grâce à des partenariats public-privé. Grâce à l'amélioration de la connectivité et la conclusion et signature d'accords de libre-échange avec plus de 64 pays, le Chili s'est classé au 33e rang des 138 pays de l'indice de compétitivité mondiale pour 2016-2017. »[7]

Ce pays d'Amérique du Sud a également bénéficié de l'engagement du gouvernement en matière de transparence. « Le ministère des Finances publie régulièrement des informations sur les activités et les recettes, les examens compréhensifs les redevances, les taxes, les valeurs d'exportation minière et les volumes de production », a écrit Sean Durns dans un article pour Global Risk Insights. « La Commission chilienne du cuivre et le ministère des Mines publient en outre d'autres informations sur une base régulière, y compris les évaluations environnementales et les demandes de permis. »[8]

Mieux encore, le gouvernement chilien a mis au point des règles visant à protéger l'environnement et à répondre aux intérêts des groupes autochtones par rapport aux activités d'extraction de cuivre.[9]

Des versions de toutes ces pratiques peuvent être mises en place en Afrique. Le fait que les dirigeants africains et chiliens se soient rencontrés pour en discuter est extrêmement encourageant. Ce genre de dialogue ouvert et de volonté d'apprendre des autres est exactement ce dont nous avons besoin pour maximiser la valeur des ressources naturelles de l'Afrique.

Et, bien sûr, nous pouvons également nous tourner vers l'Afrique pour chercher des pratiques à imiter.

Des idées brillantes au Botswana

L'année 1966 a été une période de hauts vertiges et de creux décourageants pour le Botswana. D'une part, le pays enclavé d'Afrique australe a obtenu son indépendance de la Grande-Bretagne cette année-là. De l'autre, le Botswana était l'un des pays les plus pauvres du monde.[10] Au cours des prochaines années, environ 60% des dépenses publiques ont été financées par l'aide internationale au développement et le revenu par habitant du Botswana n'était que de 70 d'USD par an (comparé à 3 960 d'USD aux États-Unis, à 570 d'USD en Afrique du Sud et à 290 d'USD au Zimbabwe la même année.[11]) L'agriculture – essentiellement l'élevage de bétail – représentait 40% du produit intérieur brut (PIB) du Botswana, et le pays comptait environ 19 kilomètres de routes goudronnées.

Mais plusieurs décennies plus tard, le Botswana a été complètement transformé.

« En 2007, le Botswana avait 7000 kilomètres de routes goudronnées, et le revenu par habitant avait augmenté à environ 6 100 $, rendant le Botswana un pays à revenu moyen supérieur comparable au Chili ou à l'Argentine », a écrit Michael Lewin, *l'auteur de Botswana's Success : Good Policies, Good Governance, and Good Luck*. « Son succès est également évident dans d'autres domaines du développement humain. »

L'aide au développement a été réduite à moins de 3% du budget du gouvernement, a ajouté Lewin, et d'importants progrès ont été réalisés dans les domaines de l'infrastructure et de l'éducation.

Qu'est-ce qui a provoqué une transformation aussi importante ? Elle a été alimentée par la richesse en diamants du Botswana, mais le moteur de la croissance et de la stabilité du pays a été la politique budgétaire soigneusement préparée et la bonne gouvernance du gouvernement.

Tout d'abord, le Botswana a fait de la diversification économique une priorité au lieu de choisir de compter sur les revenus tirés des diamants. Plus récemment, le gouvernement a créé des pôles destinés à favoriser la croissance, l'utilisation de la technologie et les occasions entrepreneuriales dans les industries allant de l'agriculture à la santé. Le Pôle d'innovation du Botswana, l'un des plus récents, développe un parc scientifique et technologique destiné à développer le secteur des technologies de l'information et de la communication (TIC) au Botswana.[12] Un autre exemple, le pôle d'éducation récemment approuvé, est la réponse du gouvernement à l'inadéquation entre le développement des compétences au Botswana et les besoins du marché. Le pôle sera axé sur l'élaboration de programmes de formation de qualité en matière d'éducation et de recherche.[13]

La diversification est l'une des pièces du puzzle au Botswana. Une autre est son approche judicieuse en matière de politiques fiscales. Plutôt que d'engager des « dépenses excessives » gouvernementales lorsque l'argent du diamant coulait, le Botswana a mis en place des politiques qui préconisaient des dépenses modérées en période de prospérité économique. Ceci a permis de poursuivre les dépenses pendant les périodes de ralentissement économique. Les dépenses du pays sont guidées par les plans de développement national, approuvés par le parlement tous les six ans. La planification est effectuée par des comités comprenant des membres de la société civile ainsi que des représentants du gouvernement – et les décisions sont examinées par la Chambre des chefs, qui représente les principales tribus du Botswana.[14]

Généralement, une grande partie des dépenses du gouvernement ont été consacrées à l'éducation, à la santé, à l'assistance sociale, aux infrastructures publiques – toutes améliorant la qualité de vie des citoyens en plus de contribuer à la stabilité et à la création d'un environnement propice à la croissance économique.

Une autre stratégie clé au Botswana ? Économiser et investir des revenus. Ce faisant, le Botswana dispose d'un moyen de stabiliser l'économie en période de ralentissement économique et de faire en sorte que les générations futures bénéficient de la richesse du pays longtemps après l'épuisement des ressources naturelles.

Je comprends que chaque pays est différent, mais les pratiques du Botswana restent des exemples solides à personnaliser et à exploiter.

Ne renoncez pas au pétrole et au gaz

Les gens ne cessent de me demander pourquoi je suis convaincu que les ressources pétrolières sont la clé d'un avenir meilleur pour l'Afrique, à la lumière de la mauvaise gestion, de l'exploitation et des conflits associés à la production de pétrole et de gaz en Afrique au fil des années. Mais je suis fermement convaincu que la solution pour éviter la malédiction des ressources n'est pas d'ignorer les énormes ressources pétrolières du continent : la réponse est d'utiliser nos ressources de manière stratégique.

Réfléchissez-y : à partir de 2017, les réserves prouvées de gaz naturel de l'Afrique totalisaient 503,3 trillions de pieds cubes (Tpi³),[15] et les réserves prouvées de pétrole brut cette année-là dépassaient 126 milliards de barils de pétrole (Gb).[16] Étant donné que l'Afrique reste largement sous-explorée, le potentiel de vastes réserves de pétrole non découvertes mérite d'être examiné. En 2016, l'US Geological Survey a estimé qu'il restait 41 Gb et 319 Tpi3 de gaz prêts à être découverts en Afrique subsaharienne.[17] Je suis convaincu que nous allons voir d'importantes découvertes, notamment avec l'utilisation accrue des technologies d'exploration et de production (E&P) telles que le forage directionnel et la simulation de réservoirs.

Les ressources pétrolières ont toujours été synonymes de perspectives pour les Africains. Là encore en ce qui concerne les revenus pétroliers et gaziers, le problème réside dans l'incapacité à exploiter judicieusement ces ressources, à valoriser pleinement la chaîne de valeur et à en tirer parti, et à protéger les intérêts des Africains ordinaires. Cela a été le mode opératoire jusqu'à présent, mais il n'est pas trop tard pour rejeter ce qui ne marche pas, adopter ce qui marche et alimenter une économie plus forte, une stabilité accrue et une qualité de vie améliorée pour les Africains.

Au moment d'écrire ces lignes, le marché du pétrole et du gaz connaît un rebond. L'industrie est bien différente de celle qui existait à l'époque où João Gaspar Marques et moi écrivions *Big Barrels: le pétrole et le gaz en Afrique et la quête de la prospérité*.

Mais ce rebond n'a pas de sens si nous ne faisons pas ce qui est juste, si nous ne travaillons pas pour résoudre les problèmes de l'Afrique au lieu d'insister sur ce qui ne va pas.

Alors, comment allons-nous utiliser le pétrole et le gaz pour transformer notre continent ? Pour commencer, nous devons cesser de nous concentrer sur l'extraction et la vente de pétrole brut.

Au lieu de cela, nous devons créer des occasions pour les secteurs en amont, intermédiaires et en aval de l'industrie pétrolière et gazière. Nous devons passer de la rhétorique à la pertinence, des symboles à la substance, du populisme de limousine et du charisme au caractère qui offrent des solutions sensées et pragmatiques à ceux qui attendent davantage du pétrole, du gaz et d'autres ressources naturelles de l'Afrique.

Nous devons exploiter nos ressources en gaz naturel pour remédier aux pénuries d'électricité généralisées en Afrique, qui transformeront non seulement la vie des Africains, mais ouvriront également la porte à des entreprises africaines plus efficaces et productives et à des investisseurs internationaux ayant une plus grande capacité de croissance, de profit et de gestion et contribueront au développement économique et social.

Et pendant que nous y sommes, nous devons mettre en place les cadres réglementaires et en matière de travail en place pour dégrouper avec succès nos services publics surdimensionnés et surchargés afin qu'ils puissent fournir de l'électricité de manière constante et fiable.

Nous devons créer plus d'occasions pour les femmes africaines dans l'industrie pétrolière et gazière. C'est une situation gagnant-gagnant : les femmes ont beaucoup à offrir et de bons emplois pour les femmes contribuent à une Afrique plus stable et plus vitale sur le plan économique.

Nous devons insister sur une bonne gouvernance et des politiques qui créent un environnement favorable pour les compagnies pétrolières et gazières – et leur permettent de créer des occasions significatives pour les citoyens africains, les entreprises et les communautés.

Nous devons unir nos forces pour relever de manière stratégique les défis à venir. Nous ne pouvons pas mettre la tête dans le sable en ce qui concerne les facteurs susceptibles d'avoir une incidence sur notre industrie pétrolière et gazière. Ce qui se passe en Louisiane n'est pas un incident isolé. Les États-Unis disposent de plus de réserves de pétrole récupérables que tout autre pays du monde et exportent maintenant de l'énergie.[18] Le président Trump exerce une pression constante sur l'OPEP pour maintenir ses prix du pétrole à un bas niveau. Les dirigeants et les entreprises africaines doivent prendre des mesures dès maintenant – de la diversification économique à la monétisation de nos chaînes de valeur du pétrole – afin de maintenir la stabilité économique de nos pays si les États-Unis créent un surplus de pétrole et les prix chutent à nouveau.[19]

Parallèlement, nous devons faire le travail nécessaire pour créer le type d'environnement qui continuera d'attirer les investisseurs et les entreprises américains, qui sont d'une importance vitale pour le secteur pétrolier et gazier en Afrique.

Ensuite, nous devons mettre en œuvre des stratégies claires et cohérentes pour la transition énergétique nécessaire. L'industrie pétrolière et gazière est là pendant encore fort longtemps, pas seulement en Afrique, mais dans le monde entier. Alors que la question du changement climatique est pressante et imminente – et doit être traitée par les parties prenantes de tous les secteurs du monde – l'éradication complète du pétrole et du gaz est irréalisable. En effet, la plupart des gens ne comprennent pas à quel point l'industrie pétrolière et gazière est intimement liée dans notre vie de tous les jours, le pétrole et le gaz étant utilisés partout, de la production d'électricité qui illumine le monde aux engrais qui le nourrissent. Le pétrole constitue un élément clé d'un nombre incalculable de produits, le téléphone que vous utilisez pour appeler votre mère, les prothèses dans la bouche et les pneus de votre voiture. Les plus grands spécialistes du climat ne demandent pas un arrêt de la production de pétrole et de gaz, mais plutôt une transition énergétique durable. Dans ce contexte, l'Afrique est un lieu idéal pour mener la charge en créant une industrie pétrolière et gazière durable, tout en créant un secteur des énergies renouvelables de premier plan. Le potentiel en énergies renouvelables est essentiellement illimité et les technologies permettant de faire un bond en avant développées sur le continent ouvrent la voie aux énergies renouvelables à travers le monde.

Pour réussir, nous devons être honnêtes et agir rapidement pour mettre en place des cadres réglementaires stables, des environnements commerciaux innovants capables d'attirer les investissements et un engagement politique fort en faveur d'une transition énergétique. Il est également important de comprendre que ce changement ne sera pas facile, car la plupart des pays continuent d'assister à des conflits politiques et sont fortement dépendants à de l'infrastructure de production d'électricité à base de combustibles fossiles, susceptibles de limiter les possibilités de créer les conditions d'une transition énergétique plus rapidement que nos homologues occidentaux.

Surtout, nous devons compter sur nous-mêmes pour trouver des solutions. Nous devons apprendre à négocier des contrats E&P pétroliers qui profitent autant aux Africains ordinaires qu'aux dirigeants gouvernementaux. Nous devons réclamer de nouveaux modèles de gestion des revenus pétroliers qui reparaîtront la richesse de manière équitable. Et nous devons cesser de nous considérer comme des victimes ayant besoin d'aide et de conseils de l'étranger.

Il est important de connaître votre valeur et la valeur ajoutée que vous apportez à toute transaction pétrolière ou gazière. Beaucoup d'Africains ont toujours été timides ou effrayés de tirer profit de ce qu'ils apportent à la table. C'est une mauvaise idée. Je connais ma valeur. Je sais ce que j'apporte à la table et je n'ai pas honte d'exiger une compensation appropriée. Je n'aime pas que les politiciens réglementent la compensation. Nous devons apprendre à laisser les forces du marché déterminer certaines choses dans l'industrie pétrolière.

Les Africains sont plus que capables de faire de notre continent un succès.

Mettons-nous au travail.

2

Il appartient aux Africains de réparer l'Afrique

Le Soudan déchiré par la guerre a été le théâtre d'un conflit civil de plusieurs années.

Dans les années 1970, de vastes réserves de pétrole ont été découvertes dans le sud du pays. Entre-temps, des pipelines et des raffineries apparaissaient dans la région nord, peut-être pour tenter d'empêcher la sécession.[20] Les deux régions du pays n'ont pas pu se mettre d'accord sur la manière de « partager » les revenus pétroliers, ce qui a provoqué des affrontements et une scission éventuelle en deux nations distinctes en 2011. À ce jour, le Soudan du Sud reste l'un des pays les moins développés d'Afrique.[21]

Mais même là, nous entrevoyons une lueur d'espoir.

Au milieu de 2017, mon entreprise, Centurion Law Group, a facilité avec succès l'un des accords les plus importants et les plus difficiles à ce jour dans le secteur pétrolier et gazier africain au Soudan du Sud. Nous avons collaboré avec Nigerian Oranto Petroleum et le gouvernement du Soudan du Sud pour permettre à Oranto d'explorer le pétrole dans le bloc B3 du Soudan du Sud. Le contrat d'exploration et de partage de la production (CPEP) qui en est résulté a permis de lancer immédiatement le programme d'exploration complet et de développement à long terme d'Oranto.

Peu de temps après cet accord historique, Centurion Law Group a conclu une alliance stratégique avec un cabinet d'avocats du Soudan du Sud, Awatkeer Law Chambers, à Djouba.[22] Le réseau local d'Awatkeer et la portée panafricaine de Centurion nous permettent de former les avocats sud-soudanais à l'utilisation de nos plates-formes technologiques juridiques pour mieux servir les entreprises, le gouvernement et les organisations non gouvernementales (ONG) du Soudan du Sud, en particulier dans les domaines du droit de l'énergie.

Cet accord représente un développement important, non seulement parce que ce CPEP d'Oranto est le premier de ce genre à être signé au Soudan du Sud depuis 2012, mais il témoigne de l'engagement renforcé du gouvernement en faveur de la relance économique à l'échelle nationale par le biais d'investissements dans les services publics et les infrastructures, en particulier dans le secteur pétrolier et gazier. Plus important encore, il marque le début d'un espoir renouvelé : si nous pouvons réussir ici, nous pouvons réussir partout sur le continent.

J'ai aidé des sociétés privées et des gouvernements africains à prendre des mesures éprouvées dans le contexte de l'industrie pétrolière et gazière pour améliorer les économies africaines et aider les Africains ordinaires à améliorer leur vie en exploitant l'influence de nos ressources naturelles. Ainsi, je sais que nous, Africains, pouvons surmonter d'immenses obstacles et nous aider nous-mêmes. Je suis optimiste à l'idée que nos succès peuvent être contagieux.

Au moment d'écrire ces lignes, quelque 400 délégués viennent de rentrer de la conférence *South Sudan Oil & Power* 2018.[23] Les participants se sont réunis pour discuter de (et, à juste titre, célébrer) la croissance des activités d'exploration, la reprise de la production pétrolière dans la région, l'amélioration des infrastructures régionales et la sécurité dans les zones opérationnelles. Cette deuxième conférence annuelle des professionnels du pétrole et du gaz représente le caractère contagieux du succès : ce dialogue ouvert entre les délégations gouvernementales, les diplomates de l'étranger et les représentants du secteur privé stimule la conversation qui mènera à une Afrique plus forte.

Mais je sais aussi qu'atteindre cet objectif demande du travail – beaucoup de travail – mais aussi l'initiative et la coopération de tous les Africains. Je vous invite à intensifier vos efforts. Nous devons tous assumer la responsabilité de travailler pour améliorer l'Afrique. Il ne s'agit pas d'un fardeau, mais d'un honneur.

La charité maintient les gens dans la misère

Il y a un vieux dicton qui dit quelque chose comme ceci, « *Si tu donnes un poisson à un homme, il se nourrit une fois. Si tu lui apprends à pêcher, il se nourrira toute sa vie.* »

La charité a sa place. Il est difficile de regarder quelqu'un patauger, surtout quand on peut l'aider à se relever. L'aide monétaire est une solution de facilité qui peut calmer la faim, aider quelqu'un à garder sa maison, ou à payer pour ses soins médicaux d'urgence. Cette générosité, aussi bien intentionnée soit-elle, peut être mal dirigée. Et une fois le cadeau épuisé, il ne reste plus rien.

Pendant trop longtemps, des entités étrangères bien intentionnées sont intervenues pour fournir de l'aide à l'Afrique – mais, ce faisant, elles ont, par inadvertance, marché sur nos pieds. Dans certains cas, elles ont fait plus de mal que de bien. De nombreux projets caritatifs et à but non lucratif sont conçus par des pays donateurs et des institutions étrangères ne comprenant pas suffisamment ce dont les pays ou les communautés bénéficiaires ont réellement besoin ou la manière dont ils fonctionnent.

C'est aussi souvent le cas des entreprises à but lucratif. Il est assez courant que les sociétés multinationales offrent un ou deux avantages supplémentaires pour adoucir leur accord avec les pays d'accueil. Mais ces « avantages » reflètent généralement le même manque de compréhension, en particulier en ce qui concerne les pays africains.

J'ai récemment entendu l'histoire d'une compagnie pétrolière étrangère qui tentait de gagner les faveurs d'une tribu. Ses dirigeants ont demandé au chef de la tribu de demander à son peuple ce dont il avait besoin. Le chef a proposé un hôpital ; les dirigeants ont accepté. Ça semblait être gagnant-gagnant : la tribu obtiendrait de meilleurs soins de santé et la compagnie pétrolière encouragerait la bonne volonté en répondant aux besoins les plus pressants de la tribu.

Le problème était qu'un hôpital n'était pas vraiment le besoin le plus pressant de la communauté. Le chef avait simplement suggéré la première chose qui venait à l'esprit. Bien qu'il soit vrai que les gens de la tribu tombaient malades, ceci n'était pas dû à un manque d'accès aux soins médicaux, mais parce qu'ils buvaient de l'eau contaminée. La tribu n'avait pas besoin d'un hôpital ; ils avaient besoin d'un bon approvisionnement en eau.

Mais, il est évident que les dirigeants du secteur pétrolier ne le savaient pas. Et ils n'ont pas passé de temps à faire des recherches supplémentaires ou à consulter le gouvernement local. Ils ont simplement continué à avancer et construit l'hôpital. Une fois terminé, le bâtiment est resté tristement vacant : il n'y avait ni médecin, ni personnel, ni lits pour les patients. Il était enfermé et clôturé, ne servant à personne.

Je voudrais donner à ces dirigeants le bénéfice du doute ; j'aimerais croire que la société a réellement essayé de faire ce qui était juste et de savoir ce dont les populations avaient besoin – mais ils ont négligé une étape très importante de leur devoir de diligence. Ils ont uniquement parlé avec une personne sans valider sa demande ni déterminé la logistique.

Les bonnes intentions ont leurs limites. En réalité, pour que les bonnes intentions aient un impact, elles doivent être soutenues par un travail acharné, une diligence raisonnable et une exécution solide.

Vous ne pouvez pas simplement jeter de l'argent dans une communauté et vous attendre à des résultats positifs. Dans certains cas, c'est ce qui se passe exactement. Nous avons entendu des histoires d'une société qui a jeté des sacs d'argent d'un bateau. Les voisins se sont disputé l'argent avant que les gangs ne s'en emparent, laissant la communauté sans rien d'autre que de la mauvaise volonté.

Bien que les gouvernements du premier monde et les organisations caritatives internationales diraient le contraire, je considère leurs efforts comme identiques : ils sont peut-être bien intentionnés, mais essentiellement ils lancent des sacs remplis d'argent.

William Easterly, professeur d'économie à l'Université de New York (NYU), codirecteur de l'Institut de recherche sur le développement de la NYU et chercheur non-résident du Center for Global Development a appelé l'aide africaine « l'un des scandales de notre génération ». Lors d'un débat en 2007, Easterly a déclaré : « L'argent destiné aux personnes les plus désespérées du monde ne parvient tout simplement pas à ces personnes : une aide représentant 600 milliards d'USD à l'Afrique au cours des 45 dernières années n'a suscité aucune amélioration du niveau de vie de ses populations durant cette même période. »[24]

L'économiste mondial zambien, Dambisa Moyo, a fait des recherches confirmant cet argument. « L'aide, pour la plupart des pays en développement, a été et continue d'être un désastre politique, économique et humanitaire non mitigé », a-t-elle écrit dans son livre, *Dead Aid*.[25] L'Afrique a été le bénéficiaire de plus de 1 trillion d'USD d'aide au cours des 50 dernières années, mais cette charité semble avoir empiré la pauvreté. Selon Moyo, la pauvreté en Afrique a augmenté, passant de 11% à 66%, pendant le pic de l'aide occidentale, de 1970 à 1998.

Le problème avec la charité est que cela peut devenir une béquille. Plus les personnes reçoivent des contributions, plus elles en dépendent – et moins elles sont motivées pour déployer des efforts supplémentaires en vue de leur autonomie. Et comme Moyo l'a fait remarquer carrément : « L'aide n'a jamais créé d'emploi ».

Tel est le cas en Afrique. Si vous avez lu mon livre, *Big Barrels,* vous pourriez vous souvenir d'une discussion à ce sujet. Ma recherche pour ce livre a révélé une analyse qui montre que les pays tributaires de l'aide sont moins capables de sortir de la pauvreté maintenant qu'il y a 30 ans.

Le recours aux autres est une entrave. Et l'aide, aussi bien intentionnée soit-elle, a souvent un coût.

Considérons les prêts. Bien sûr, les prêts sont destinés à être remboursés plutôt que d'être offerts par simple générosité. Mais les prêts créent des liens qui peuvent être tout aussi préjudiciables que la béquille de la charité. Les pays qui ont accumulé trop de prêts ne sont pas en mesure de rembourser leurs dettes au moment du paiement.

C'est bien le cas dans l'Afrique subsaharienne. L'Overseas Development Institute (ODI) a classé près de 40% de ces pays « en danger de sombrer dans une grave crise de la dette » à compter d'octobre 2018 et a nommé huit pays ; le Tchad, le Mozambique, la République du Congo, São Tomé e Príncipe, le Soudan du Sud, le Soudan, la Gambie et le Zimbabwe – qui sont déjà en situation d'endettement critique.[26]

« Bien que l'emprunt soit souvent considéré comme une condition préalable à la croissance, une dette insoutenable pose un risque important pour les engagements mondiaux visant à mettre fin à l'extrême pauvreté, y compris les objectifs de développement durable (ODD). L'insoutenable fardeau de la dette oblige les gouvernements à dépenser davantage pour le service de la dette et moins sur l'éducation, la santé et les infrastructures, » ont écrit les auteurs de l'ODI, Shakira Mustapha et Annalisa Prizzon. « Une dette élevée engendre également une incertitude qui dissuade les investissements et l'innovation et a un impact négatif sur la croissance économique. Une crise de la dette mal gérée compromet non seulement les progrès dans la réalisation des ODD, mais pourrait également anéantir les progrès accomplis en matière de développement au cours de la dernière décennie. »

Bien que nous soyons reconnaissants des décennies de soutien financier, nous devons apprendre à être autonomes – à pêcher nous-mêmes, pour ainsi dire. La dépendance vis-à-vis des investisseurs étrangers et de l'aide extérieure doit prendre fin si nous, Africains, voulons apporter des améliorations significatives à nos pays d'origine.

La collaboration est cruciale pour l'avenir de l'Afrique

Examinons une géographie surprenante : l'Afrique, deuxième plus grand continent après l'Asie, est cinq fois plus grande que l'Europe. Mais son littoral ne représente qu'un quart de la longueur et 16 de ses pays sont enclavés. Cela entrave gravement le commerce international.

Dans l'étude de John Gallup, Jeffrey Sachs et Andrew Mellinger pour le National Bureau for Economic Research ont souligné que « les pays côtiers ont généralement des revenus plus élevés que les pays enclavés. En effet, aucun des 29 pays enclavés en dehors de l'Europe ne bénéficie d'un revenu par habitant élevé. »[27]

Cela signifie-t-il que le développement économique dans les pays enclavés africains est impossible ?

Absolument pas. Mais cela nécessite un dévouement à la coopération. L'Afrique est une somme de ses parties ; si l'une de ses nations tombe, les autres souffrent également. Mais si nous agissons ensemble, en nous soutenant les uns les autres et en considérant le succès des autres comme notre propre succès, nous aurons une force illimitée. Nous constatons déjà des signes d'un tel soutien de la part des 17 pays riverains du golfe de Guinée qui unissent leurs efforts pour renforcer la sûreté et la sécurité maritimes de leur région et des quatre pays de l'Afrique de l'Est qui se sont associés pour accroître la productivité et la croissance agricoles grâce aux avancées scientifiques.

Le succès engendre le succès. Mais cela nécessite le travail associé de toutes les parties prenantes : les gouvernements, les entreprises et les investisseurs africains et les organisations s'efforçant de faire en sorte que le continent occupe la place qui lui revient dans le monde du commerce du XXIe siècle.

Le rôle des gouvernements africains

Parlons du gouvernement. Quelle est sa responsabilité dans l'atteinte d'une croissance économique ?

L'infographie « Financing the End of Extreme Poverty » de l'ODI affirme que « la croissance seule peut réduire de moitié la pauvreté. L'investissement dans la santé, l'éducation et la protection sociale pourrait faire le reste. »[28]

Oui, de nombreux pays africains ont de petites économies, où l'augmentation de la vitesse de croissance et l'augmentation des recettes constitueront un défi. Mais, comme Indermit Gill et Kenan Karakülah l'ont souligné dans un article pour le Brookings Institute, « L'augmentation des recettes fiscales est une chose que la quasi-totalité de tous les gouvernements du sous-continent peut faire elle-même ».[29]

En outre, Gill et Karakülah estiment, tout comme moi, que les grandes économies africaines ont la capacité de développer leurs propres économies et de générer une croissance positive substantielle – même au-delà des frontières : « Certains pays peuvent le faire seuls. Avec plus de la moitié de la production économique de la région, le Nigéria et l'Afrique du Sud contrôlent non seulement leur propre destin, mais également celui de leurs voisins. »

J'ajouterais que les grands pays qui accordent la priorité à la coopération entre les gouvernements fédéraux, provinciaux et municipaux sont ceux qui ont le plus de chances de générer avec succès de la croissance. Regardez le Nigéria et l'Afrique du Sud. Ont-ils bénéficié d'un gouvernement central fort ?

Le gouvernement nigérian contrôle la grande majorité des ressources du pays – et donc le pouvoir – laissant les gouvernements municipaux les plus faibles mal financés, inefficaces et pratiquement impuissants à gérer leurs problèmes locaux. Chaque niveau du gouvernement devrait disposer de ressources suffisantes pour mener à bien les projets relevant de sa compétence. Mais cela ne se produit pas – les niveaux ne coopèrent pas et tout le monde en subit les conséquences, ce qui a effectivement freiné le développement, notamment dans la création de valeur et la construction d'infrastructures.

En outre, la Constitution de 1996 de l'Afrique du Sud identifie ses trois organes de gouvernement (national, provincial et local) en tant que « sphères » au lieu de niveaux, pour connoter l'interdépendance au lieu de la dépendance. Excellent en théorie, mais cet effort de déconcentration a été entravé par l'absence de cadre politique adéquat. Une délégation de responsabilités peu claire se traduit souvent par une sphère devant exécuter une activité, mais sans la capacité de le faire.

Comme le montre l'Afrique du Sud, l'élément clé nécessaire est une réglementation forte, claire et applicable. Nous devons améliorer nos politiques de réglementation pour engendrer des plans directeurs efficaces et non complexes. Simultanément, nous devons laisser le secteur privé travailler. Si un gouvernement central fort est bon pour la stabilité, une politique plus décentralisée permettra aux communautés locales de travailler efficacement, en faisant appel aux compétences locales aussi souvent que possible.

« Les pays dotés de meilleurs cadres politiques affichent une plus grande efficacité des investissements », a expliqué la Banque mondiale.[30] « Les institutions d'un pays peuvent créer des incitations à l'investissement et à l'adoption de technologies et donner aux travailleurs la possibilité d'accumuler du capital humain, facilitant ainsi une croissance plus élevée à long terme. Les institutions faibles, en revanche, pourraient encourager les activités de maximisation des rentes et de corruption qui conduisent à des activités moins productives ; ce qui décourage l'investissement des entreprises et l'accumulation de capital humain ; et conduit à des résultats de croissance plus médiocres. »

Dans cette optique, l'exemple le plus impressionnant de progrès en faveur d'un environnement des affaires positif pourrait être le Rwanda. Après tout, il s'agit d'un pays dépourvu de ressources naturelles, mais qui a néanmoins bâti quelque chose d'extraordinaire.

Au printemps 1994, le monde entier a assisté au génocide engendré par l'homme de près d'un million de Tutsis et de Hutus modérés perpétré par des groupes ethniques de Hutus. Dans la plupart des villes occidentales, les gens se demandaient : comment c'est arrivé ? Comment avons-nous pu laisser arriver ça ? Même après la fin du massacre, le pays était au désespoir et au bord de l'effondrement.[31] Pourtant, au cours des deux dernières décennies une reprise économique étonnante s'est produite, car le gouvernement s'est efforcé de se positionner comme une destination attrayante pour les entreprises. Il s'est concentré sur les éléments permettant d'attirer les investisseurs, allant de l'amélioration des infrastructures et des services de transport au commerce intrarégional et à la sécurité à l'amélioration des services de santé. Plus important encore, il a mis en place un système bureaucratique efficace. C'est vraiment quelque chose que la plupart des pays africains pourraient imiter fièrement. Sous la conduite de dirigeants judicieux, chaque pays peut être une réussite.

Je vois deux changements réglementaires majeurs que les gouvernements africains peuvent mettre en œuvre immédiatement pour promouvoir les investissements.

Le premier est le principe de l'inviolabilité des contrats. Les investisseurs veulent savoir sans équivoque que leurs accords seront respectés et qu'ils verront le résultat final de leur obligation financière. Le second est la facilité de faire des affaires. Les dirigeants africains doivent jouer un rôle actif dans ces deux aspects en examinant de près leur cadre fiscal. La création d'un bon environnement commercial et des occasions d'investissement n'est possible que si nous faisons en sorte que les gens procurent des avantages appropriés après un dur labeur. Nous devons montrer les avantages des investissements tout en nous préparant à faire face à la dynamique du marché, car une intégration sans préparation ne peut que générer de la frustration.

Le rôle des entreprises et des investisseurs africains

Le marché libre fonctionne bien, non pas parce que le secteur privé est constitué de saints – beaucoup de gens d'affaires que j'ai rencontrés sont aussi égocentriques que les hommes politiques – mais à cause de la concurrence. Sans cet élément crucial inhérent au marché libre, rien ne garantit que les ressources utilisées par le secteur privé soient utilisées efficacement.

Nous, Africains, devons construire de meilleures organisations et gérer de meilleures entreprises. Le secteur privé doit s'associer au gouvernement pour créer des emplois et développer les occasions nationales. Les entreprises africaines doivent comprendre qu'il s'agit de la livraison et de faire ce qui doit être fait : tout le glamour ne compte pas s'il n'y a pas de rendement sur l'investissement.

Je ne dis pas que les hommes d'affaires doivent être des égorgeurs voraces, cherchant seulement à réaliser de gros profits. Mais le succès d'un pays dépend beaucoup de la réussite de ses entreprises. Les propriétaires d'entreprise doivent envisager une double obligation : ils doivent réaliser des bénéfices pour maintenir leurs affaires à flot et contribuer à la prospérité de leur communauté.

Un moyen solide de réaliser des bénéfices est d'investir dans une entreprise au lieu de prendre un engagement direct.

Lorsque j'ai créé mon entreprise, j'ai eu l'avantage de faire équipe avec un cabinet américain, Greenberg Traurig, sous la direction de sa présidente pour l'Afrique, Jude Kearney. Ils ne m'ont pas simplement offert de l'argent pour des transactions. Ils ont proposé d'investir dans notre personnel et de m'aider à développer mon effectif aux côtés de celui de nos clients. C'était un modèle intéressant pour moi, un modèle que je n'avais pas envisagé. Cela a réellement transformé mon entreprise et nous a donné beaucoup plus que si nous avions reçu de l'aide financière. Par la même occasion, j'ai amélioré encore plus mon éducation occidentale et transmis une bonne éthique et des compétences en affaires à mon personnel, tout en mettant en avant les valeurs africaines.

Les entreprises peuvent réussir en Afrique en responsabilisant les communautés. Bâtir des organisations solides avec des ressources humaines solides et établir des réseaux solides *en* Afrique et *au sein de l'*Afrique permettra aux partenaires de créer des occasions qui exploitent des ressources illimitées.

J'ai déjà déploré la charité étrangère. Mais cela ne veut certainement pas dire que les affiliations commerciales étrangères sont imprudentes. Au contraire : les partenaires étrangers sont essentiels à la croissance de l'Afrique. Ils peuvent nous enseigner les compétences transférables dont nous avons besoin pour progresser. Pour moi personnellement, mon éducation américaine et mon partenariat américain m'ont permis de croire en moi.

Mais le capital ne fonctionne que dans un environnement favorable.

Les meilleurs partenaires des entreprises africaines sont les investisseurs qui souhaitent transférer des technologies et donner aux Africains les moyens de les utiliser – et de les améliorer. Autrement dit, nous n'allons pas pouvoir développer l'Afrique sans technologie.

Les investisseurs qui montrent qu'ils veulent participer pleinement avec nous, en participant à la création d'entreprises durables à long terme et rentables, qui créent des emplois et favorisent le développement.

À l'inverse, les investisseurs qui considèrent encore l'Afrique comme un lieu propice pour lancer des sacs pleins d'argent (au sens propre et figuré) vont avoir des difficultés.

Les Africains ordinaires d'aujourd'hui réprouvent le « modèle de l'aide » sachant que l'aide a conduit à la corruption, à la mauvaise gestion, au vol et – pire encore – à l'animosité parmi les Africains.

Le rôle des organisations panafricaines

Les nations à travers le continent se sont réveillées. Nous avons compris la vérité derrière le principe de la force en nombre et que la coopération et la collaboration entre voisins et au-delà des frontières favorisent l'autonomie de l'Afrique.

Nous nous unissons pour un changement positif.

C'est le cas de groupes tels que le Fonds pour le climat d'investissement en Afrique (FCI) et d'autres organisations indépendantes qui encouragent des initiatives facilitant la conduite des affaires. Le FCI, en particulier, permet aux entreprises de « s'inscrire, de payer leurs impôts, de régler leurs différends commerciaux, de dédouaner leurs marchandises, et beaucoup plus encore, de manière rapide, simple et transparente. Cette simplification et cette efficacité contribuent à accélérer la croissance économique, transformant en fin de compte la vie de millions d'Africains. »

En tant que coprésident du FCI et ancien Président de la République de Tanzanie, S.E. Benjamin Mkapa a expliqué : « Le FCI a été mis en place pour prouver que les réformes du climat d'investissement peuvent être faites rapidement en utilisant peu de ressources et tout en créant un grand impact pour le secteur privé, les gouvernements et les pays en général. Nous l'avons fait. Nous avons montré que c'était possible. Il incombe maintenant aux pays africains de suivre l'exemple du FCI et de poursuivre davantage de réformes du climat d'investissement qui permettront de stimuler le développement de l'Afrique et de faire éclore l'esprit d'entreprise de ses habitants. »[32]

De même, le groupe de la Banque africaine de développement (BAD) renforce les économies africaines en aidant ses 54 pays membres régionaux et ses 26 pays membres non régionaux (non africains) à réaliser un développement économique durable et des progrès sociaux. En aidant les pays africains – individuellement et collectivement – à investir des capitaux publics et privés et à financer des projets gérés par le gouvernement ou le secteur privé, cette banque de développement multilatérale s'attaque à son principal objectif, la pauvreté, sur tout le continent. C'est-à-dire que la BAD ne se contente pas de fournir une assistance monétaire. Les pays membres régionaux reçoivent des conseils en matière de politique et une assistance technique en fonction des besoins, pour soutenir leurs efforts de développement.

Grâce à ses liaisons avec le continent et à sa compréhension, la banque est dans une position unique pour aider ses membres de la manière la plus efficace. Le site Web de la BAD (www.afdb.org) explique : « L'admission de membres non régionaux en 1982 a fourni à la BAD des moyens supplémentaires lui permettant de contribuer au développement économique et social de ses pays membres régionaux par le biais de prêts à faible taux d'intérêt. Un plus grand nombre de membres lui a apporté de l'expertise supplémentaire et une crédibilité vis-à-vis de ses partenaires et l'accès aux marchés des pays membres non régionaux. La BAD bénéficie des notations « triple A » de toutes les principales agences de notation internationales. Cependant, la BAD conserve un caractère africain dérivé de sa géographie et de sa structure de propriété. Elle couvre exclusivement l'Afrique. Son siège est également en Afrique et son président est toujours africain. »

Je pense que c'est cela la clé : les Africains doivent s'unir *en* Afrique, *avec* les Africains, *pour* l'Afrique.

Cela ne veut pas dire que nous devons exclure totalement tout engagement international. La BAD illustre la valeur d'une plus grande circonscription, avec une portée plus large et un meilleur accès aux fonds. C'est également le cas de la « Grande muraille verte ». Sans le soutien externe de multiples organisations à but non lucratif et d'agences internationales telles que la Banque mondiale et les Nations Unies, une vingtaine de pays africains pourraient ne jamais s'être associés pour lutter contre la faim et renforcer leurs économies. Mais ils l'ont fait aux conditions africaines.

L'Initiative de la grande muraille verte pour le Sahara et le Sahel (GGWSSI) est un programme panafricain lancé par l'Union africaine (UA) en 2007 pour enrayer la dégradation des terres et la désertification dans le Sahel. Cette ceinture semi-aride s'étend sur 5 400 kilomètres (3 360 miles) de l'océan Atlantique à l'ouest à la mer Rouge à l'est – et aux régions du Sahara. L'initiative a débuté sous la forme d'un vaste projet de plantation d'arbres qui devait déboucher sur un mur d'arbres de 15 kilomètres (9 miles) de large et de 7 775 km (4 831 miles) de long s'étendant du Sénégal à l'ouest à Djibouti à l'est. Bien que le mur ait été jugé impraticable, la campagne de protection des terres a évolué vers quelque chose de nouveau.

« Lentement, l'idée d'une grande muraille verte s'est transformée en un programme centré sur les techniques d'utilisation des terres indigènes, et non sur la plantation d'une forêt aux abords d'un désert », a déclaré Mohamed Bakarr, le principal spécialiste en environnement du Fonds pour l'environnement mondial à la revue Smithsonian.[33] « La vision de la grande muraille verte a été transformée d'une vision impraticable à une vision pratique. Il ne s'agit pas nécessairement d'un mur physique, mais plutôt d'une mosaïque de pratiques d'utilisation des terres qui, à terme, satisferont les attentes d'un mur. Il a été transformé en une chose métaphorique. »

Sur l'ensemble du continent, tous les Africains doivent plaider en faveur de meilleures pratiques commerciales et d'une bonne gouvernance. Cela ne devrait pas être laissé à des entreprises occidentales ou des institutions étrangères. Nous sommes prêts à accepter de l'aide, mais nous devons diriger cet effort. Nous ne pouvons plus être des spectateurs passifs lorsqu'il s'agit de lutter pour des politiques qui encourageront les investissements, créeront des emplois et apporteront la prospérité aux pays africains et ses populations.

Alors, nous devons apprendre à pêcher et à enseigner aux autres ce que nous avons appris.

3

Une place à la table des négociations : l'Afrique et l'OPEP

Lorsque la Guinée équatoriale a rejoint l'OPEP en 2017, c'était comme siéger, à l'équivalent global, à la table des adultes. Quatrième producteur de pétrole d'Afrique cette année-là [34], cette nation, a enfin son mot à dire sur des décisions affectant l'économie pétrolière mondiale et son propre destin.

Les membres de l'OPEP contrôlent plus de 40% de la production mondiale de pétrole, soit environ 39,4 millions de b/j en 2017.[35] Sur ce total, la production de la Guinée équatoriale ne représente qu'une petite fraction, environ 195 000 b/j.[36] Mais la valeur du pétrole pour l'économie nationale ne peut pas être sous-estimée: il représente 80% des exportations totales de la Guinée équatoriale et 90% des recettes publiques.[37] Avec la détermination de l'OPEP à voir les prix se stabiliser dans ce qu'ils appellent une gamme confortable et acceptable pour tous les acteurs du marché, le simple fait de prendre part à la conversation – d'être entendu – revêt une importance considérable pour la Guinée équatoriale.

« Cela nous donne une voix », a déclaré Gabriel Smaga Obiang Lima, ministre des Mines et des Hydrocarbures de la Guinée équatoriale, à S&P Global Platts lors d'une entrevue en 2019. « Nous sommes convaincus que l'adhésion à l'OPEP est une bonne chose. Elle nous a certainement fourni des informations que nous n'aurions pas eues autrement, mais aussi l'adhésion à l'OPEP et à cette nouvelle initiative nous a permis de réaliser ce que nous voulions, qui est de stabiliser le prix du pétrole. Toute nouvelle idée qui maintiendra cette stabilisation sera accueillie favorablement par le gouvernement. »

L'initiative mentionnée par Lima est la déclaration de coopération historique de l'OPEP, adoptée par les membres en 2016 et que l'OPEP a récemment prorogée. Je pense qu'on peut dire que les réductions de production prévues dans l'accord ont sauvé l'industrie pétrolière de l'effondrement, renforcé l'intérêt pour les investissements pétroliers africains et rétabli la sécurité économique dans les pays d'indépendance pétrolière, dont beaucoup sont en Afrique. Et il est peu probable que ces réalisations se seraient produites sans la participation de l'Afrique, comme le reconnaît le secrétaire général de l'OPEP, Dr Mohammad Barkindo.

En avril 2019, lors d'un rassemblement de producteurs de pétrole à Malabo, en Guinée équatoriale, Barkindo a déclaré que l'Afrique avait fait progresser la Déclaration. Il a rappelé à l'auditoire que plus d'un tiers des 24 pays travaillant ensemble dans le cadre négocié provenait d'Afrique et que les pays africains représentaient la moitié des membres de l'OPEP. Les chiffres, a-t-il déclaré, « soulignent le rôle primordial que joue ce grand continent au sein de l'OPEP, de la Déclaration de coopération et de l'industrie pétrolière mondiale. »[38]

Avec 130 milliards de barils de réserves prouvées de pétrole brut, un chiffre qui est 50% de plus que le total à la fin des années 1990, et le doublement des réserves prouvées de gaz naturel depuis le milieu des années 1980, l'Afrique représente une frontière pleine de promesses, a-t-il ajouté.

« C'est une preuve irréfutable du potentiel pétrolier de l'Afrique, des occasions passionnantes et abondantes et du rôle que cette industrie peut jouer pour déclencher un développement économique et une prospérité extraordinaires sur tout le continent », a déclaré Barkindo.

La Déclaration conduite par l'Afrique a déjà des effets sur l'ensemble du continent. Lorsque le marché pétrolier est en crise, le chemin menant à la dignité et à la prospérité est fermé à de nombreuses familles africaines. Cela laisse de nombreux Africains, en particulier ceux sans diplôme supérieur, à leur sort pour tracer leur propre chemin, où des chemins clairs et réalisables vers une vie significative et prospère existaient autrefois. Mais lorsque le marché est stable, les avantages s'étendent à tous les pays, même à ceux qui ne disposent pas de leurs propres ressources pétrolières, comme nous le verrons plus tard lorsque nous parlerons des programmes d'aide de l'OPEP.

La Guinée équatoriale, quant à elle, prévoit désormais une augmentation significative des forages off-shore et ses prévisions sont fondées. Au cours des dernières années, le pays a obtenu 2,4 milliards d'USD d'investissements étrangers,[39] et 10 puits d'exploration sont prévus.[40] Le pays pense que ces découvertes vont non seulement inverser le déclin récent de la production, mais pourraient également permettre de quintupler la production d'ici 2025, ce qui prouvera que l'adhésion à l'OPEP peut être un puissant moteur de transformation.

Des nombres croissants viennent en renfort

Mais au-delà de l'effet matériel sur les marchés et les investissements, la Déclaration de coopération a également montré une autre chose : l'importance d'une prise de position unifiée.

En fait, l'unité sous-tend tout ce que fait l'OPEP. L'OPEP défend les intérêts communs de ses membres, mais prend également au sérieux leurs besoins et leurs opinions et défend leurs intérêts. Pour sa part, Barkindo encourage constamment les pays du continent à nouer des alliances afin de tirer le meilleur parti de leurs ressources en hydrocarbures, qu'ils soient membres de l'OPEP ou non. Barkindo a prouvé qu'il était à la fois le leader et le champion dont l'OPEP a besoin à l'heure actuelle, avec des attaques foudroyantes provenant de certains membres du pouvoir exécutif et législatif du gouvernement de Washington. Sa capacité à gérer la sortie du Qatar, à gérer les problèmes liés à l'Iran et à la Libye, le Venezuela, et l'Arabie saoudite et à impliquer la Russie a été révolutionnaire. J'ai eu l'occasion de le voir de près. Il était remarquablement froid sous le feu, et il s'articulait de manière rafraîchissante et intelligente. Il montrait qu'il était assez avisé pour bâtir des coalitions et maintenir une organisation difficile ensemble. Ce type de sens commun et de leadership charismatique doit être chéri en Afrique et dans le monde.

Je suis toujours étonné par son humilité et par sa volonté stupéfiante de convaincre la Russie et d'autres de conclure un accord pour sauver l'industrie pétrolière, qui a beaucoup profité aux économies africaines. Tout en écoutant ses sceptiques et en faisant face aux attaques virulentes de nombreuses personnes, il est resté attaché aux objectifs de l'OPEP et se bat quotidiennement pour l'OPEP face à un ouragan.

La notion de force du nombre est très réelle au sein de l'OPEP. L'organisation affirme que chaque nouveau membre ajoute à la stabilité du groupe et renforce l'engagement des membres les uns envers les autres. Différentes perspectives créent une culture riche dans laquelle les collègues peuvent apprendre les uns des autres, anticiper et répondre à la complexité des marchés pétroliers actuels et, en fin de compte, influencer les prix. L'OPEP a également déclaré que les nouveaux membres apportaient de nouvelles idées aux développements sociaux, économiques et politiques régionaux. Surtout, l'OPEP est la preuve de ce que peut apporter une gestion prudente des richesses pétrolières et gazières, en particulier dans un cadre mondial complexe.

La Guinée équatoriale n'est pas le seul nouveau venu à reconnaître l'attrait de l'adhésion à l'OPEP : le Gabon a réintégré le groupe en 2016 après une longue interruption, et, à la demande de Lima, la République du Congo est arrivée à bord en 2018. Ils portent à sept le nombre de membres africains de l'OPEP, soit la moitié du total des 14 membres de l'organisation.

L'Afrique étant l'une des dernières frontières mondiales en matière de pétrole et de gaz, où de grandes découvertes sont encore possibles, il n'est pas étonnant que l'équilibre change : l'ajout de plus en plus de nations africaines à l'Organisation permet à l'OPEP de mieux contrôler le rendement énergétique et le capital politique accroissant qui y est associé.

Ce n'est qu'une partie de l'équation. Comme chacun le sait, le Moyen-Orient a été au cœur de la puissance de l'OPEP depuis le début. Mais avec la maturation des réservoirs et la baisse de la production là-bas, l'extension de son aire de répartition géographique est une façon permettant à l'OPEP de mettre son profil de production global en équilibre. Lorsque l'OPEP s'allie à des producteurs africains, c'est comme s'il souscrivait à une police d'assurance de parts de marché, avec même les petits producteurs renforçant progressivement la domination de l'OPEP.

Pour ouvrir la porte à des nations comme la Guinée équatoriale, la République du Congo et le Gabon, l'OPEP avait besoin de repenser sa stratégie d'adhésion et de se débarrasser de son quota de production de longue date. Pendant des années, seuls les pays produisant un minimum de 500 000 b/j pouvaient rêver d'une adhésion à l'OPEP. Cela ne signifie pas que tous les producteurs qui se sont qualifiés sont devenus membres du groupe : les États-Unis ne deviendront probablement jamais membres et la Russie, qui a laissé de côté son animosité envers l'Arabie saoudite, chef de l'OPEP, pour participer à la réduction de production historique pour stabiliser les prix en 2017 – reste également indépendante.

Maintenant, avec le standard de production hors de chemin, l'OPEP est encore plus agressive concernant l'adhésion, en adressant des invitations en fonction du potentiel plutôt que de l'historique. Pour preuve, il suffit de regarder la réunion de décembre 2018 à Vienne, où l'OPEP a demandé à plusieurs petits producteurs africains d'y assister. Pour le Tchad, le Ghana, le Cameroun, la Mauritanie et la Côte d'Ivoire – qui ne produisent ensemble que 600 000 b/j – et pour l'Ouganda, qui n'a pas encore commencé la production, cela pourrait indiquer que l'adhésion est en cours. [41]

Et si leur ajout profitait à l'OPEP, cela aiderait encore davantage le continent. Pour être prise au sérieux au sein de l'OPEP – pour avoir plus d'efficacité dans les négociations au sein de l'organisation – l'Afrique a besoin d'une plus grande représentation. C'est vraiment assez simple : plus les membres africains sont nombreux, plus leur production totale est élevée, plus ils ont de chances d'être entendus. Si nous voulons accroître l'influence de l'Afrique au sein de l'OPEP et améliorer notre profil dans l'économie pétrolière mondiale, davantage de pays africains doivent y participer.

Des amis bien placés

Lorsque le Président Vladimir Poutine a accepté de réduire la production de pétrole russe en 2017 afin de s'aligner sur les objectifs de l'OPEP, il s'agissait d'une nouvelle étape importante dans le partenariat de plus en plus appréciable entre les deux parties. Avec une production pétrolière quotidienne oscillant autour de 11,34 millions de b/j,[42] de penser que la Russie est autre chose qu'une puissance mondiale est risible. Et il n'y a pas de quoi plaisanter quand il s'agit de la Russie pesant de tout son poids : la prolongation de décembre 2018 des réductions de production haussant les prix aurait pu ne jamais se produire sans les promesses de la Russie – ainsi que sa capacité à sceller un accord qui arrêterait l'Arabie saoudite et l'Iran de se quereller et satisfaire leurs demandes.

Ce n'est pas la seule fois que la Russie est venue au secours de l'OPEP. En seulement trois ans d'alliance avec l'OPEP. La Russie a aidé le groupe à traverser des périodes difficiles, notamment l'instabilité des prix, les changements de régime dans les pays membres et les querelles exterminatrices, sans parler des critiques du tweeter en chef américain. Mais les avantages ne sont pas unilatéraux : la Russie peut désormais exercer une influence incalculable sur les marchés pétroliers massifs du monde et, par extension, sur le Moyen-Orient.

Il y a des spéculations que la Russie pourrait être sur le point de formaliser ses relations avec l'OPEP. Mais que cela se produise ou non, son affiliation au groupe est une très bonne nouvelle pour les producteurs africains. Après tout, si on nous juge sur nos fréquentations, être au côté de la Russie est l'endroit idéal.

Si vous voulez aller loin, allez-y ensemble

Un bloc de plus en plus important au sein de l'OPEP n'est pas la seule mesure de l'émergence de l'Afrique sur la scène mondiale du pétrole et du gaz, et ce n'est pas la première fois que les producteurs du continent s'unissent pour atteindre un objectif commun. Cet honneur revient au groupe maintenant connu sous le nom de l'Organisation des producteurs de pétrole africains (APPO), qui a été créée à Lagos en 1987.

L'APPO a pour objectif de maximiser les avantages économiques des activités pétrolières grâce à la coopération de ses 18 pays membres : l'Algérie, l'Angola, le Bénin, le Cameroun, le Tchad, la République démocratique du Congo, la République du Congo, la Côte d'Ivoire, l'Égypte, le Gabon, le Ghana, la Guinée équatoriale, la Libye, la Mauritanie, le Niger, le Nigéria, l'Afrique du Sud et le Soudan. L'APPO fournit tout, du support technologique au soutien de la main-d'œuvre, pour l'exploration, la production et le raffinage.

Elle soutient également les efforts de l'OPEP visant à stabiliser les prix, même si cela signifie limiter la production. Après tout, les deux groupes ont de nombreux membres en commun et, avec ce que Barkindo appelle l'intensification de l'engagement de l'OPEP avec l'Afrique, la collaboration entre l'OPEP et l'APPO semble presque instinctive.

En fait, la valeur de leur partenariat était leur question prioritaire lorsque Barkindo s'est exprimé durant le congrès et l'exposition APPO CAPE VII en Guinée équatoriale, en avril 2019.

« Il peut souvent sembler que notre industrie est soumise à des forces indépendantes de notre volonté », a-t-il déclaré. « Les événements géopolitiques, les catastrophes naturelles, les percées technologiques ou d'autres incertitudes critiques : nous sommes tous conscients de l'impact qu'ils peuvent avoir. Toutefois, comme le montrent la Guinée équatoriale, l'APPO, l'OPEP et la Déclaration de coopération, il existe une autre force bien vivante dans notre industrie. Les producteurs, les consommateurs et les investisseurs souhaitent une stabilité durable sur le marché du pétrole. Cette force vit en plein cœur des décideurs qui savent que la collaboration et le travail d'équipe restent les techniques de résolution de problèmes les plus efficaces connues de cette industrie, voire de toutes les industries. »

« Cette force peut nous faire sortir des ténèbres et aller dans la lumière », a-t-il ajouté. « Elle est basée sur les principes de transparence, de justice, d'équité et de respect entre les nations. »

Barkindo a conclu son discours par l'un de ses proverbes africains préférés : « Si vous voulez aller vite, allez-y seul. Si vous voulez aller loin, allez-y ensemble ».

Pour moi, rien ne parle de coopération plus que cela.

L'effet inconnu de la NOPEC

Au cours de mes années d'études de premier cycle et de droit aux États-Unis, l'ingéniosité américaine est l'une des choses que j'ai vraiment admirées. J'ai adoré suivre les reportages sur les start-up américaines qui ont réuni assez d'argent pour partir à l'étranger, explorer le pétrole – et malgré des obstacles insurmontables, ont rencontré le succès.

Ces entreprises créaient des occasions à la fois pour les Américains et pour les habitants de leur pays d'accueil. C'était le rêve américain qui se déroulait sous mes yeux. Il n'y a pas de doute dans mon esprit que ces histoires ont inspiré mon parcours professionnel en Afrique, où j'ai eu l'occasion de conseiller de nombreux gouvernements africains sur les questions pétrolières et l'amélioration des relations entre eux.

Il va sans dire qu'il est décevant de constater qu'un pays comme les États-Unis, responsable de l'innovation, propose une législation qui mine l'innovation à l'étranger. Et ce n'est que l'une des conséquences inattendues que pourrait avoir la Loi sur les cartels de non-production et d'exportation de pétrole (NOPEC). À la fin, le projet de loi de la Chambre des représentants des États-Unis pourrait probablement produire le résultat opposé des activités commerciales qui m'ont inspiré en tant qu'étudiant : il en résulterait une diminution des possibilités pour les Américains et les pays avec lesquels ils s'associent.

La Guinée équatoriale est le cinquième membre de l'OPEP d'Afrique subsaharienne et le plus petit producteur de l'OPEP. Mais avant même que l'encre eu temps de sécher sur la carte de membre de la Guinée équatoriale, le ministre des Mines et des Hydrocarbures, Gabriel Mbaga Obiang Lima, faisait des plans ambitieux. Son objectif est de voir la production de pétrole augmenter à environ 300 000 b/j d'ici 2020, ce qui représenterait un retour vers les niveaux de chute du marché avant 2014. À plus long terme, il aimerait que la production atteigne 500 000 b/j d'ici 2025.[43]

L'une des inconnues susceptibles d'entraver de tels progrès est NOPEC. La législation, qui est débattue aux États-Unis au moment d'écrire ces lignes, permettrait au département de la justice des États-Unis de poursuivre un producteur de pétrole brut étranger pour coordonner la production et manipuler les prix, en invoquant des violations des lois antitrust. Les sociétés étrangères seraient privées de leurs protections d'immunité souveraine.

Le projet de loi n'est pas nouveau : il a été présenté pour la première fois en 2000 et les anciens présidents George W. Bush et Barack Obama s'y sont opposés. Le président Trump pourrait toutefois l'appuyer. Après tout, il a utilisé sa plate-forme Twitter à plusieurs reprises pour reprocher à l'OPEP de faire monter artificiellement le prix du pétrole.

La frustration américaine vis-à-vis de l'OPEP est compréhensible. Comme elle a historiquement contrôlé pas moins de 80% de la production mondiale de pétrole, l'OPEP a pu influencer le marché et les États-Unis ont été contraints de supporter les conséquences.

Mais tenter de faire tomber l'OPEP avec des poursuites judiciaires n'est pas dans l'intérêt supérieur de l'Amérique. En 2007, lorsqu'une version presque identique de NOPEC était à l'étude, le Bureau de la gestion et du budget des États-Unis a averti que des poursuites judiciaires à l'encontre de l'OPEP et de ses membres pourraient entraîner des ruptures d'approvisionnement en pétrole et qu'au lieu de faire baisser les prix de l'essence, les poursuites entraîneraient probablement une forte poussée des prix. Le secrétaire au Trésor, Henry Paulson, a déclaré que le simple passage de NOPEC menacerait les investissements étrangers aux États-Unis : les pays de l'OPEP pourraient retirer leurs avoirs pour empêcher leur saisie.

Il ne s'agissait pas de revendications déraisonnables et les mêmes risques existent aujourd'hui.

L'OPEP a déjà averti les États-Unis que si le projet de loi était adopté, l'organisation « cesserait de fonctionner ». En d'autres termes, les réductions de production actuellement en place disparaîtraient et les pays de l'OPEP commenceraient à pomper autant de pétrole que possible. Le prix baisserait, ce qui pourrait avoir de graves conséquences pour les producteurs de schiste américains qui ont besoin d'un certain niveau pour atteindre le seuil de rentabilité. [44]

NOPEC mettrait également en péril les investissements étrangers dans le secteur pétrolier et gazier américain, des projets d'exploration aux infrastructures.

Par exemple, au début de ce mois, Gulftainer, basé dans les Émirats arabes unis, a reçu l'autorisation du gouvernement américain d'exploiter le port de Wilmington, dans le Delaware, un port en eau profonde entièrement équipé et un terminal maritime, pour les 50 prochaines années. Gulftainer a déjà annoncé son intention de développer les capacités des terminaux de fret du port et d'améliorer sa productivité globale. Quelle est la probabilité que d'autres transactions comme celle-ci aient lieu après NOPEC ?

Les occasions de partenariat et d'investissement perdues d'Amérique pourraient s'étendre au-delà des membres de l'OPEP. Les non-membres de l'OPEP pourraient se demander si le précédent créé par NOPEC les met en péril juridiquement, en particulier dans un pays litigieux comme les États-Unis. D'autres pays peuvent réfléchir à deux fois avant de s'associer ou d'investir dans des projets pétroliers et gaziers américains afin de protéger leurs propres relations avec les pays de l'OPEP.

Il y a ensuite la question des compagnies pétrolières et gazières américaines qui exercent leurs activités à l'étranger. Les pays étrangers peuvent commencer à restreindre leur accès ou leur ordonner de carrément partir. Ces occasions perdues n'affecteraient pas seulement les multinationales du secteur E&P telles que ExxonMobil, VAALCO Energy, Chevron, Murphy, Anadarko Petroleum Corporation, Apache Corporation, Marathon Oil, Occidental Petroleum, Noble Energy et Kosmos Energy, mais également d'autres prestataires de services tels que Halliburton, Schlumberger, Stewart & Stevenson , McDermott International, MODEC, Nalco Champion, National Oilwell Varco, Oceaneering International Inc., Precision Drilling, Weatherford International, et Baker Hughes.

N'importe lequel de ces scénarios pourrait nuire à l'économie américaine sous la forme d'une réduction du nombre d'emplois, d'une réduction des approvisionnements en pétrole et d'une hausse des prix de l'essence.

Bien sûr, je ne peux pas m'empêcher de considérer les effets néfastes potentiels de NOPEC pour mon continent d'origine. Le regain d'intérêt des États-Unis pour la législation anti-OPEP intervient à un moment où la participation et l'influence africaines au sein de l'OPEP atteignent un sommet sans précédent.

La Guinée équatoriale et le Gabon sont devenus membres de l'OPEP en 2016 et 2017, respectivement. Lorsque la République du Congo a adhéré à l'OPEP en juin 2018, le nombre de pays africains membres de l'OPEP a été porté à sept, contre six au Moyen-Orient, et a donné au continent africain une domination sans précédent au sein de l'organisation, du moins en termes d'adhésion.

Ce changement pourrait être sismique en termes de croissance et de stabilité en Afrique.

Pendant trop d'années, la présence de pétrole dans les pays africains a été plus une malédiction qu'une bénédiction, contribuant à la richesse des investisseurs étrangers pendant que les populations autochtones subissent des difficultés socio-économiques et des troubles politiques.

Aujourd'hui, une nouvelle génération d'Africains s'avance dans des pays de tout le continent. Ils cherchent de créer par eux-mêmes des changements positifs dans leurs communautés grâce à l'entrepreneuriat et les innovations technologiques avec leurs partenaires américains. Ces efforts pour créer un continent plus fort et plus stable doivent inclure la capitalisation stratégique des ressources naturelles telles que le pétrole. Et la possibilité d'exploiter les ressources et l'influence d'une grande organisation telle que l'OPEP et la Chambre africaine de l'énergie – en tant que grande voix unie – pourrait bien être l'impulsion dont les producteurs africains ont besoin.

Mais si NOPEC devait être adoptée, un moment d'occasion serait remplacé par une instabilité accrue en Afrique, à mesure que les investissements américains si nécessaires disparaissent. Alors que l'Afrique est sur le point d'avoir un nouvel avenir radieux, les nations et les villes africaines pourraient facilement basculer dans le sens d'une recrudescence de la criminalité et de conflits sanglants : des scénarios pouvant même aboutir à l'appel de troupes et de dollars des États-Unis.

Une grande partie de l'Afrique évolue pour le mieux. Une politique qui pousse l'Afrique vers des troubles civils va à l'encontre des idéaux américains.

L'Amérique a besoin que les pays de l'OPEP d'Afrique et du Moyen-Orient participent au processus de paix israélo-arabe, combattent les rebelles Boko Haram et Al-Shabaab et défendent les valeurs américaines. Les actions en justice contre ces pays rendront les avocats plaidants comme moi très riches, mais mettront en conflit la sécurité nationale et les intérêts économiques des États-Unis.

L'Amérique possède un héritage de création d'occasions. La criminalisation de l'OPEP ne s'attaquera pas aux causes profondes de la hausse des prix de l'essence aux États-Unis, mais ne fera que causer un préjudice économique aux niveaux national et international. Dans l'ensemble, cela introduirait l'imprévisibilité, la volatilité et le type de cycles de croissance et de ralentissement économique que l'OPEP a tant œuvré pour éviter. Il n'est pas étonnant que l'industrie pétrolière américaine s'oppose à NOPEC. C'est mauvais pour tout le monde.

L'adhésion et ses récompenses

Comprendre pourquoi l'OPEP s'intéresse à l'Afrique est une chose. Mais en dehors de l'emprise indispensable sur le marché, l'accroissement de la notoriété mondiale et les possibilités accrues de coordination avec les autres producteurs mondiaux de pétrole – qui sont certes d'énormes avantages – que peuvent gagner les autres pays africains en adhérant à l'OPEP ?

L'accès à l'information est un avantage potentiellement négligé de l'accès à l'OPEP. Lorsque les prix du pétrole ont chuté à partir de 2014, de nombreux petits producteurs ont été pris au dépourvu. Cela s'explique en grande partie par le manque de connaissances du marché pour comprendre l'effet potentiel du schiste américain ou les répercussions éventuelles d'une offre excédentaire. Pour les membres de l'OPEP, le temps d'être pris de court est terminé. Et si l'histoire récente montre que l'adhésion ne permet pas de protéger complètement les producteurs des fluctuations mondiales, elle offre l'occasion de participer à une réponse réfléchie et coordonnée reposant sur des relations, un dialogue et une recherche bien fondée.

De plus, les membres de l'OPEP peuvent rechercher et partager des informations avec d'autres qui ont déjà réussi et qui, peut-être tout aussi important, ont échoué. Il existe un énorme réservoir de leçons que les opérateurs peuvent exploiter et développer à mesure qu'ils développent leur stratégie de croissance.

L'adhésion à l'OPEP peut même contribuer au financement de cette stratégie en ouvrant la porte à l'investissement direct étranger, y compris en provenance de pays du Moyen-Orient dotés d'une richesse souveraine considérable. Bien entendu, un afflux de capitaux peut accélérer l'exploration, le développement et la production – qui, nous espérons, généreront des revenus qui se répercuteront sur l'ensemble de l'économie. Mais même le simple fait de se qualifier pour un capital peut être bénéfique, en particulier dans la mesure où il nécessite des rapports rigoureux, ce qui constitue un problème pour de nombreux producteurs africains. En fait, être membre de l'OPEP est un exercice de conformité et de rapports : l'organisation respecte des normes extrêmement strictes pour les deux. Les rapports finissent souvent entre les mains des institutions financières de Wall Street, où ils peuvent améliorer la cote de crédit d'un pays et, par conséquent, les perspectives de financement de nouveaux projets.

Le financement d'un changement réel

Si le statut, la stabilité, l'information, les partenariats et la discipline réglementaire étaient les seules choses offertes par l'OPEP, cela pourrait suffire à certains.

Mais ce serait négliger l'un des programmes phares de l'organisation : le Fonds de l'OPEP pour le développement international (OFID).

L'OFID, une institution financière créée en 1976, encourage la coopération financière entre les États membres de l'OPEP et les pays en développement d'Afrique, d'Asie, d'Amérique latine, des Caraïbes et d'Europe, qu'ils soient membres ou non. Destiné principalement à soutenir le développement socio-économique, sous son drapeau « ensemble contre la pauvreté », le fonds couvre tout un éventail de services, de prêts, au soutien au titre de la balance de paiements et aux subventions pour les secours humanitaires.

Pendant près de 50 ans, le fonds a fourni une assistance à des initiatives dans neuf domaines d'intervention : l'énergie, l'agriculture, l'éducation, les services financiers, la santé, les télécommunications, l'eau et l'assainissement, l'industrie et les transports. Parmi les plus récents bénéficiaires figurent quatre pays « partenaires » :

- Le Burkina Faso, qui a reçu 19 millions d'USD pour rénover un tronçon de route de 94 km (58 miles), qui améliorera les échanges commerciaux entre les zones rurales et la capitale, Ouagadougou. Le projet devrait également améliorer l'accès aux services sociaux pour un quart de millions de personnes.
- L'Éthiopie, qui utilisera les 22 millions d'USD qu'elle a reçus pour l'amélioration des routes dans une région où l'agriculture est une source de revenus primaire. Près de trois quarts de millions de

personnes auront un meilleur accès aux services sociaux et aux places de marché.

- La Guinée, pour un projet qui devrait contribuer à réduire la pauvreté et à renforcer la sécurité alimentaire de plus de 450 000 personnes. Le pays a reçu 25 millions d'USD pour son programme Agriculture familiale, la résilience et les marchés en Haute et Moyenne Guinée.

- Le Malawi, qui a reçu 15 millions d'USD destinés à son programme de transformation de la vallée du Shire. Ce programme, qui devrait aider environ 56 000 familles, prévoit l'irrigation, le drainage et la gestion des zones humides afin d'améliorer la productivité agricole.[45]

Il est à noter qu'aucun de ces pays n'est actuellement membre de l'OPEP ; en fait, le Burkina Faso n'a même pas de réserve de pétrole ou de gaz naturel, bien que les trois autres soient à divers stades d'exploration ou de début de production.

En regardant les projets soutenus par l'OFID, il est facile de voir la différence entre leur approche et la manière typique occidentale de fournir de l'aide, qui consiste souvent à régler les problèmes à coups d'argent en espérant le meilleur. Oui, le capitalisme conventionnel a fait des miracles – on ne peut pas le nier – et la construction d'une école ou la création d'une banque alimentaire ont leur place. Mais l'OFID est plus intéressé par la création d'infrastructures habilitantes – des routes qui connectent les personnes aux marchés et une gestion de l'eau qui élimine les facteurs limitant les rendements et augmentant la production végétale – pour aider les personnes à sortir de la pauvreté.

À l'instar des autres investisseurs, l'OPEP s'inquiète d'un « retour », mais pas dans le sens habituel de la génération d'intérêts ou de revenus. Les fonds de l'OFID sont uniquement destinés à des programmes viables et susceptibles de croître. Ils veulent voir que les programmes qu'ils soutiennent génèrent de réels changements, des résultats concrets, avec des résultats mesurés non seulement par le nombre de personnes desservies, mais également par leur progrès. En fin de compte, la réputation de l'OPEP est en jeu : si un projet échoue, les conditions se détériorent au lieu de s'améliorer, et les gens en souffrent, et l'OPEP devra encaisser le coup. Pour éviter ce risque, leurs recherches et leur surveillance sont approfondies et compréhensives.

Qui sera le prochain ?

L'OPEP d'aujourd'hui est bien loin de celle des décennies où les seuls membres africains étaient des producteurs de longue date, l'Algérie, la Libye et le Nigéria, des pays dont la production combinée était inférieure à ceux des poids lourds de l'OPEP dont l'Arabie saoudite, l'Irak et l'Iran.

Même s'ils ne sont pas membres, le Soudan et le Soudan du Sud ont tous deux participé aux efforts du groupe visant à soutenir les prix par des réductions de production. En fait, le Soudan du Sud, la plus récente nation au monde, envisage d'en devenir membre et l'OPEP est susceptible de l'accueillir à bras ouverts. Bien que la production du pays ait souffert en raison des préoccupations sécuritaires et de la violence politique, ses 1,5 milliard de barils de réserves prouvées – le troisième total en importance en Afrique subsaharienne – en font un candidat clé de l'OPEP.

Comme je l'ai dit, l'Ouganda réfléchit également à l'adhésion à l'OPEP, même si sa production n'est pas prévue de commencer avant 2022. Même si l'Ouganda ne sera pas accepté tant qu'il n'aura pas commencé à produire, ce sera une bonne stratégie pour le pays, car il pourra apprendre dès le départ des personnes ayant suivi le même chemin.

Et il semble que la représentation africaine au sein de l'OPEP soit loin d'être à la crête : alors que le Mozambique, le Kenya, le Sénégal et la Mauritanie entrent dans l'économie pétrolière, leur adhésion à l'OPEP ne pourrait ne pas être loin derrière.

Cela est parfaitement logique, bien entendu : comme je l'ai dit à Footprint to Africa en 2018, les nations africaines ne peuvent pas se permettre de ne pas être à la table des négociations lors de la prise de grandes décisions qui concernent leur avenir.[46]

Simultanément, l'OPEP bénéficiera de la montée en puissance des voix politiques africaines. Une perspective sectorielle améliorée, associée à de nouvelles découvertes et à un leadership fort de dirigeants plus jeunes et plus compétents, suscite un vif intérêt de la part des investisseurs du monde entier.

Vers une industrie plus forte et plus stable

Beaucoup de gens en regardant les pays africains, pensent qu'ils sont trop petits ou trop fragiles pour jouer un rôle dans l'OPEP. Et il est vrai que la plupart d'entre eux n'ont pas la taille des réserves ou les fonds de fortune des membres historiques de l'OPEP. En cas de volatilité du marché ou de rupture des discussions qui créeront une volatilité économique, ce sont eux qui en souffriront le plus. Si le groupe accepte de réduire la production, l'Arabie saoudite peut retenir 400 000 b/j et réussir, tandis que la plupart des pays africains feraient faillite et tomberaient en récession économique. Il est également important de comprendre que les principes fondamentaux et la dynamique diffèrent entre les dirigeants du Moyen-Orient de l'OPEP et ceux de l'Afrique. Alors que les Saoudiens peuvent produire un baril de pétrole pour 7 USD, pour la plupart des pays africains, cela coûte entre 30 et 50 USD. Même les contrats diffèrent : les Saoudiens ont des contrats de service selon lesquels tout le monde travaille pour eux, tandis que les pays africains ont des contrats de partage de la production selon lesquels les investisseurs doivent récupérer leur argent. Ce n'est qu'en contentant les investisseurs que ces économies pétrolières pourront continuer à se développer.

Cependant, quoi qu'il en soit, j'estime que l'OPEP et l'Afrique peuvent travailler ensemble pour créer une industrie pétrolière et gazière plus forte et plus stable.

Cela prendra du temps. Les pays africains ne vont pas avoir beaucoup plus de pouvoir au sein de l'OPEP jusqu'à ce qu'ils commencent à produire davantage. À la base, c'est un jeu de nombres. Il faut explorer davantage. Il faut produire davantage. Les États-Unis en sont un bon exemple. Ils sont aujourd'hui mieux en mesure de faire entendre leur voix après être devenus l'un des plus grands producteurs de pétrole et un exportateur net.

Pour l'Afrique, avoir une place à la table représente la moitié du travail. Il est utile de savoir que les collègues de l'OPEP qui ont commencé petits se sont transformés en monstres de puissances. Cela change votre façon de penser. Vous commencez à voir de grandes choses et à y croire. Il n'y a pas de montagnes que vous ne pouvez pas gravir.

Un Africain à la barre

Avoir une voix ne signifie pas toujours sortir la même note que tout le monde, bien sûr. Dans chaque groupe, il y a un potentiel de discorde. Les membres ont souvent des objectifs contradictoires, et il n'est pas aisé de trouver un point de rencontre.

Depuis 2016, le mérite d'avoir orchestré l'OPEP – et minimisé les conflits – revient au secrétaire général, Mohammad Sanusi Barkindo.

La montée de Barkindo de la petite ville nigériane de Yola au leadership de l'OPEP montre comment quelqu'un peut venir d'un petit village et faire de grandes choses.

Barkindo a une expérience significative dans l'industrie : il était directeur général de la compagnie pétrolière nationale du Nigéria, la NNPC, et a également été représentant national du Nigéria pour l'OPEP. Depuis 1991, Barkindo est à la tête de la délégation technique du Nigéria aux négociations sur le climat de l'ONU.

En plus de ses réalisations professionnelles et de ses diplômes universitaires – il a étudié en Afrique, aux États-Unis et en Grande-Bretagne, où il a obtenu un diplôme de troisième cycle d'Oxford – Barkindo est un expert en matière de promotion de la collaboration. En fait, le plus important accord conclu par l'OPEP ces dernières années est la Déclaration de coopération qui a réuni la Russie, riche en ressources, avec ses membres et ses alliés pour sauver le marché pétrolier. Ce ne fut pas une tâche facile : lorsque vous regardez les pays concernés, vous voyez toutes sortes de personnages. Ils ne s'entendent pas tous, bien qu'ils aient un patrimoine partagé, des objectifs communs et qu'ils soient proches au niveau national, et le récent départ du Qatar de l'OPEP en est un exemple révélateur.

Le Qatar, qui ne produisait que 600 000 b/j, se situait presque au dernier rang de la production de l'OPEP en 2018 : il était en fait le numéro 11. Cependant, la nation arabe, qui a adhéré à l'OPEP il y a près de 60 ans, en 1961, est le plus grand exportateur mondial de gaz naturel liquéfié (GNL). Il possède également la troisième plus grande réserve de gaz naturel au monde, après celle de la Russie et de l'Iran. [47]

Saad Sherida Al-Kaabi, ministre du Pétrole du Qatar, a déclaré à *The National* – publiée aux Émirats arabes unis – que le pays se retirait de l'OPEP pour produire des quantités de pétrole illimitées et se concentrait sur son projet d'augmenter le GNL de 110 millions de tonnes par an, actuellement à 77 millions de tonnes par jour.[48] Cependant, il est intéressant de noter que le Qatar traverse une crise diplomatique depuis qu'une coalition dirigée par l'Arabie saoudite a coupé ses liens avec le pays à cause de son soutien présumé au terrorisme, donc il semble que son retrait de l'OPEP est moins une question de pétrole et plutôt autre chose.

Ce n'est pas le seul conflit que Barkindo a eu à traiter pendant son mandat de chef de l'OPEP. Il a dû négocier la paix entre l'Iran et l'Irak, dont la relation tumultueuse est légendaire. La Libye a des problèmes. Bref, faire fonctionner cette union peut être un véritable défi. Mais, Barkindo maintient son sang-froid, fait la médiation comme le pro qu'il est et met en œuvre un programme ambitieux. Le potentiel de développement de l'Afrique sous son leadership est énorme.

4

L'autonomisation des femmes pour une industrie pétrolière et gazière plus forte et plus saine

En 2014, Emma Watson, l'actrice et célébrité, a prononcé un discours devant l'ONU sur l'égalité des sexes. Lors du lancement de la campagne internationale HeForShe de l'ONU, Watson a appelé les *hommes* et les *femmes* à se battre pour l'égalité des sexes.

« Plus j'ai parlé du féminisme, plus j'ai réalisé que lutter pour les droits des femmes est trop souvent devenu synonyme de haine des hommes, » a déclaré Watson. « S'il y a une chose que je sais avec certitude, c'est que cela doit cesser. Pour mémoire, le féminisme, par définition, est la conviction que les hommes et les femmes devraient jouir des mêmes droits et chances. » [49]

Watson ne pourrait pas avoir plus raison – le féminisme concerne l'égalité des sexes, une question qui devrait évidemment concerner à la fois les hommes et les femmes. La nécessité de s'intéresser à ce sujet est tellement évidente pour moi que je suis choqué lorsque je suis interrogé sur mon soutien fervent aux femmes dans le secteur de l'énergie. Surtout, je suis attristé par le fait que j'ai souvent l'impression de devoir défendre mon droit de m'intéresser à ce sujet parce que je suis un homme.

Dans le présent chapitre, je tiens à préciser que le fait de laisser les femmes de côté est préjudiciable aux bonnes affaires et à la société dans son ensemble. Ici, j'espère clarifier pourquoi les femmes sont essentielles au succès du secteur pétrolier et gazier africain.

Inégalité de genre dans le secteur de l'énergie et en Afrique

Le secteur de l'énergie est bien connu pour ses efforts pour attirer des employées. Les femmes de l'industrie pétrolière et gazière doivent faire face à toute une série de défis : des congés de maternité inadéquats (ou inexistants), un manque de mentors féminins, des inégalités salariales, des taux de harcèlement sexuel plus élevés et une culture de travail susceptible de dévaluer les femmes et la féminité en général. Une étude en 2018 de l'Université du Massachusetts,[50] par exemple, a constaté que l'industrie pétrolière et gazière présentait le taux le plus élevé d'accusations de harcèlement sexuel parmi toutes les industries aux États-Unis.

Il n'est donc pas étonnant que les femmes constituent si peu du secteur de l'énergie mondial. Les femmes représentaient environ 22% de la main-d'œuvre mondiale en 2017 et leur participation était descendue à 17% aux postes de cadres et de direction. Seulement 1% des PDG du secteur pétrolier et gazier étaient des femmes.[51] De plus, dans de nombreux cas, les femmes qui travaillent dans ce domaine gagnent moins que leurs homologues masculins. Une étude publiée lors du Forum économique mondial 2016, « L'avenir du travail », a révélé un écart de rémunération de 32% dans l'industrie pétrolière et gazière à l'échelle mondiale.[52]

L'Afrique ne fait pas exception. Bien qu'il ait été difficile de trouver des données fiables sur la participation des femmes à l'industrie pétrolière et gazière africaine, des preuves anecdotiques montrent que les femmes sont largement sous-représentées. Je pense que cela est inacceptable et fait preuve d'un manque de vision et, franchement, représente un véritable obstacle pour les pays africains qui souhaitent tirer pleinement parti des avantages socio-économiques qu'une industrie pétrolière et gazière florissante peut offrir. Si vous voulez vraiment que votre pays prospère, pourquoi ne feriez-vous pas tout en votre pouvoir pour aider la moitié de votre population à participer à l'une de vos industries les plus lucratives ?

Le Programme des Nations Unies pour le développement (PNUD) a décrit l'Afrique subsaharienne comme l'une des régions du monde les plus inégalitaires en matière de genre, en grande partie à cause de « perceptions, d'attitudes et de rôles de genre historiques ». Les femmes ici ont un accès plus limité aux soins de santé, à l'éducation et aux occasions économiques que partout ailleurs.[53] Le manque d'occasions économiques seul coûte aux pays de l'Afrique subsaharienne un total combiné de 95 milliards d'USD en productivité perdue chaque année, estime le PNUD. L'industrie pétrolière et gazière a un potentiel réel pour amorcer un redressement de la situation, mais les inégalités hommes-femmes étant omniprésentes dans ce secteur, les retombées économiques bénéfiques sont réduites.

Je crois que la plupart des hommes du pétrole et du gaz n'y connaissent toujours pas grand-chose à l'égalité dans l'industrie. Nous n'hésitons pas à parler de diversité. Cependant, nos propres environnements de travail sont principalement masculins. Lorsque vous parlez à des hommes, ils vous disent que nous devons embaucher, promouvoir et donner des contrats à des femmes uniquement sur la base du mérite. Bien évidemment ! Quel est le problème ? Suggèrent-ils qu'il y aurait beaucoup de femmes travaillant dans le pétrole et le gaz s'il y avait plus de candidates qualifiées ? Laissent-ils entendre que les défenseurs d'un secteur pétrolier et gazier diversifié se préoccupent davantage de fixer et de respecter des quotas que de faire ce qui est bon pour l'industrie ? Aucune suggestion n'est exacte. Ce qui est vrai, c'est que nous devons exploiter le formidable potentiel de l'industrie pétrolière et gazière pour aider les Africains ordinaires, hommes *et* femmes.

Le Centre africain des ressources naturelles et la Banque africaine de développement ont examiné le potentiel de l'industrie pour aider les femmes africaines dans son rapport de 2017 intitulé « Women's economic empowerment in oil and gas industries in Africa » [L'autonomisation économique des femmes africaines dans les industries pétrolière et gazière]. « Étant donné l'écart considérable entre les sexes en matière de produit national brut (PNB) par habitant dans tous les pays africains étudiés, les femmes ont plus à gagner de l'autonomisation économique et de l'augmentation de leurs revenus, que ce soit par l'emploi dans le secteur formel (pétrole et gaz) ou par l'entrepreneuriat », indique le rapport.

Mais le rapport a ajouté que ce n'est pas ce que l'on observe actuellement. Les hommes africains obtiennent la majorité des emplois pétroliers et gaziers, des rémunérations et des occasions commerciales. Les femmes africaines, quant à elles, voient rarement ces avantages – mais elles doivent quand même partager les risques et les coûts associés à l'industrie, du déplacement aux impacts économiques. Et étant donné que les femmes se trouvent souvent sur un terrain économique plus glissant que les hommes en Afrique, elles sont en réalité *plus* vulnérables à ces risques.

Considérez ceci : l'agriculture est une activité génératrice de revenus majeurs pour les femmes africaines – mais lorsque des oléoducs et des gazoducs sont construits, ils sont souvent construits sur ces terres agricoles. En plus de déplacer la seule source de revenus des femmes, ces changements environnementaux rendent également l'accès des femmes à des nécessités de base et quotidiennes encore plus difficile. Comme l'a si bien dit Wangari Maathai, première femme lauréate du prix Nobel de la paix en Afrique : « Au Kenya, les femmes sont les premières victimes de la dégradation de l'environnement, car ce sont elles qui marchent pendant des heures à la recherche d'eau, qui vont chercher du bois de chauffage et produisent de la nourriture pour leur famille. »[54]

Et lorsque les compagnies pétrolières offrent une compensation économique aux ménages touchés par leurs activités, l'argent va généralement à l'homme à la tête du ménage.

L'industrie pétrolière et gazière manque une occasion en or de renforcer l'autonomisation des femmes en achetant et en nouant des partenariats avec des entrepreneurs féminins qui pourraient fournir une vaste gamme de services et de biens, allant de la logistique, l'ingénierie aux services alimentaires. Les taux d'entrepreneuriat féminin en Afrique subsaharienne sont les plus élevés du monde, selon le rapport 2016-17 de l'entrepreneuriat féminin publié par le Global Entrepreneurship Monitor. Près de 26% de la population féminine adulte en Afrique est impliquée dans une activité entrepreneuriale en phase de démarrage. Mais l'un des exemples les plus frappants de l'écart entre hommes et femmes dans le secteur pétrolier et gazier est l'incapacité de l'industrie à travailler avec les micros, petites et moyennes entreprises (PME) locales détenues par des femmes en tant que fournisseurs, prestataires de services et partenaires.[55]

Des conseils sont certainement disponibles pour les entreprises désireuses de travailler avec des PME appartenant à des femmes. Par exemple, BSR, un réseau mondial d'affaires et de conseil à but non lucratif dédié au développement durable, a récemment publié une vidéo présentant les mesures pratiques que les entreprises peuvent prendre pour promouvoir l'égalité des sexes dans les chaînes d'approvisionnement. Les directives ne sont pas axées sur l'industrie pétrolière et gazière, mais elles peuvent être appliquées dans ce secteur.

« En tant que société, vous pouvez intégrer des considérations relatives au genre dans votre stratégie de chaîne d'approvisionnement, vos codes de conduite des fournisseurs, votre approche de diligence raisonnable et vos pratiques d'approvisionnement », a déclaré Magali Barraja, directrice de BSR, et Dominic Kotas, associée en communication de BSR, dans un article faisant la promotion de la vidéo. « Prendre ces mesures est un premier pas solide pour garantir la visibilité des travailleuses, mieux identifier les défis spécifiques auxquels elles sont confrontées et concevoir des mesures de remédiation tenant compte des spécificités de chaque sexe. »[56]

Montrer le chemin

Pour être franc, l'incapacité de l'industrie pétrolière et gazière à créer davantage d'occasions pour les femmes est une parodie. Les femmes ont un rôle important à jouer dans ce secteur, en particulier en tant que dirigeantes. En fait, celles qui ont atteint le statut de dirigeant connaissent un grand succès et ont beaucoup d'impact. On pourrait penser que l'industrie apprendrait une ou deux choses parmi les exemples positifs donnés par les femmes leaders du secteur pétrolier et gazier. Leurs réalisations devraient susciter l'enthousiasme et inspirer davantage d'entreprises à faire appel à des femmes pour pourvoir des postes de cadres et de direction.

Regardons Catherine Uju Ifejika, présidente et PDG du groupe Britannia-U basé au Nigéria.

Quand Uju Ifejika travaillait en tant qu'avocate junior chez Texaco Petroleum dans les années 1980, la jeune avocate aurait été choquée si quelqu'un lui avait dit qu'elle serait plus tard décrite comme « le magnat du pétrole féminin le plus réussi d'Afrique », ou comme l'une des femmes les plus riches du continent, ou comme fondatrice de la première entreprise E&P autochtone de l'industrie pétrolière au Nigéria dirigée par une femme nigériane.

Au début de sa carrière, Uju Ifejika cherchait simplement à se lancer dans une carrière juridique fructueuse dans un environnement exigeant et en constante évolution. Son objet initial n'était pas d'offrir aux femmes de nouvelles perspectives ni de passer du droit à la gestion d'une grande compagnie pétrolière et gazière. Mais aujourd'hui, en tant que présidente et PDG de Brittania-U, Uju Ifejika est un modèle important pour les femmes.

Elle attribue son ascension au pouvoir, dans une certaine mesure, à une détermination absolue.

« Je ne suis pas géologue et je n'ai jamais travaillé dans l'exploration et la production », a-t-elle déclaré lors d'une entrevue avec Fascinating Nigeria. « La seule chose que je sais, c'est comment prendre quelque chose qui n'est rien et en créer quelque chose que l'on peut voir et apprécier… Ne pas être un ingénieur ou un géologue importait peu. Aujourd'hui, je parle le langage du géologue, je peux interpréter les cartes et, lorsqu'il s'agit d'éléments techniques, nous les examinons ensemble, car j'ai pu dépasser mon niveau de peur. »[57]

Sa compagnie, active dans les domaines de l'E&P, du génie pétrolier comprenant la consultation des données, l'importation de produits raffinés, les transports maritimes, l'exploitation des navires et les activités d'ingénierie souterraine, collabore régulièrement avec d'autres entreprises autochtones, contribuant ainsi à la stabilité économique. Elle a également permis de former plus de 25 personnes de ses communautés d'accueil pour devenir des ingénieurs de marine certifiés, et fournit des emplois à temps plein à plus de 20 résidents de la communauté, ainsi que neuf autres en tant que personnel contractuel.

Si la motivation et les réalisations d'Uju Ifejika sont inspirantes – en partie parce que les exemples de femmes occupant des postes de direction dans l'industrie pétrolière et gazière sont rares – les femmes qui y réussissent ne devraient pas être rares.

En effet, le secteur et les pays africains peuvent prendre des mesures concrètes pour faire en sorte que les femmes jouent un rôle actif dans cette industrie.

Prendre des mesures

Je suis convaincu que l'autonomisation des femmes grâce à l'industrie pétrolière et gazière aurait des avantages socio-économiques considérables.

« Les femmes sont souvent les piliers de leur communauté et jouent un rôle clé dans la santé, la nutrition, l'éducation et la sécurité de leur entourage », a déclaré « Oil and Gas Extraction Industry in East Africa : An African Feminist Perspective ». L'article de 2014 a été publié par Akina Mama wa Afrika (AMwA), une organisation régionale de femmes panafricaine basée à Kampala, en Ouganda.

Je suis entièrement d'accord avec elle.

Les entreprises, en particulier, ont beaucoup à gagner à créer des occasions pour les femmes, notamment une meilleure perception du public, un rôle stabilisateur dans les communautés africaines où elles vivent et travaillent, et un réservoir de talents élargi à un moment où l'industrie pétrolière et gazière est aux prises avec de graves pénuries de compétences.

Alors, comment le secteur peut-il mieux autonomiser les femmes ? Faire un effort stratégique pour les recruter, les embaucher et les fidéliser – à tous les niveaux – ferait une énorme différence.

Premièrement, les entreprises peuvent travailler avec le gouvernement pour éliminer les obstacles qui rendent le travail dans l'industrie difficile pour les femmes. Il est révélateur que jusqu'à présent, seuls quatre pays africains aient ratifié la convention n° 183 de l'Union internationale du travail, qui prévoit des congés de maternité payés et garantis, des pauses d'allaitement et/ou de pompage et protège les femmes de la discrimination.

En outre, une étude de l'Union internationale du travail a révélé que même dans les pays africains où les entreprises sont tenues de prévoir des congés de maternité payés, les lois sont rarement appliquées : on estime qu'environ 10% des femmes continuent de recevoir un salaire pendant leur congé.

Ce problème doit être immédiatement résolu par les gouvernements et le secteur privé. J'exhorte les gouvernements à créer des lois responsables et durables visant à protéger les femmes sur le lieu de travail. Examiner les pays du continent qui ont déjà mis en place des protections efficaces en matière de congé de maternité – comme le Rwanda, qui prévoit 12 semaines de congé entièrement payé, et l'Afrique du Sud, qui exige quatre mois de congé – est un bon début.

Les entreprises ont également un rôle à jouer à cet égard. Et il y a des avantages concrets à augmenter les efforts. Mon entreprise, par exemple, a changé sa politique de congé de maternité au fil des ans pour devenir de plus en plus généreuse. Nous offrons maintenant jusqu'à 12 mois de congés payés pour le parent qui s'occupe en premier de l'enfant et trois mois pour le parent qui s'occupe en deuxième de l'enfant, tout en effectuant des paiements aux régimes de retraite et d'assurance. Cette politique, l'une des plus compétitives au monde, produit non seulement des résultats positifs pour les familles et la société, mais également pour notre entreprise et nos clients. Notre politique en matière de congés de maternité a contribué à la rétention des effectifs, en particulier des employées hautement qualifiées ayant une expertise spécifique, et a donc réduit les coûts de rotation pour Centurion. Nous avons constaté une augmentation de la productivité des travailleuses et une amélioration de la loyauté et du moral des employées. Cela nous permet de faire concurrence aux plus grandes entreprises.

Cependant, le succès de ces politiques est crucial pour créer un environnement positif et encourager les familles à utiliser les avantages. La disponibilité des congés n'a pas d'importance si les employées ont peur de les utiliser.

En début de carrière, les entreprises peuvent et doivent promouvoir le large éventail d'emplois qu'elles offrent aux femmes, soutenir des programmes de formation et s'attacher en priorité à augmenter le nombre et la visibilité des modèles de rôles féminins au sein de l'entreprise.

En milieu de carrière, les entreprises devraient s'efforcer en priorité de donner aux femmes un accès aux mêmes occasions que les hommes et à des sponsors pour les guider et défendre leurs intérêts.

Et au niveau des cadres supérieurs, les entreprises devraient donner la priorité à la présence de femmes dans ces postes et leur apporter un soutien pour les aider à réussir.[58] Cibler les politiques d'embauche est une voie claire à suivre à cet égard.

Des pratiques de ce genre existent au sein d'East African Breweries Ltd (EABL) basée au Kenya, où plus de 45% des membres de son conseil d'administration sont des femmes, un bond énorme par rapport à la décennie précédente, alors que les femmes ne représentaient que 16% des membres du conseil d'administration de la société. Ce changement est le résultat de la politique d'embauche de l'entreprise, a déclaré Eric Kiniti, directeur des relations d'entreprise chez EABL. « Avant l'embauche d'employés au niveau de l'encadrement, nous demandons qu'il y ait une candidate dans toutes nos listes restreintes », a déclaré Kiniti. « Et s'il n'y en a pas, on demande pourquoi ».

Le cabinet international de conseil en gestion McKinsey & Company recommande quatre objectifs administratifs pour favoriser la diversité des sexes, y compris le leadership féminin, dans les entreprises :

- Faire de la diversité des sexes une priorité absolue du conseil d'administration et du PDG.
- Communiquer les politiques pertinentes sur la diversité des sexes aux employés
- Confronter les attitudes restrictives envers les femmes sur le lieu de travail.
- Mettre en œuvre une stratégie de diversité des sexes basée sur des faits (utiliser des métriques et des données pour comprendre les contributions des femmes dans l'entreprise).[59]

Bien entendu, une fois que ces politiques ou des politiques similaires sont en place, elles doivent être appliquées. En Afrique, ce n'est pas toujours le cas. En Afrique du Sud, par exemple, la loi exige effectivement l'équité entre les sexes dans les institutions publiques, mais les femmes ne représentent que 33% des employés de ces institutions.

Katy Heidenreich est l'auteur de *The Oil Industry's Best Kept Secret : A book full of inspiration and advice*. Elle souligne que pour obtenir une répartition plus sexo-spécifique de la main-d'œuvre, il ne faudra pas seulement accueillir les femmes. Il faudra également déployer des efforts stratégiques pour les attirer vers l'industrie pétrolière et gazière le pétrole et le gaz. L'industrie doit lutter contre l'idée que l'industrie pétrolière et gazière est un monde d'hommes et montrer aux femmes les carrières enrichissantes et lucratives qui s'offrent à elles.

Prenez les missions off-shore, par exemple. Pourquoi plus de femmes ne devraient-elles pas les poursuivre ?

« La vie off-shore est un monde différent », a déclaré Lindsey Gordon, ingénieure pétrolière chez BP, à Offshore Technology. « Les plates-formes et les NPSD (navires de production, de stockage et de déchargement) sont des chefs-d'œuvre d'ingénierie. La camaraderie est incomparable, ce qui est important lorsque vous êtes ensemble pendant des semaines. Enfin, je prends un hélicoptère pour aller travailler.[60]

Les femmes ont également besoin de voir que concilier travail et famille est faisable. Caroline Gill, une géologue en chef chez Shell UK, a décrit dans le livre de Heidenreich ce qui marche pour elle et son mari géologue.

« En tant que couple, nous avons tous les deux la possibilité de travailler à la maison et nous pouvons nous occuper de tout travail qui reste une fois que nos enfants sont au lit. Il s'agit d'un partenariat totalement égal, nous faisons tous les deux notre juste part. Même lorsque nous travaillons de longues heures, cela n'a aucune incidence sur la vie de famille. »

Rolake Akinkugbe, responsable de l'énergie et des ressources naturelles chez FBN Capital, souligne dans un article publié pour LinkedIn : « Women in Energy : Oiling the Wheels of Talent », que la technologie pourrait aider les femmes à concilier leurs responsabilités professionnelles et familiales. « À mesure que la numérisation progressera, il sera possible d'assumer plusieurs types de rôles dans l'industrie à distance, ce qui facilitera la tâche des femmes qui recherchent la flexibilité nécessaire pour poursuivre une carrière dans l'industrie sur une plus longue période », a-t-elle déclaré.

Pour ce qui est du recrutement des femmes, Akinkugbe a déclaré que le fait d'attirer l'attention des femmes sur les femmes qui réussissent dans l'industrie aura beaucoup de poids. « On ne saurait trop insister sur l'importance de la représentation visible ; les femmes ont tendance à être inspirées par d'autres femmes poursuivant des carrières de haut rang dans l'industrie pétrolière, en raison de son image machiste dominante historique. Moins il y a de diversité entre les sexes aux niveaux technique et supérieur de l'industrie, moins les femmes envisageront de poursuivre une carrière dans l'industrie pétrolière et gazière et, par conséquent, les entreprises auront encore plus de difficultés à recruter des femmes. L'inverse est également vrai. »

Une autre clé pour créer un élan en faveur de la diversité des sexes consiste à donner à davantage de femmes le pouvoir d'élaborer des politiques d'embauche. Eunice Ntobedzi, directrice de Sandico Botswana, société de services énergétiques, est un exemple encourageant dans ce domaine. Elle emploie des femmes ingénieurs dans le développement de projets énergétiques au Botswana. Ntobedzi s'efforce également de réduire l'écart entre les sexes par le biais de l'Université internationale des sciences et de la technologie du Botswana, qui encourage les femmes à contribuer au développement durable dans leur pays.[61] C'est une situation gagnant-gagnant : ces efforts aident à autonomiser les femmes et soutiennent des efforts vitaux pour donner du pouvoir aux Africains ordinaires.

Les entreprises pétrolières et gazières d'Afrique devraient suivre l'exemple de Ntobedzi, non seulement dans ses pratiques d'embauche, mais aussi dans son engagement à soutenir les occasions de formation des femmes. Ce n'est que quelques exemples de ce que la société minière internationale Asanko Gold Inc. a promis de faire par le biais de son nouveau projet Asanko Women in Mining Botae Pa (bonne cause) au Ghana, en Afrique de l'Ouest. Les projets de cette initiative comprendront la promotion des carrières dans le secteur minier pour les femmes et l'offre de programmes de perfectionnement professionnel, de mentorat, de réseautage et communautaires axés sur les besoins des femmes et des filles dans les domaines de l'éducation, de la santé et des finances.[62] Si seulement davantage sociétés dans l'industrie extractive, notamment les compagnies pétrolières et gazières, feraient de même.

Les femmes au gouvernement mènent également le dialogue et de nouvelles initiatives, notamment la Première dame de la République d'Angola, Ana Dias Lourenço. Économiste, ministre, présidente de longue date de la Communauté de développement de l'Afrique australe et ancienne gouverneure de la Banque mondiale, Lourenço participe aux discussions de haut niveau sur l'égalité des sexes aux Nations Unies.

Irene Nafuna Muloni, ministre du gouvernement ougandais chargée de l'énergie et des minéraux, plaide pour une plus grande implication des femmes dans le secteur de l'énergie. En fait, l'Ouganda exige que les femmes soient considérées comme faisant partie des nouvelles activités de développement du secteur.

L'éducation : un investissement à long terme

Certains estiment que l'Afrique ne sera pas en mesure de combler le fossé entre les sexes sans changer les normes et les perceptions culturelles – et ce genre de changement doit commencer par les programmes d'éducation familiale, qui pourraient être offerts par les gouvernements, les écoles, les entreprises et les ONG.

« Un environnement favorable doit être créé à tous les niveaux de la société, à commencer par les ménages », a déclaré Gerald Chirinda, directeur général de Tapiwa Capital, une société qui se concentre sur la création d'entreprises durables au Zimbabwe. « Il est important que les parents investissent leur temps et s'efforcent délibérément d'influencer et d'encourager leurs filles. Il est également important d'enseigner aux garçons l'importance de respecter, d'honorer et d'autonomiser les femmes ».[63]

Je suis d'accord avec Chirinda, mais je crois que les filles ont également besoin d'occasions d'éducation qui leur donnent les bases nécessaires dans les secteurs de la science, la technologie, l'ingénierie et des mathématiques (STEM) pour occuper des postes lucratifs dans l'industrie pétrolière et gazière. Nous commençons à voir des exemples de programmes éducatifs comme ceux-ci. L'un d'entre eux est l'African Science Academy (ASA), une école secondaire pour filles basée au Ghana, spécialisée en mathématiques et en physique avancées. Les étudiantes sont recrutées dans tout le continent et des bourses sont disponibles pour couvrir leurs frais de scolarité et leurs voyages. L'académie affirme qu'aucune fille africaine admissible n'est refusée en raison d'un manque de fonds. Et les plus performantes de l'ASA ont la possibilité de participer à un programme d'étude d'une semaine dans les universités d'Oxford ou de Cambridge au Royaume-Uni, ce qui ouvre la voie à encore plus d'occasions en matière d'éducation.[64]

Dans de nombreux cas, les organisations à but non lucratif prennent les devants lorsqu'il s'agit de créer des occasions d'éducation pour les filles africaines. Prenez l'organisation à but non lucratif Travailler pour faire progresser l'éducation STEM pour les femmes africaines (WAAW). L'organisation a été fondée par Unoma Okorafor du Nigéria, qui a récemment écrit sur sa mission pour www.indiegogo.com : « Dans les dix prochaines années, des milliers de personnes dans toute l'Afrique seront profondément touchées par les changements technologiques dans notre monde … Pour que le Kenya et le Nigéria soient compétitifs à travers le monde, nos filles doivent acquérir des compétences telles que les bases de la robotique, la mise en place de multiples types de systèmes énergétiques, le codage et les fondements de notre monde scientifique moderne. »[65]

WAAW gère des camps STEM pour adolescentes dans toute l'Afrique, ainsi que des programmes de formation des enseignants STEM, des clubs de codage le week-end et après l'école et des programmes de mentorat. Il est temps que d'autres, notamment des entreprises, des partenariats public-privé et des gouvernements, suivent leur exemple.

Mettre en place des politiques

En fait, les gouvernements ont un rôle énorme à jouer pour permettre à davantage de femmes de tirer parti des occasions offertes par l'industrie pétrolière et gazière. Cela devrait commencer par les politiques relatives au contenu local portant spécifiquement sur les femmes.

Ces politiques devraient inclure des mandats pour :

- Assurer un certain pourcentage de femmes locales dans des postes rémunérés.
- Travailler avec des fournisseuses et des sous-traitantes.
- Obliger les fournisseurs et sous-traitants à employer des femmes.
- Créer des occasions d'éducation et de formation, y compris des études STEM, pour les femmes et les filles.
- S'assurer que les femmes et les hommes touchent une rémunération égale, qu'il s'agit de salaires, de programmes communautaires ou de redevances.
- Prévoir des congés de maternité durables et adéquats et des protections pour les congés lorsque les membres de la famille proche sont malades et nécessitent des soins.

Si les gouvernements leur offraient des carottes, et pas seulement du bâton, les entreprises étrangères seraient probablement plus réceptives à l'augmentation du contenu local requis. Pourquoi ne pas offrir des incitations fiscales pour embaucher des femmes locales, pour sous-traiter avec et acheter des fournitures auprès de PME détenues par des femmes ? Ou prévoir des incitations pour offrir des congés de maternité ?

En plus de créer et de faire respecter les lois de contenu local, les gouvernements peuvent aider les femmes par le biais de politiques qui créent un environnement plus propice aux PME liées au secteur pétrolier et gazier. Le Bureau international du travail, dans « Pratiques inclusives des industries extractives en Afrique », recommande :

- Simplifier les procédures d'enregistrement et d'octroi de licences des entreprises.
- Rationaliser les politiques et l'administration fiscales.
- Faciliter l'accès au financement, en particulier aux micro-crédits pour les nouvelles entreprises.
- Améliorer les titres de propriété, les registres et l'administration.
- Simplifier et accélérer l'accès aux tribunaux de commerce et aux ressources alternatives de résolution des conflits.
- Améliorer l'accès à l'information sur les marchés.

Nous avons également besoin d'une législation protégeant et habilitant les femmes : des lois qui protègent les femmes du harcèlement sexuel et protègent leur droit au travail.

L'Afrique dans son ensemble offre une protection insuffisante et choquante aux femmes victimes de harcèlement ou d'agression sexuelle. En Afrique du Sud, par exemple, une femme sur trois est violée au cours de sa vie ; en Afrique centrale et occidentale, quatre femmes mariées sur dix étaient mariées avant leur 18e anniversaire ; et 40 à 60% des femmes en Afrique du Nord disent avoir été victimes de harcèlement sexuel dans la rue. C'est inacceptable et des lois strictes doivent être mises en place maintenant – et appliquées – pour protéger les femmes.

Nous avons également besoin de lois garantissant un salaire égal pour un travail égal. En fin de compte, les femmes ne paient pas moins cher le lait que les hommes. Elles ne paient pas moins pour le loyer. Elles ne devraient pas travailler pour des salaires inférieurs à ceux des hommes.

Organisations non gouvernementales : progresser dans la bonne direction

Espérant que les entreprises déploieront davantage d'efforts pour aider les femmes à mieux tirer parti des occasions pétrolières et gazières dans un avenir très proche, je suis encouragé par le nombre croissant d'organisations qui progressent dans ce domaine. L'un, TheBoardroom Africa, met en relation des femmes leaders hautement qualifiées, approuvées par les pairs, avec des entreprises africaines cherchant à pourvoir des postes de conseil d'administration, y compris dans le secteur pétrolier et gazier. L'organisation a été créée par Marcia Ashong, du Ghana, dont les antécédents professionnels incluent le droit pétrolier et gazier en amont, la gestion de projet, le conseil et le développement commercial. Elle dirige le programme avec la cofondatrice Tasmin Jones, une entrepreneure sociale basée à Londres.

« Nous devons dissiper le mythe selon lequel il n'y a pas assez de femmes qualifiées prêtes à assumer des rôles de leadership au niveau du conseil d'administration », a déclaré Ashong. « En construisant un réseau de femmes prêtes à siéger au conseil d'administration, nous avons déjà commencé à briser ce mythe, mais plus important encore, nous travaillons en étroite collaboration avec le monde des affaires et les personnes influentes par le biais d'un leadership éclairé afin de sensibiliser le public aux avantages de la diversité. »[66]

Une autre organisation, Association for Women in Extractives and Energy in Kenya, s'efforce de fournir aux femmes des possibilités de développement professionnel et économique équitable dans l'industrie extractive du Kenya, y compris les secteurs pétrolier, gazier et minier.

Une organisation relativement nouvelle, African Women Energy Entrepreneurs Framework, a été conçue à la suite de l'atelier sur les femmes entrepreneurs et l'énergie durable (WESE) lors de la Conférence ministérielle africaine à Libreville, au Gabon, en juin 2017.

Les objectifs de l'organisation, entre autres, incluent :

- Garantir des politiques sensibles au genre et une participation inclusive dans le domaine des énergies renouvelables et de l'entrepreneuriat.
- Favoriser les partenariats entre les blocs régionaux, les gouvernements, le secteur privé et la société civile aux niveaux régional, national et local.
- Intégrer la coordination et la gestion des connaissances dans le renforcement des capacités des gouvernements nationaux et locaux, des coopératives et associations de femmes et des femmes entrepreneurs elles-mêmes.
- Améliorer l'accès au financement et aux marchés pour les femmes entrepreneurs en énergie.

Toutes ces organisations ont le potentiel de créer des occasions significatives pour les femmes, mais ce n'est qu'une des pièces du puzzle.

Amener davantage de femmes dans l'industrie et leur donner les outils pour réussir devrait être une priorité à tous les niveaux en Afrique. Les employeurs, le gouvernement, les éducateurs et les organisations doivent tous faire leur part.

Nous avons tout à gagner d'une industrie pétrolière et gazière florissante. Et avec plus de femmes dans ce secteur, elle est mieux placée pour monter en flèche.

WEX Africa : montrant comment il faut faire

Oguto Okudo refuse de se laisser distraire lorsque ses collègues de SpringRock Energy Kenya l'appellent « petite fille » ou lorsqu'elle reçoit des e-mails s'adressant à « M. Okudo ».

En tant que responsable de pays pour une société d'énergie, elle sait qu'elle est considérée comme une rareté au Kenya et dans une grande partie du continent africain. Pour chaque histoire de réussite comme celle-ci, il y a des milliers de femmes africaines dont les perspectives économiques sont au mieux sombres. Ainsi, plutôt que de s'énerver pour les affronts et les fausses hypothèses qu'elle rencontre au travail, Okudo s'emploie à aider d'autres femmes africaines à entrer et à prospérer dans son domaine. L'organisation qu'elle a fondée en 2011, WEX Africa (Women in Energy and Extractives Africa), s'attaque à la disparité entre les sexes dans les secteurs du pétrole, du gaz et de l'énergie.

WEX Africa offre aux femmes un accès aux informations et aux formations en développement personnel ; elle promeut le secteur de l'énergie et extractif en tant que choix de carrière pour les femmes ; et elle informe les décideurs de l'industrie des défis et des occasions pour les femmes dans leurs entreprises. Okudo considère le travail de l'organisation comme un gagnant-gagnant pour les femmes et les communautés dans lesquelles elles vivent. « Les femmes sont des catalyseurs du changement », a-t-elle déclaré au *Daily Nation* en 2018. « Lorsque vous exploitez pleinement leur potentiel, vous pouvez avoir des développements économiques plus inclusifs tout en améliorant les conditions de vie de tous dans la société. »[67]

Je suis extrêmement impressionné par l'approche adoptée par WEX Africa pour répondre au large éventail de besoins de la femme africaine aujourd'hui. L'organisation a développé des programmes pour cibler quatre « sphères » spécifiques, chacune représentant un groupe de population distinct.

La sphère 1 comprend les femmes directement concernées par l'exploration dans leur communauté. WEX Africa les considère comme sa population cible et s'efforce de défendre leurs intérêts et de présenter leurs besoins aux dirigeants locaux et aux entreprises. « Nous comprenons que l'impact des activités liées à l'énergie et à l'extraction ne soit pas neutre du point de vue du genre », indique leur site Web.

La sphère 2 est composée de femmes qui se lancent dans l'industrie et celles qui y travaillent déjà. WEX Africa s'efforce d'aider les femmes dans cette sphère en informant les femmes des occasions, en informant les décideurs de l'industrie des défis, en aidant les femmes à obtenir les licences nécessaires et en faisant connaître l'organisation en tant que ressource.

WEX Africa aide les jeunes femmes et les filles, la sphère 3, par le biais de programmes éducatifs, y compris la campagne « Kitabu si Taabu », qui encourage les jeunes filles du monde entier à se scolariser. L'organisation a également mis au point des programmes d'apprentissage personnalisé et STEM pour les jeunes filles des communautés impactées par l'extraction et l'énergie, avec des taux d'alphabétisation chez les femmes aussi faibles que 3%.

La Sphère 4 de l'organisation comprend des femmes engagées dans les affaires de la chaîne de valeur. WEX Africa s'efforce de les aider en encourageant les dirigeants à créer un environnement favorable pour elles et en encourageant les femmes à s'impliquer dans ce secteur. L'organisation encourage également le partage des connaissances et des occasions entre les femmes entrepreneurs.

Quel excellent modèle, non seulement pour les autres organisations, mais aussi pour les gouvernements et les entreprises! De toute évidence, il est possible d'élaborer des programmes offrant un soutien et une assistance significatifs aux femmes, des programmes qui leur permettront de tirer parti des nombreuses occasions offertes par l'industrie pétrolière et gazière.

En fin de compte, nous devons donner à davantage de femmes africaines les moyens de tirer parti de l'industrie pétrolière et gazière, qu'il s'agisse d'occasions d'emplois sur le terrain, aux sites de forage, de postes de professionnels, de dirigeants ou d'occasions commerciales pour les entreprises appartenant à des femmes.

Comme l'actrice, Emma Watson, a déclaré lors de son discours aux Nations Unies : « Je vous invite à faire un pas en avant pour être vu et à vous demander :« Si ce n'est pas moi, qui ? Si pas maintenant quand ? »

La mise en scène

Voici quelques exemples de dirigeantes du secteur pétrolier et gazier – des femmes qui, espérons-le, préparent le terrain pour que d'autres puissent suivre.

- La responsable de l'énergie et des ressources naturelles de FBN Capital, Rolake Akinkugbe, du Nigéria, a été nommée meilleure analyste pétrolière et gazière africaine de l'année fin 2018 pour son engagement dans le secteur, ses connaissances et sa précieuse analyse.[68] Akinkugbe siège au conseil consultatif économique du bureau du vice-président au Nigéria. Elle est souvent commentatrice dans les médias sur les ressources naturelles en Afrique ; chroniqueur des titres de l'actualité de BBC World News ; et est une conférencière sur l'énergie, les ressources naturelles et les investissements. Non seulement cela, elle dirige également une initiative d'apprentissage de la prise de parole en public VoxArticl8 et est la fondatrice d'InaTidé, une entreprise sociale qui s'approvisionne en expertise financière et technique pour des projets d'énergie durable hors réseau en Afrique subsaharienne.[69]
- Elizabeth Rogo est fondatrice et PDG de Tsavo Oilfield Services, une société de conseil en énergie basée au Kenya qui dessert les secteurs du pétrole et du gaz, de la géothermie et de l'exploitation minière en Afrique de l'Est. En plus de ses engagements professionnels, Rogo encadre de jeunes professionnelles du secteur de l'énergie et est une présentatrice recherchée sur la diversité des sexes et le contenu local dans l'industrie pétrolière et gazière.[70]
- La Dre Amy Jadesimi, médecin et PDG de la société de logistique nigériane, LADOL, a récemment remporté le prix « Femmes leaders du secteur pétrolier et gazier » décerné lors du banquet de patrons d'honneur et de remise de prix du Foreign Investment Network (FIN) et du ministère fédéral des Ressources pétrolières au cours du Nigeria International Petroleum Summit de 2019, à Abuja. Elle a également été

nommée Jeune PDG de l'année par le Forum du leadership africain, une Jeune leader mondiale du Forum économique mondial (FEM) et membre de l'Archbishop Tutu Fellow pour son travail visant à réduire la mortalité maternelle. Elle a également été nommée Jeune talent émergent par le Forum des femmes pour l'économie et la société, l'une des 20 femmes les plus puissantes en Afrique par Forbes, et a été classée parmi les 25 meilleurs africains à surveiller par le *Financial Times*.[71]

- Althea E. Sherman est présidente par intérim de la National Oil Company of Liberia (NOCAL). Elle a également occupé le poste de chef de l'exploitation (COO) de la société et d'avocate, possède plus de 20 ans d'expérience juridique et commerciale au sein de grandes entreprises américaines, notamment Oracle Corporation, AT&T et Verizon Communications.[72]

- En Guinée équatoriale, Mercedes Eworo Milam a gagné le respect de tous lorsqu'elle a occupé le poste de directeur général des hydrocarbures au ministère des Mines, de l'Industrie et de l'Énergie. En fait, en 2014, elle a été reconnue pour son travail exceptionnel en faveur du développement durable du secteur pétrolier et gazier du pays lorsqu'elle a reçu le prix Femme de l'année aux Oil and Gas Awards. En tant que directrice des hydrocarbures, elle a été reconnue pour avoir maintenu un juste équilibre, encourageant les compagnies pétrolières à investir et leur donnant la confiance nécessaire pour opérer. Elle a veillé à ce que les femmes soient embauchées et considérées pour des emplois, des formations et des promotions, ainsi que des contrats.[73]

5

Abondant, accessible et abordable : l'âge d'or du gaz naturel rayonne en Afrique

« Entrons-nous dans un âge d'or du gaz ? »

C'est la question que l'Agence internationale de l'énergie (AIE), basée à Paris, a posée en 2011[74] – une question à laquelle l'agence a répondu par un « Oui » retentissant. Leurs perspectives étaient positives pour un certain nombre de raisons, dont la plus importante est la quantité considérable de ressources pour tout le monde, en termes de distribution et de volume. Il existe des bassins de gaz naturel sur six des sept continents, à l'exception de l'Antarctique, et les auteurs du rapport ont estimé que la quantité totale de réserves récupérables sur le plan commercial – s'élevait à environ 193 800 milliards de barils à l'époque – ce qui pourrait soutenir des niveaux de production pendant 250 ans.

L'AIE a noté qu'en plus d'être abondant, le gaz naturel est une combustion plus propre que les autres combustibles fossiles et moins cher pour les consommateurs. Selon l'agence, le gaz naturel pourrait devenir au fil du temps un carburant pour les transports, réduire l'utilisation du charbon et de l'énergie nucléaire et réduire considérablement la pollution et les gaz à effet de serre. Selon les prévisions, la demande mondiale augmentera de 55% d'ici 2035 et le gaz naturel représentera 25% de l'énergie mondiale, soit une part beaucoup plus importante que jamais du mix mondial.

Bien que les prix aient légèrement fléchi depuis cette déclaration de 2011, l'optimisme n'était pas déplacé. Le gaz naturel peut réaliser toutes ces choses et plus encore. Le gaz naturel occupe une place particulière dans le monde de l'énergie, se situant au centre de l'économie et de l'environnement. Il est abondant, accessible et abordable. Et comme il fournit le plus d'énergie par unité d'émission de carbone parmi les combustibles fossiles, il comble le fossé pour ceux qui ne sont pas tout à fait prêts à renoncer à l'habitude des hydrocarbures, mais qui sont intéressés par une forme de combustible plus respectueuse du climat.

Et l'éclat de cet âge d'or du gaz s'étend bien en Afrique, à tel point que de nombreux experts du secteur considèrent le continent comme sa nouvelle frontière. Avec des descriptions telles que « moteur principal »,[75] « le nouveau pétrole pour l'Afrique »[76] et la clé du « changement transformateur »[77] sur le continent, je pense que nous verrons le gaz naturel jouer un rôle clé dans l'avenir économique de l'Afrique.

Déclencher le changement social en Afrique

Pour trop de personnes en Afrique, les commodités de la « vie moderne » restent hors de portée. Alors même que l'urbanisation se développe avec les augmentations de demande de lumières, d'appareils et d'appareils numériques qui en découlent, de grandes étendues d'Afrique sombrent dans l'obscurité totale ou presque à la tombée de la nuit. Plus de 620 millions d'Africains subsahariens, soit les deux tiers de la population, vivent sans accès à l'électricité. Et ce nombre est en train d'augmenter. Alors que l'AIE a estimé qu'un milliard de personnes auront accès à l'électricité en Afrique d'ici 2040, dont 950 millions dans la région subsaharienne, on prévoit que la croissance démographique explosive plongera de plus en plus de personnes dans un gouffre sans rien pouvoir faire.

Comme indiqué par l'AIE, « la population restante mondiale sans accès à l'électricité devient de plus en plus concentrée en Afrique subsaharienne – ce chiffre atteint 75% en 2040, contre la moitié aujourd'hui ».[78] Incidemment, c'est le seul endroit au monde où le manque d'accès s'aggrave et ne s'améliore pas.

Ce n'est pas un problème lié à une absence de commodités ou de luxe. Il s'agit d'un problème de santé publique très réel. En République démocratique du Congo, par exemple, les cliniques de village isolées sont si éloignées du réseau que seule l'énergie solaire est disponible pour éclairer la voie des soins médicaux. Bien sûr, on ne peut pas compter sur l'énergie solaire pour obtenir une charge électrique de base constante. Ainsi, en l'absence de soleil, très peu de services peuvent être fournis.

Le Ghana, en revanche, représente le type d'avancées médicales pouvant survenir lorsque l'électricité atteint plus de personnes. Des établissements de santé bien éclairés et bien alimentés sont en fait à l'origine de la demande de services de santé. De plus en plus de femmes viennent dans les établissements pour accoucher bénéficiant des soins d'une sage-femme qualifiée. En outre, le réseau électrique plus fiable du pays s'est traduit par de meilleures chaînes de froid assurant la sécurité des vaccins essentiels pour les enfants et pouvant même contribuer à prévenir la prochaine épidémie d'Ebola sur le continent.

Cependant, un accès élargi à une électricité fiable ne ferait pas qu'améliorer la qualité de vie des Africains : cela permettrait également à l'Afrique subsaharienne de ne plus dépendre de la biomasse comme source d'énergie. Quelque 730 millions de personnes consomment du bois de feu, du charbon de bois, des déchets agricoles ou même des excréments d'animaux pour la cuisine. La biomasse en combustion dégage une fumée potentiellement nocive, chargée de particules, et de la brûler à l'intérieur – comme le font des millions de personnes – concentre la fumée et les émanations au point où les inhaler est aussi toxique que de fumer deux paquets de cigarettes par jour.[79] Les chercheurs ont constaté un lien entre l'exposition à la pollution de l'air intérieur provenant de la biomasse et les décès prématurés d'environ 1,3 million de personnes dans le monde chaque année.[80]

Sur le continent, nous pouvons considérer l'Afrique du Nord comme un modèle de réussite en matière d'électrification : 90% de la population de la région est raccordée à l'électricité. Et malgré les perspectives plutôt sombres de l'Afrique subsaharienne, nous constatons quelques poches de progrès, notamment au Nigéria, en Éthiopie, en Tanzanie et au Kenya. De 2000 à 2018, le Kenya a augmenté son taux d'accès à l'électricité de 65 points de pourcentage, pour le porter à 73% et il vise un accès universel d'ici 2022. L'Éthiopie avait fourni de l'électricité à 5% de sa population en 2000. Le taux d'accès est maintenant de 45%, avec un objectif d'accès universel d'ici 2025.[81]

Intérêt croissant pour l'électricité à partir du gaz

Nous savons que les problèmes d'électricité en Afrique sont énormes, accroissant et amplifiant de graves problèmes économiques, de société, de santé et de développement humain. Mais j'ai vu la lueur d'espoir. En exploitant de manière stratégique les nouvelles découvertes de gaz naturel sur le continent pour produire de l'électricité, sous le nom de « conversion du gaz en électricité » – les investisseurs et les producteurs peuvent aider l'Afrique à réduire ses importations, accroître ses exportations, élargir son accès à l'électricité, améliorer son économie et financer le développement social.

Le gaz naturel est également perçu comme une étape vers un monde durable, à faible émission de carbone, qui repose exclusivement sur des ressources renouvelables. Face aux pressions environnementales croissantes pour la réduction des émissions de gaz à effet de serre, un gaz naturel plus propre (et de plus en plus abordable) a été mis en avant pour remplacer le charbon en tant que solution de rechange la plus attrayante pour la production d'électricité. Pour les transports et la production d'électricité, le gaz naturel produit moins d'émissions de CO^2 que le diesel, l'essence et le charbon. Pour la production d'électricité, les centrales au gaz naturel peuvent être intégrées à des sources renouvelables telles que l'énergie éolienne et solaire.[82]

Outre les avantages écologiques de la production au gaz, la conversion du gaz en électricité présente des avantages financiers : les installations sont généralement moins chères et plus rapides à construire que les centrales au charbon ou nucléaires, et le gaz naturel est si efficace que seul un petit volume génère beaucoup d'électricité.

Le gaz naturel est le principal combustible utilisé pour la production d'électricité depuis 2015, après s'être classé au deuxième rang (derrière le charbon) pendant des décennies.[83] La Russie, le Japon et Taïwan ont les cinq plus grandes centrales au gaz au monde.[84] Et à la suite de découvertes majeures de gaz off-shore, l'Afrique a la possibilité de participer plus activement au mouvement de la « conversion du gaz en électricité ».

L'Afrique présente certains avantages économiques en matière d'extraction du gaz naturel, notamment un accès relativement ouvert et des conditions de location généralement attrayantes. La structure de coûts moins élevée du continent a attiré un large éventail d'investisseurs, y compris des compagnies pétrolières majeures [majors], indépendantes et nationales. Bien que les ressources ne soient pas réparties équitablement – plus de 92% des réserves totales de gaz du continent sont concentrées dans quatre pays : le Nigéria, l'Algérie, l'Égypte et la Libye – les perspectives sont prometteuses pour tout le continent, des côtes mauritaniennes aux eaux du Mozambique.

En d'autres termes, le potentiel est là. Et certains gouvernements à travers le continent l'exploitent déjà.

Selon la Banque mondiale,[85] le Nigéria, à lui seul, a suffisamment de gaz découvert pour générer plus de 80 GW d'énergie pendant 30 ans. La feuille de route pour la réforme du secteur de l'électricité du Nigéria fixe l'objectif de 20 GW de capacité de production d'ici 2020, dont la majeure partie sera alimentée au gaz. Les découvertes au large des côtes du Ghana, de la Namibie et de la Côte d'Ivoire devraient produire suffisamment d'équivalents gaz pour répondre à la demande actuelle en électricité pendant plus de 50 ans, tandis que le Cameroun, la République du Congo, la Mauritanie et le Gabon ont suffisamment d'équivalents gaz découvert pour plus de 100 ans. Une découverte à très grande échelle au large du Sénégal et de la Mauritanie contient environ 450 milliards Gm³ supplémentaires de gaz.[86] Cette découverte ne permet pas seulement de convertir une partie de celle-ci en électricité, elle a incité le ministre sénégalais de l'Énergie à dire qu'il prévoyait l'autonomie énergétique de son pays, avec la possibilité qu'il devienne un exportateur net de gaz.

Toutefois, ce ne sont pas les seules avancées. En outre :

- Le programme de conversion de gaz en électricité du ministère de l'Énergie de l'Afrique du Sud a été mis au point pour faciliter la construction d'infrastructures de distribution de gaz.[87]
- Les centrales thermiques alimentées au gaz naturel assurent 50% de la capacité du réseau de la région subsaharienne. Selon l'Agence internationale pour les énergies renouvelables (IRENA), plus de 90% de la capacité provient du Nigéria, du Ghana et de la Côte d'Ivoire. L'Angola développe actuellement des centrales électriques au gaz de 400 MW.
- Le développement du champ de gaz Coral du Mozambique a rapporté plus de 70% de son produit intérieur brut de 11 milliards d'USD en 2016, et les réserves couvriront les besoins en énergie de son pays et de ses voisins.[88]
- Le Cameroun a récemment connu des succès avec les plates-formes flottantes off-shore de GNL. Il a également introduit des améliorations technologiques qui pourraient réduire davantage les coûts de production et rendre le gaz naturel encore plus compétitif pour la production d'électricité.

Malgré les progrès réalisés, les producteurs africains de tout le continent continuent malheureusement de commettre une grave erreur : ils imposent un handicap à eux-mêmes et à toute l'Afrique, en continuant le torchage du gaz. Au lieu de gaspiller cette précieuse ressource, nous devrions la capturer et l'utiliser pour renforcer notre base de fabrication.

Nous devons parvenir à une compréhension universelle : nous ne pouvons pas gérer les industries en utilisant des générateurs. La conversion du gaz en électricité nous aidera à utiliser le gaz pour créer une économie diversifiée et industrialisée.

Réévaluer les priorités

Dans un article publié en 2018, j'ai posé la question suivante : *Pourquoi un pays d'Afrique de l'Ouest choisirait-il d'importer du diesel coûteux provenant de raffineries au Texas pour ses centrales électriques, alors qu'il pourrait utiliser ses propres ressources moins chères ou celles d'un voisin producteur de gaz, pour alimenter son économie ?* [89]

Répondre aux besoins des Africains avant tout est d'une importance capitale. Qu'est-ce qui serait encore mieux ? Répondre à nos besoins avec nos propres ressources. Le marché intérieur à l'intérieur des frontières de notre continent ne doit plus être négligé. Une fois que nous avons pris soin de nous, nous pourrons alors discuter des exportations. Mais essayons de savoir où se dirigent ces exportations.

Historiquement, le continent n'a pas développé ses ressources énergétiques pour donner de l'électricité aux populations – au lieu de cela, l'accent a été mis sur le soutien aux autres pays par le biais des exportations. Prenons l'exemple du Nigéria, membre de l'OPEP, qui expédie 40% de son pétrole aux États-Unis, ou le Ghana, où le principal produit exporté est le carburant destiné à l'Union européenne. En fait, deux dollars sur trois investis dans le secteur de l'énergie en Afrique subsaharienne depuis 2000 ont été affectés au développement des ressources pour l'exportation.

Considérant que la région subsaharienne devrait produire 175 Gm³ de gaz naturel par an d'ici 2040, le gaz naturel pourrait avoir une influence à l'échelle du continent, complétant les ressources hydro-électriques de l'Afrique et remplaçant le charbon et les combustibles liquides (et la biomasse) pour produire de l'énergie. Mais cela ne peut se produire que si l'Afrique conserve une partie de ses richesses en gaz naturel.

Je suis d'accord avec H.E. Gabriel Mbaga Obiang Lima, ministre des Mines, de l'Industrie et de l'Énergie de la Guinée équatoriale, qui m'a récemment dit : « Nous devons pourvoir aux besoins de nos citoyens, qui doivent pouvoir alimenter leur véhicule, leur foyer et leur entreprise. À cette fin, il est moins coûteux de créer une industrie utilisant notre propre gaz, au lieu d'exporter notre gaz sous forme de GNL et puis être obligés d'importer ensuite du carburant destiné à un usage domestique. L'utilisation du gaz à des fins d'exportation et d'usage domestique dans une économie forte et diversifiée est très précieuse. »

La Guinée équatoriale est l'un des plus grands marchés du pétrole et du gaz de l'Afrique subsaharienne. Et avec une feuille de route impressionnante comprenant le service dans le secteur pétrolier et gazier depuis 1997, Lima comprend le rôle primordial que jouent les hydrocarbures dans les recettes intérieures. Avant d'occuper son poste actuel, il était ministre délégué, vice-ministre, secrétaire d'État aux Mines et aux Hydrocarbures, représentant du gouvernement auprès du Comité pour l'équité dans le contexte de contrats de partage de la production et conseiller présidentiel pour les hydrocarbures. En outre, il a siégé au conseil d'administration de trois sociétés nationales : Sonagas, SEGESA et GEPetrol.

« S'il est clair que nos produits doivent être exportés dans le monde entier, il est également urgent de développer les secteurs en aval en Afrique et d'utiliser les ressources chez nous pour produire des produits raffinés, des engrais, des produits pétrochimiques et de l'énergie », a déclaré Lima. Son l'objectif est de créer un environnement positif pour les compagnies pétrolières et gazières nationales et internationales, et garantir que les résidents locaux bénéficient de ces efforts. « Cela conduit à plus de stabilité, à la diversification, à une meilleure qualité de travail et à plus d'emplois pour nos populations. »

Les propos de Lima sur le gaz naturel s'alignent étroitement sur ceux de Guillaume Doane, PDG de Africa Oil & Power. En tant qu'organisateur de conférences d'investissement de haut niveau axées sur les industries énergétiques africaines, il a son doigt sur le pouls du secteur. En fait, il cite la Guinée équatoriale comme un modèle exemplaire du mouvement « L'Afrique en premier » [Africa First], qui appelle les pays africains à maximiser la valorisation locale de leurs ressources naturelles.

« La Guinée équatoriale, à bien des égards, a donné l'exemple et démontré une position de leader sur l'importance d'utiliser ses ressources naturelles au profit de sa population et de ses voisins. Son utilisation du gaz naturel pour les exportations de GNL, ses installations de conversion du gaz en électricité, son gaz naturel comprimé et, à terme, pour ses projets industriels et pétrochimiques stimulants, constitue un point de référence pour le reste du continent », m'a déclaré Doane lors d'une entrevue récente. « En outre, la Guinée équatoriale a établi une sorte de modèle sur la façon dont les pays africains détenteurs d'une richesse en gaz naturel peuvent partager leurs ressources et travailler avec leurs voisins africains à la construction d'infrastructures d'importation de gaz. »

Nous devons également prendre conscience du fait que le marché mondial des exportations n'est peut-être pas la « vache à lait » qu'il était jadis. Le marché est sursaturé en raison de facteurs tels que le boom du schiste aux États-Unis, l'augmentation de la production au Moyen-Orient et les investissements importants de l'Australie dans les exportations de GNL. Les producteurs africains avaient l'habitude de se tourner vers les États-Unis et les pays européens en tant qu'acheteurs solides. Mais plus maintenant.

Je crois que c'est en fait une bénédiction déguisée. L'utilisation de gaz naturel d'origine locale (ou au moins d'origine continentale) peut contribuer à limiter nos importations coûteuses de produits pétroliers raffinés en provenance de l'étranger. Forcer nos producteurs d'énergie à regarder « à l'intérieur de la boîte » (c.-à-d., en Afrique) peut constituer l'élan nécessaire pour favoriser des échanges énergétiques intra-africains dynamiques. Et des liens économiques solides peuvent promouvoir des alliances politiques et créer un marché intérieur fort.

Oublions donc la concurrence avec les principaux producteurs mondiaux d'énergie par le biais de contrats internationaux et concentrons-nous sur notre marché régional. C'est tout simplement plus réaliste – et plus important pour la santé économique et la prospérité future de notre continent.

Considérons la Tanzanie : actuellement, au moins 50% de l'électricité produite à partir de gaz naturel est utilisée par Tanzania Electric Supply Company (TANESCO), le reste étant destiné au chauffage industriel, aux charges d'alimentation pétrochimiques, au carburant de cuisine et de véhicule. Sa production de gaz naturel réduit efficacement sa dépendance sur les importations d'énergie – avec des économies de plus de 7,4 milliards d'USD entre 2004 et 2015, selon Tanzania Petroleum Development Corporation (TDPC). Ces fonds ont été acheminés vers des projets qui auraient autrement été suspendus, tels que le développement d'une usine d'engrais capable de produire 2 200 et 3 850 tonnes métriques d'ammoniac et d'urée respectivement par jour. Ce projet crée jusqu'à 5 000 emplois à long terme et améliorera l'économie du pays pendant des générations.[90]

La forte économie régionale de la Tanzanie améliorera également les relations entre les pays et créera un marché intérieur solide pour les industries, les entreprises et les populations africaines. Une fois que son système de gaz naturel domestique sera pleinement développé, la Tanzanie entend exporter une partie de l'électricité qu'elle produit, mais seulement jusqu'au Kenya voisin.[91]

Je salue le travail d'un consortium dirigé par SacOil, un indépendant sud-africain, qui a plaidé en faveur d'un gazoduc de grand diamètre d'une longueur de 2 600 km allant du bassin de Rovuma, au nord du Mozambique, jusqu'à la province de Gauteng, où se trouvent Johannesburg et Pretoria. Dr Thabo Kgogo, PDG par intérim de SacOil, a déclaré au magazine ESI Africa que le projet va « améliorer le paysage des infrastructures énergétiques en Afrique, soutenir la croissance économique, augmenter la compétitivité internationale des économies de l'Afrique australe, créer des emplois et améliorer le niveau de vie. »[92]

Et, en réalité, c'est ce qui est au cœur des possibilités offertes par le gaz naturel en Afrique. Oui, les investisseurs du monde entier reconnaissent le potentiel économique de puiser dans des ressources inexplorées, mais à mesure que l'industrie énergétique du continent se développe, je pense que ce sont les peuples d'Afrique qui devraient et qui vont en profiter le plus.

Mais ne vous fiez pas à ma parole, considérez les mots bien choisis de la quatrième table ronde de la Chine sur l'accession à l'OMC, tenue à Nairobi en décembre 2015 : « Nous sommes convaincus qu'éliminer les obstacles au commerce intra-africain peut avoir des effets positifs énormes sur les populations les plus pauvres. Le renforcement de l'intégration commerciale de l'Afrique et au cœur de notre objectif de mettre fin à la pauvreté d'ici 2030 et des aspirations des gouvernements et des communautés africaines. »[93]

Les ambitions montent avec plus de GNL

Pouvez-vous croire que l'Afrique est en réalité le site de la première usine de liquéfaction de GNL commerciale au monde ? C'est peut-être difficile à y croire, étant donné que le continent accuse un certain retard par rapport aux autres producteurs du monde, mais une usine située à Arzew, en Algérie, a été mise en service en 1964.[94]

Malheureusement, la ressource n'a pas eu de succès au début. Mais cela change.

Le GNL devient une priorité pour le secteur émergent du gaz naturel en Afrique. Ce gaz naturel inodore, incolore, non toxique et non corrosif (majoritairement du méthane avec une partie de l'éthane) a été refroidi à la forme liquide pour faciliter son stockage ou son transport, souvent par barge aux endroits où les gazoducs ne sont pas rentables ou pratiques de construire. Une fois que le GNL arrive à destination, il est regazéifié et distribué, généralement par gazoduc.

« Il existe des preuves sur tout le continent que le gaz naturel – plus particulièrement le GNL – pourrait être la solution, à la fois pour dynamiser le secteur de l'énergie en Afrique et pour aider les pays individuels à améliorer leur situation », a souligné Guillaume Doane lors de notre entrevue. « L'Afrique compte une population nombreuse, dynamique et jeune, dont la demande en énergie fiable et peu coûteuse augmente plus rapidement que dans toute autre partie du monde. Les pays africains devraient pouvoir dépendre les uns des autres pour s'approvisionner en cette énergie. La réalisation de cette promesse nécessite des dirigeants courageux qui ont la volonté de faire le nécessaire pour qu'aucun pays du continent ne soit laissé pour compte dans la quête de la prospérité et de la sécurité énergétique. »

Probablement l'un des meilleurs exemples pour Doane est le Nigéria, qui est un producteur et exportateur de GNL de longue date : « Avec les plus grandes réserves de gaz du continent, le Nigéria se positionne désormais comme l'un des plus grands producteurs de gaz naturel pour usage domestique. Il envisage sérieusement de réduire le torchage du gaz et utilise ses ressources pour la production d'électricité et l'industrie locale. »

Dans le cadre de son objectif de réduction de l'intensité d'émissions de carbone de son économie, l'Afrique du Sud entreprend également un projet ambitieux de conversion du GNL en électricité. La nation est au cours du processus d'appel d'offres pour développer, financer, construire et exploiter une centrale électrique de 3 000 MW de conversion du GNL en électricité. Des retards réglementaires et des difficultés techniques ont entraîné un retard, mais l'Afrique du Sud envisage d'utiliser des navires off-shore pour recevoir, convertir et stocker le GNL qu'elle importe. Eskom, la compagnie d'électricité sud-africaine, a accepté d'acheter l'électricité générée par la centrale.

Selon Africa Oil & Power, les structures de financement et de développement sont des facteurs décisifs pour les projets de GNL-électricité. C'est l'une des raisons pour lesquelles l'Afrique du Sud (et d'autres) a inclus les installations flottantes de stockage et de regazéification (FSRF) dans ses plans. À 300 millions à 500 millions d'USD pour construire, ces vaisseaux coûtent presque deux fois moins cher qu'un terminal d'importation on-shore. En plus de réduire les investissements, les FSRF ne prennent que deux ans environ pour être mises en service, ce qui signifie qu'elles raccourcissent considérablement le calendrier global du projet.

Ailleurs, le Maroc envisage également de développer des infrastructures d'importation de GNL, tandis que l'Égypte a affrété deux vaisseaux flottants pour le stockage de GNL. Les investisseurs ghanéens envisagent de financer une centrale de production de GNL d'une puissance de 1 300 MW, ce qui réduirait la dépendance de ce pays vis-à-vis de la West African Gas Pipeline, souvent peu fiable.

Ce qui est probablement le plus intéressant est le fait que les progrès réalisés ne concernent pas uniquement les pays dotés de réserves énormes.

La conversion du GNL en électricité a été plus largement considérée comme une solution de remplacement pour la production d'électricité ces dernières années, étant donné que l'offre de GNL a augmenté et que les prix ont chuté. Depuis 2015, les technologies de transformation du GNL en électricité ont beaucoup profité aux pays africains qui ne disposent pas de leur propre source de gaz naturel ou qui ne disposent pas de gazoduc d'importation. Parmi eux, le Mozambique, qui prévoit de développer 10 trains de GNL, qui consommeraient environ 70% des ressources actuellement découvertes, selon la Banque mondiale.

Les perspectives du GNL sur notre continent m'encouragent : Douglas-Westwood, consultant en industrie, a prédit que les dépenses mondiales consacrées aux installations de GNL augmenteraient de 88% d'ici 2019, avec 193 milliards d'USD dépensés en liquéfaction et en transport maritime.[95]

Une telle croissance de l'industrie représente une grande occasion pour les pays africains disposant de réserves de gaz naturel, et des avantages qui pourraient facilement s'étendre à la population de ces pays.

Gabriel Mbaga Obiang Lima est du même avis : « Investir dans l'utilisation de gaz domestique industrialise le pays : cela crée de nouvelles industries, diversifie l'économie et crée des emplois indispensables. »

Ou, comme le disent les auteurs d' « East Africa – Opportunities and Challenges for LNG in a New Frontier Region », les revenus que le développement de GNL en eau profonde peut générer pour le gouvernement – de la création d'emplois et des taxes payées par les employés à l'augmentation de dépenses au sein des économies locales – pourraient, à leur tour, générer encore plus d'emploi et de fiscalité.

« Pendant la phase de construction d'un projet de GNL, 3 500 à 5 000 personnes pourraient être directement impliquées dans la construction de l'usine. Parmi elles, environ 80% seraient des techniciens qualifiés et du personnel professionnel », ont-ils écrit.[96]

Qu'est-ce qui nous empêche d'y arriver ?

Ces avantages pourraient se multiplier si plusieurs parties prenantes importantes menaient la promotion du commerce intra-africain. Comme je l'ai mentionné dans ma discussion sur la collaboration au Chapitre 3, il est essentiel que les gouvernements, les entreprises autochtones et les consortiums du continent s'unissent. Et nous avons absolument besoin que les commerçants africains de pétrole et de gaz, les producteurs d'électricité et les industriels s'impliquent.

Les sociétés de négoce achètent des contrats à terme standardisés sur le marché des produits de base et fixent de bons prix pour leurs clients, généralement les raffineries, les services publics ou les grands complexes de bureaux dotés de beaucoup de pouvoir d'achat. Pour obtenir les meilleures offres pour ces clients, les négociants gardent les oreilles ouvertes et non pas la tête dans le sable. En conséquence, ils ont construit des réseaux sophistiqués et ils ont compris depuis longtemps l'importance de la coopération transfrontalière. Il y a quelque chose à apprendre d'eux et de leurs expériences.

Malheureusement, ces négociants peuvent parfois mettre une emprise sur le marché. Nous devons créer une plate-forme assurant qu'un certain volume de gaz naturel soit mis de côté pour les projets énergétiques africains. Il s'agit d'une nécessité absolue pour développer une industrialisation radicale dont nous avons besoin pour gagner l'avantage concurrentiel du continent dans l'économie mondiale.

À mon avis, le GNL à petite échelle est la solution.

La mauvaise nouvelle est que cela signifie briser l'emprise en béton des négociants en énergie qui contrôlent le négoce du GNL. La grande majorité des négociants sont opposés au GNL à petite échelle, car cela réduirait leurs ventes aux acheteurs privilégiés d'Europe, d'Asie et d'Amérique. Plutôt, ils auraient besoin de trouver d'autres régimes de financement pour payer leurs fonds propres dans le GNL ou d'autres projets gaziers.

La stratégie d'exportation d'énergie dépassée de l'Afrique, perpétuée par nos puissants négociants en énergie, constitue peut-être le principal obstacle au développement de la conversion du gaz en électricité. Nous avons besoin de politiques favorisant le commerce intra-africain. Certes, des progrès ont été obtenus avec la Zone de libre-échange continentale (ZLECA), ce qui augmenterait le commerce intra-africain de 52% d'ici 2022, éliminerait les droits de douane sur 90% des marchandises et éliminerait les retards inutiles aux postes-frontière et autres obstacles à la réussite du commerce intra-africain. Jusqu'à très récemment, la bureaucratie avait retardé la ratification de cet accord de libre-échange intra-africain crucial : il n'a pris effet qu'avec la signature de 22 des 55 membres de l'Union africaine. L'hésitation de certains de nos pays prouve qu'il est plus important pour certains d'exporter vers des marchés potentiellement plus rémunérateurs que de renforcer notre base nationale. En avril 2019 la Gambie est devenue le 22e pays à signer l'accord de libre-échange, permettant ainsi à l'initiative de progresser.

Guillaume Doane pense que le manque d'infrastructures et de capitaux d'investissement freine le succès du commerce énergétique intra-africain : « L'Afrique possède moins d'infrastructures d'exportation de pétrole et de gaz que toute autre région du monde. Le continent a besoin de plus de pipelines et

de plus d'installations d'exportation/importation permettant le commerce »,
a-t-il déclaré.

Pour les plus petits pays, l'idée même de développer une infrastructure
appropriée de conversion du gaz en électricité peut paraître menaçante. Les
centrales au gaz étant très efficaces, elles consomment de très faibles volumes
de gaz, ce qui peut rendre les projets de collecte et de transport terrestre
connexes non rentables. La création d'un réseau de gaz à l'électricité n'a pas
toujours de sens sur la base de pays par pays ; il n'y a tout simplement pas
suffisamment d'économies d'échelle pour le soutenir, du moins en ce qui
concerne la construction des infrastructures requises en amont et en aval.

Mais le fait est que, même parmi les plus petites économies, les occasions ne
manquent pas.

Les coopératives énergétiques transfrontalières régionales, avec des pôles
de production intrarégionaux qui répondent également à la demande en
énergie des pays voisins, pourraient être la solution sur tout le continent.
Les pays d'accueil riches en gaz naturel pourraient augmenter leurs recettes
d'exportation et développer des infrastructures essentielles, tandis que leurs
voisins importateurs disposeraient de l'électricité dont ils ont besoin sans
avoir à construire leurs propres installations de production. Tout le monde
en profiterait !

« Nous pensons que cette solution est extrêmement viable pour l'Afrique :
les pays disposant d'un accès fiable à des combustibles tels que le GNL ou le
propane peuvent installer une capacité de production suffisante pour répondre
à leurs besoins nationaux, ainsi qu'une capacité excédentaire pouvant être
transférée sur le réseau dans les pools énergétiques de pays voisins, » a déclaré
Colm Quinn, directeur régional des ventes d'APR Energy, à *African Review*.[97]

Pour être juste, je devrais souligner que la consommation de gaz naturel
en Afrique est encore faible comparée au reste du monde : seulement 109,8
milliards de mètres cubes (Gm^3), environ 3 849 Gpi^3, ou 3,4% du total
mondial en 2011. Pour mettre les choses en perspective, il faut un an aux
Africains pour utiliser autant d'électricité que les Américains utilisent en
trois jours,[98] et la consommation moyenne d'électricité par habitant dans
les régions subsahariennes n'est pas suffisante pour alimenter en continu une
seule ampoule de 50 watts.[99] Mais le volume augmente. La consommation de
gaz du continent augmente d'environ 6% par an, alimentée par une activité

économique accrue, des investissements dans les infrastructures et des prix subventionnés intérieurs.

Un des principaux obstacles à surmonter pour convertir d'importants stocks de gaz naturel en électricité est le manque d'infrastructures de transport du gaz adéquates permettant de relier les champs aux centrales de conversion du gaz en électricité. À l'heure actuelle, mis à part le littoral nigérian, il n'y a pratiquement aucune infrastructure de gazoduc en Afrique subsaharienne.

Mais cela pourrait changer à mesure que le Nigéria négocie pour apporter ses ressources en gaz aux pays côtiers du continent.

Le projet de gazoduc transsaharien, qui parcourt 841 kilomètres (522 miles) de la frontière du Nigéria en Algérie puis 2 303 kilomètres (1, 431 miles) dans le gazoduc de l' infrastructure de gaz Algérie, a finalement été approuvé en janvier 2017, huit ans après que l'accord initial entre l'Algérie et le Nigéria a été signé.[100] De plus, la Commission de concession et de règlement de l'infrastructure (ICRC) du Nigéria s'emploie à développer un gazoduc off-shore qui permettra de relier le Nigéria au Maroc et profitera à terme à 11 pays d'Afrique subsaharienne: le Bénin, le Togo, le Ghana, la Côte d'Ivoire, le Liberia, la Sierra Leone, la Guinée, la Guinée-Bissau, la Gambie, le Sénégal et la Mauritanie. Le gazoduc transsaharien devrait entraîner des coûts de transport par unité très faibles et permettre de transporter suffisamment de gaz pour générer 5 000 MW d'électricité. À la suite de nouvelles ressources en gaz au Nigéria et au Ghana, la West African Gas Pipeline Company (WAPCo) a annoncé qu'elle augmenterait sa capacité de production de 170 Mpi^3 par jour à 315 Mpi^3 par jour.[101]

Se regrouper

Je ne suis pas le seul à souhaiter une Afrique indépendante de l'énergie – où les ressources africaines sont utilisées pour le développement des nations africaines et de tous ses habitants, où tous les Africains ont accès à l'électricité générée dans leur pays d'origine et où toutes les nations africaines coopérèrent pour stimuler le développement industriel et créer des emplois.

En fait, 18 pays de toutes les régions du continent croient tellement à l'importance de se regrouper qu'ils ont créé l'Organisation des producteurs de pétrole africains (APPO). Ce qui a commencé en 1987 comme une collaboration restreinte entre quelques puissances productrices de pétrole africaines est devenue deux fois plus grande et ouverte aux plus petits producteurs. Le plus récent entrant était le Niger en 2012, dont l'industrie naissante est porteuse de promesses sans bornes.

Les efforts d'organisation ont été menés par le Nigéria – ainsi que ses collaborateurs ; l'Algérie, l'Angola, l'Angola, le Bénin, le Cameroun, la République le Congo, le Gabon et la Libye – pour s'engager dans la voie de l'indépendance énergétique, du développement durable et de la diversification économique en Afrique par le biais d'une coopération dans la recherche et la technologie d'hydrocarbures.

Pour remplir sa mission, l'APPO a défini les objectifs suivants :

- La coopération des pays membres : Renforcer la coopération entre les pays membres et d'autres institutions mondiales dans divers secteurs de l'industrie des hydrocarbures.
- Le développement énergétique en Afrique : Développer les marchés régionaux et coordonner les stratégies d'intégration énergétique pan-continentales.
- Des études de haut niveau et partenariats : Impartir une éducation sur les principaux défis du secteur de l'énergie africain.
- Le développement socio-économique : Promouvoir le développement économique et la diversité des marchés en mettant l'accent sur les achats locaux, l'emploi et la diversification des sexes dans le secteur de l'énergie.
- La protection de l'environnement : Appliquer des politiques de protection et de gestion de l'environnement.
- Les meilleures pratiques internationales : Adopter les meilleures pratiques internationales.
- La visibilité organisationnelle : Établir des questions énergétiques de leadership en Afrique et au-delà.

De même, il y a près de cinq ans, Africa Oil & Power (AOP) est arrivée sur la scène avec pratiquement le même objectif. En fait, Guillaume Doane a cofondé le groupe en tant que plate-forme pour réunir « une classe élite de ministres et de représentants du gouvernement de haut rang et de cadres supérieurs des entreprises du secteur privé couvrant la chaîne de valeur énergétique, y compris en amont, en aval, l'ingénierie, la construction, les services, les conseils, la production d'énergie, les affaires juridiques et les finances ». L'organisation anime régulièrement une série de conférences spécifiques à chaque pays et approuvées par les gouvernements, ainsi qu'un événement annuel pour toute l'Afrique, afin de promouvoir la mise en réseau et les discussions de haut niveau sur toutes les questions concernant l'espace énergétique africain.

Fervent défenseur du mouvement « L'Afrique en premier » pour aider les pays africains à maximiser leurs ressources naturelles au profit et pour le bien de leur population, la mission de l'AOP est de :

- Favoriser les investissements dans le secteur de l'énergie en Afrique, la région la plus sous-explorée, sous-développée et négligée du monde.
- Donner plus de pouvoir aux entreprises autochtones sur le continent en promouvant le leadership, le contenu national, la technologie et l'entrepreneuriat.
- Créer des expériences de contenu attrayantes pour les plus grands courtiers en énergie du secteur.

J'aime les missions de ces associations. Mais pour l'instant, ça ne suffit pas : l'APPO ne représente qu'un tiers des pays africains et l'AOP cible l'élite des négociateurs. Nous avons besoin de voir plus de collaborations.

Tous les États africains doivent mettre leur peau en jeu. Les grands pays comme le Nigéria doivent intervenir et faire preuve de leadership – tout comme ils l'ont fait pour lancer l'APPO. Les compagnies énergétiques doivent faire appel à de bons avocats et conseillers qui comprennent le marché. Et nous avons tous besoin de nous parler et d'apprendre les uns des autres.

C'est le genre de collaboration et de plaidoyer que j'avais en tête lorsque j'ai cofondé la Chambre africaine de l'énergie (CAE) au début de 2018.

L'initiative de la CAE favorise les occasions de croissance et d'expansion des entreprises africaines autochtones sur tout le continent, allant de la formation du personnel, aux partenariats communautaires et à l'établissement de relations. En peu de temps, nous sommes devenus la voix du secteur pétrolier et gazier en Afrique. Notre objectif ultime est de voir les entreprises africaines se développer et prendre la tête du développement de leur continent.

La CAE est la voix du continent pour les changements constants et les progrès dans le secteur de l'énergie en Afrique. Des réformes réglementaires énergiques rigoureux de l'Angola à l'intérêt de la République du Congo pour l'OPEP aux impressionnantes avancées en matière de contenu local du Soudan du Sud, la CEA est fermement attachée à la réémergence du secteur de l'énergie en Afrique.[102]

Actuellement, je suis actif au sein de la chambre et son président directeur. Je parle et j'écris régulièrement en son nom. En outre, plusieurs collègues clés qui ont contribué à créer le groupe continuent de participer activement à nos travaux. Nous sommes tous profondément engagés et croyons fermement en notre collaboration.

Nous savons que nos efforts font déjà une différence.

En moins d'un an d'existence, le groupe a aidé la Guinée équatoriale – l'un des plus gros exportateurs de GNL du continent, à signer un protocole d'entente facilitant la conclusion d'un accord de vente de GNL avec le Ghana et à négocier la fourniture de GNL et la construction d'infrastructures de transport avec le Burkina Faso. Je m'attends à ce que ces exemples concrets ne soient qu'un début.

LNG2Africa est un autre effort de coopération prometteur. Cette initiative permet de négocier des contrats dans le secteur privé conduisant à des accords de vente et d'achat interafricains et créant des occasions pour le développement de cette industrie à travers le continent.

Plus important peut-être, l'initiative encourage la collaboration et le partage des connaissances entre producteurs et consommateurs afin de faciliter les meilleures pratiques et de favoriser le développement des infrastructures. Comme l'explique le site Web de LNG2Africa, « Par le biais de LNG2Africa, les bénéficiaires de la chaîne de valeur du GNL échangeront des connaissances et des données et commanderont des études techniques pour la construction de terminaux de regazéification et de stockage de GNL et d'infrastructures de transport, par gazoduc ou par méthanier. »

Des initiatives telles que celles de l'APPO, Africa Oil & Power et LNG2Africa aident à créer une voix pour notre continent. L'Afrique confirmera la question rhétorique de l'AIE et prouvera qu'il s'agit bien de l'âge d'or du gaz naturel – et que le gaz naturel stimulera notre propre âge d'or de prospérité et de réussite.

Je suis convaincu que si nous travaillons ensemble pour nous assurer que nous utilisons d'abord le gaz africain pour l'Afrique, l'Afrique remplira effectivement nos coffres.

6

Monétiser les ressources naturelles : les succès, les leçons et les risques

Le Nigéria est riche en ressources et pauvre en énergie.

Le pays se classe au sixième rang mondial pour la production de pétrole, au dixième rang pour les réserves prouvées de pétrole et au huitième rang pour les réserves prouvées de gaz naturel. Pourtant, il n'a pas réussi à utiliser son énergie potentielle pour garder les lumières allumées, ni à inciter les gens à s'impliquer ou alimenter l'économie.

Au lieu de cela, le pétrole est exporté et le gaz gaspillé. L'électricité est sporadique dans de nombreuses régions du Nigéria – au mieux, un approvisionnement fiable est disponible environ 40% de la journée. Ce n'est pas étonnant quand on produit que 4 GW de capacité de production d'énergie fonctionnelle pour un pays de près de 200 millions. L'actionnement d'un interrupteur éclairera-t-il l'obscurité ou déclenchera-t-il le ronronnement d'un moteur ? Il n'y a pas de garantie.

Les habitants, dont 42% sont appauvris, restent bloqués sans réserve de carburant de transport suffisante.

La base industrielle est sédentaire, non seulement parce qu'elle manque de charges d'alimentation pour la production, mais aussi parce qu'il est impossible de développer des activités fiables avec des générateurs lorsque l'électricité est coupée. Comment le pays peut-il espérer attirer des investissements étrangers sans électricité ? Imaginez que vous soyez un fabricant de puces de la Silicon Valley et que vous envisagez de tirer parti du capital humain du pays pour exploiter une usine de fabrication dans cette région. Que faites-vous lorsqu'il n'y a pas d'électricité pendant la majeure partie de la journée ? Comment faire pour acheter du carburant et payer vos clients ? Quel consommateur sensé achèterait un produit cher s'il existe des alternatives moins chères dans des pays où l'électricité est disponible 24h/24 et 7j/7 ?

La grande question est la suivante : Comment un pays intelligent peut-il avoir autant de choses sans en tirer parti ?

Un problème est que le Nigéria exploite à peine ses ressources en gaz naturel. Moins de 17% des 193 Tpi^3 de réserves prouvées sont mis en service. Environ 184 Tpi^3 sont considérés comme « bloqués », ce qui signifie qu'elles ne peuvent pas être livrées de manière économique sur le marché. Pire encore, du fait que le pays ne dispose pas d'infrastructures adéquates, telles que des gazoducs et des installations de stockage, plus de la moitié du gaz naturel associé à la production de pétrole brut (environ 63%) est torchée ou brûlée tous les jours.

Dans un sens très réel, la richesse qui pourrait couler dans les poches du peuple nigérian s'envole dans un véritable nuage de vapeur.

Le torchage : une situation de perdant-perdant pour l'Afrique

Bien que cette pratique fasse depuis longtemps partie intégrante de la production d'hydrocarbures, le torchage est un gaspillage, nuisible à l'environnement, dangereux pour les personnes et les animaux à proximité – et il est interdit au Nigéria depuis plus de 30 ans, bien qu'il soit difficile d'y croire avec tout le torchage qui se produit : environ 700 Mpi^3 par jour et ça grimpe. En tout cas, il ne s'agit pas de miettes : cela équivaut à environ un quart de la consommation électrique actuelle de l'ensemble du continent.[103] Préférez-vous une comparaison des devises fortes ? Le Nigéria perd chaque jour 868 millions de nairas (18 millions d'USD) en raison du torchage. Bien que plus de 65% des recettes publiques proviennent du pétrole,[104] on estime qu'environ 2,5 milliards d'USD sont perdus chaque année par le torchage de gaz.

Le gouvernement fédéral s'acharne contre le torchage de temps en temps, mais sans grand effet. La sanction pour le torchage de gaz est de 10 N (.03 USD) par Mpi^3 n'est pas suffisante pour décourager les compagnies pétrolières et gazières qui considèrent le torchage comme une alternative peu coûteuse aux autres méthodes d'élimination. Pour preuve, considérons que le gaz torché est passé de 244,84 Gpi³ 2016 à 287,59 Gpi³ en 2017, soit une augmentation d'environ 18%. Il existe actuellement un nouveau plan pour mettre fin au torchage de gaz au Nigéria d'ici 2020, mais les experts sont pessimistes quant à son succès. Les incitations ne sont pas là, disent-ils, ni l'infrastructure, ni le cadre réglementaire, ni le poids législatif pour le soutenir.[105]

Malheureusement, il ne s'agit pas seulement du Nigéria. Sur tout le continent, le gaz est bloqué ou torché. Seulement 10% des réserves de gaz de l'Afrique sont monétisées.

Mais que se passerait-il si, au lieu de laisser du gaz naturel dans le sol ou de le brûler, nous pouvions le capturer, le stocker, le transporter et l'utiliser ? Essayez d'imaginer cela : l'Afrique pourrait produire du gaz sec destiné à la consommation locale ou le convertir en électricité, comme je l'ai expliqué au Chapitre 5. Nous pourrions le convertir en GNL exportable, un processus qui a rendu le gaz fongible dans de nombreux autres pays producteurs. Nous aurions un approvisionnement constant en charges d'alimentation pour la fabrication et une source d'électricité efficace pour une utilisation commerciale et résidentielle. Créer des emplois et développer une expertise locale. Réduire la pollution. Et être en mesure de tirer parti de notre expérience énergétique mondiale sur le terrain pour notre bénéfice, et non seulement pour ajouter des bénéfices aux états financiers d'une société occidentale.

Étant donné que le monde dépend de plus en plus du gaz naturel – la demande devrait augmenter de 40% d'ici 2030 – les implications économiques de la monétisation de nos réserves de gaz sont énormes.

Pour accélérer le rythme du développement et empêcher plus d'argent de partir en fumée, nous devons apprendre des pays qui étaient autrefois dans la même position que le Nigéria actuellement.

Les leçons commencent maintenant. Et nous n'avons pas besoin d'aller loin pour les trouver.

La Guinée équatoriale met en profit le GNL

Comme je l'ai noté, l'un des principaux défis pour la monétisation du gaz naturel est que cela nécessite une infrastructure importante – un élément qui fait actuellement défaut dans de nombreuses régions d'Afrique. Mais ça ne doit pas forcément être comme ça. D'une part, le développement du GNL a facilité la commercialisation du gaz bloqué : le GNL occupe moins d'espace, le coût de transport sur de grandes distances est plus économique et il peut être stocké en plus grande quantité.

Sur le continent, la Guinée équatoriale est un pays qui profite de ce fait.

La Guinée équatoriale est entrée dans le secteur de l'énergie lorsque de vastes réserves de pétrole brut ont été découvertes en 1996. En 2016, c'était l'un des plus grands producteurs de pétrole d'Afrique. Comme tous les autres acteurs du secteur pétrolier, le pays a été durement touché par la volatilité des marchés, notamment parce que le pétrole représente 90% des revenus de l'État.[106]

Avec 1,3 Tpi^3 de réserves de gaz naturel prouvées, soit une fraction du total du Nigéria, la Guinée équatoriale utilise la promesse du GNL et des condensats pour se diversifier loin de la volatilité de ses sources de revenus très lourdes en pétrole et apporter la prospérité à ses habitants. Le pays a déjà réalisé des progrès substantiels dans la réalisation de ces objectifs, et leurs travaux montrent ce qui peut se produire lorsque le gouvernement et les grandes compagnies énergétiques travaillent ensemble pour le bien de la population.

En 2018, par exemple, la Guinée équatoriale a signé un accord avec Noble Energy, une entreprise texane du classement Fortune 1000, qui devrait faire du pays le nœud gazier de l'est du golfe de Guinée. Le contrat définit le cadre pour le développement du gaz naturel du champ off-shore d'Alen et décrit les conditions commerciales de haut niveau pour la fourniture du gaz naturel d'Alen au complexe gazier de Punta Europa, à l'usine de méthanol AMPCO et à l'usine de GNL de Guinée équatoriale.[107] L'accord comprend également la construction d'un gazoduc qui parcourra 65 kilomètres du champ aux usines de traitement.[108]

Simultanément, le gouvernement a annoncé qu'il allait construire ce qu'on appelle un méga-hub de gaz naturel à Punta Europa, aidant donc le pays à devenir un acteur important sur le marché mondial des exportations de GNL. Le projet devrait générer des revenus de 2 milliards d'USD. Mais ce ne sont pas seulement de grandes affaires – c'est une occasion sans précédent pour les citoyens du pays. Le ministre des Mines et des Hydrocarbures H.E. Gabriel Mbaga Obiang Lima pense que le projet créera 3 000 emplois directs et indirects. Il est également déterminé à ce que les entreprises locales font partie de la chaîne de valeur.

Comme si cela ne suffisait pas, la Guinée équatoriale a également signé un accord avec le Togo pour faciliter le commerce de GNL entre les deux pays. Cet accord fait partie de l'initiative de LNG2Africa, qui vise à relier le gaz africain au mouvement « l'Afrique en premier ». Selon des informations parues dans la presse, le Togo mènera des études sur l'importation et la regazéification du GNL, ainsi que son utilisation pour la production d'électricité.[109] Un accord similaire entre la Guinée équatoriale et le Burkina Faso pourrait être en préparation.

Et, je dois mentionner que si vous regardez en haut, vous ne verrez pas beaucoup de torchage de gaz. Au contraire, la production de gaz non utilisée est maintenant réinjectée pour aider la production de pétrole.

C'est ça le progrès. Mais qu'en est-il des autres projets en cours ? Sont-ils susceptibles de conduire la Guinée équatoriale à atteindre ses objectifs ? Tous les signes laissent présager du succès. Le pays a mis en place les éléments critiques suivants :

- L'accès au financement
- Les infrastructures
- Le capital intellectuel
- Un cadre législatif solide avec le soutien du gouvernement à l'industrie pour encourager les investissements
- La coopération

Ce n'est pas une coïncidence qu'il s'agisse des mêmes éléments mis en place dans des pays comme le Qatar et Trinité-et-Tobago.

Et à Tobago, où la monétisation du gaz naturel est devenue une forme d'art.

La quête de domination mondiale du Qatar

Le Qatar est si petit qu'il peut être glissé dans la poche, a dit un écrivain.[110] Pourtant, la nation arabe possède les plus grandes réserves de gaz du monde – 872 Tpi^3, soit environ quatre fois le total de celles du Nigéria – et le PIB le plus élevé de la planète, en grande partie grâce à la production de pétrole. Il n'est guère satisfait de se reposer sur ces lauriers considérables, et a déclaré son intention de devenir la « capitale mondiale du gaz ».

Il ne semble pas avoir beaucoup à faire.

En 1949, un terminal pétrolier a été créé, ce qui est aujourd'hui la ville industrielle d'Umm Said, et de grandes entreprises pétrolières et gazières s'y sont implantées. La ville sert également d'incubateur à des entreprises locales, notamment des utilisateurs de charges d'alimentation de gaz naturel, Qatar Fertilizer Company – et le plus grand producteur mondial d'ammoniac et d'urée – Qatar Petrochemical Company. Les plus grandes usines de liquéfaction du gaz (GTL) au monde se trouvent au Qatar et, avec 14 usines de GNL exploitées par Qatargas, le pays fournit plus de GNL que quiconque.[111]

Dans le cadre de sa quête de domination mondiale en matière de gaz, le Qatar accroît sa capacité de GNL en développant davantage le champ de gaz naturel North Field, qui représente déjà la quasi-totalité de sa production de gaz. Avec une date d'achèvement prévue pour 2024, le projet devrait générer des recettes d'exportation supplémentaires de 40 milliards d'USD. Les recettes tirées des ventes de GNL devraient laisser au gouvernement un excédent budgétaire de 44 milliards d'USD.[112] Cet argent supplémentaire sera affecté au fonds souverain du Qatar.

Apprendre du maître : la Trinité-et-Tobago

Si répliquer l'exemple des abondantes ressources en gaz naturel du Qatar semble impossible, il serait peut-être plus instructif de regarder la Trinité-et-Tobago.

La double île située au large des côtes du Venezuela contient moins de 1% des réserves mondiales connues de gaz naturel, soit environ 16 Tpi^3, soit moins du dixième de ce que le Nigéria détient. Malgré cela, elle est devenue la première exportatrice mondiale de deux produits à base de gaz – l'ammoniac et le méthanol – et compte parmi les cinq premiers pays exportateurs de GNL, ce qui est particulièrement impressionnant compte tenu du fait que son activité GNL n'a démarré qu'en 1991 et que le train 4 de GNL révolutionnaire, qui détient une capacité de 5,2 millions de tonnes métriques par an, est en service depuis 2005.[113]

Comment a-t-elle pu réaliser autant de choses avec si peu, et en si peu de temps ?

Une grande partie du mérite revient au gouvernement, qui a lancé le secteur de l'énergie dans les années 1970 grâce à des investissements en capital – bien qu'il ait bénéficié d'un peu de chance lorsque ces efforts ont suivi l'embargo pétrolier arabe. À la suite des restrictions de l'offre, le prix du pétrole a atteint des sommets, du moins selon les normes des années 1970, de 3 USD par baril en 1972 à 12 USD par baril deux ans plus tard. Grâce aux nouvelles découvertes au bon moment au large de la côte est de la Trinité, le pays a connu une soudaine manne de recettes. Le gouvernement a judicieusement investi de l'argent dans des initiatives visant à améliorer le bien-être social et économique de l'État. Cela incluait la construction de la zone industrielle de Point Lisas, conçue pour accueillir les industries utilisant le gaz naturel des îles comme charges d'alimentation.[114]

L'investissement n'était cependant qu'un élément de la stratégie du gouvernement.

Par des mesures politiques, il a vigoureusement promu l'E&P, attirant divers investisseurs pour développer ses réserves de gaz. D'autres politiques ont facilité le développement d'une industrie pétrochimique, entraînant la croissance de son activité d'exportation géante de méthanol et d'ammoniac.

De plus, le pays n'a jamais hésité à surveiller ses ressources en hydrocarbures de près. Après avoir acheté les activités de Shell en 1974, le gouvernement a commencé à gérer les réserves du pays de manière encore plus active, presque au point de nationaliser l'ensemble du secteur. Bien qu'il ne soit pas allé jusque-là au début, il a mis au point un plan visant à renforcer le contrôle de la production de pétrole et de gaz par le biais de sa politique « Troisième voie », un programme centriste qui a ensuite conduit à la création de la National Gas Company et à la monétisation éventuelle des abondantes réserves de gaz naturel du pays. Le gouvernement a ensuite mis en place un plan visant à s'éloigner davantage du pétrole, à promouvoir la concurrence pour attirer de nouvelles entreprises (et à augmenter la part des profits de l'État) et à privatiser l'industrie locale.

Plus récemment, le gouvernement s'est séparé du rôle d'investisseur pour adopter une position plus réglementaire. Généralement, il se défait de ses intérêts lorsque son implication n'est plus considérée comme stratégique, c'est-à-dire quand sa place peut être remplacée par des investisseurs étrangers. Cependant, il est certain que la position initiale du gouvernement en matière de participation au capital et son implication concrète ont permis de tracer la voie selon laquelle les ressources énergétiques de Trinité-et-Tobago créaient de la richesse pour ses habitants – une base solide aujourd'hui.

Le gouvernement étant déterminé à faire en sorte que les îles obtiennent le statut de pays développé d'ici 2020, les revenus tirés du développement des hydrocarbures sont utilisés pour soutenir cinq priorités : développer les personnes innovantes, favoriser une société soucieuse de chacun, gouverner efficacement, favoriser les entreprises compétitives et investir dans une infrastructure et un environnement solides. Tout comme la Guinée équatoriale et le Togo, La Trinidad compte sur ses voisins pour l'aider à réaliser ses ambitions. En 2018, la Trinidad a signé un accord avec le Venezuela pour importer et traiter son gaz naturel, en particulier celui provenant du champ off-shore de Dragon Field. L'accord résoudra tout déficit d'approvisionnement interne que Trinidad pourrait rencontrer, et il suffit de regarder la période 2013-2016 pour comprendre pourquoi c'est important : une faible disponibilité a forcé l'usine de GNL Atlantic à réduire sa production, ce qui a entraîné une baisse des revenus. Le rythme permettra également au Venezuela de traiter et de monétiser son champ de gaz naturel actuellement bloqué. En bref, c'est une situation gagnant-gagnant pour les deux pays.

Où se trouve le gagnant-gagnant pour l'Afrique ?

De croire que l'Afrique peut tirer profit de ses ressources naturelles de la même façon que le Qatar et la Trinidad n'est pas une chimère : l'expérience de la Guinée équatoriale montre que c'est possible. L'Afrique a été désignée comme la prochaine frontière de l'industrie pétrolière et gazière, en grande partie grâce à la vigueur de nos réserves de gaz naturel, dont environ 100 Tpi³ découverts au Mozambique et en Tanzanie. Comme je l'ai dit au magazine *Forbes* fin 2018, les volumes d'exportation de GNL de l'Afrique sont sur le point d'augmenter considérablement avec l'implication de Gazprom au Cameroun, de Fortuna en Guinée équatoriale, d'Anadarko et d'ExxonMobil au Mozambique et de Total en Tanzanie. Même le Nigéria va dans la bonne direction : il travaille plus fort pour réduire le torchage et un nouveau train de GNL sera mis en service prochainement.

Je suis heureux de constater que de bonnes politiques sont en chemin et que des réglementations lourdes sont en train d'être annulées. Cela aidera l'Afrique à mieux contrôler son propre avenir.

Mais ce n'est qu'une partie de l'équation. Pour que cette frontière ne devienne pas une terre en friche, il faudra un leadership efficace et transparent. L'homme et la femme moyens ignorent s'ils obtiennent un prix équitable de l'exploration des ressources naturelles de leur pays. La plupart des Nigérians savent-ils qu'une des raisons pour laquelle ils n'ont pas d'électricité à la demande est que la compagnie pétrolière appartenant à l'État est en train de torcher la source de production ? Pouvez-vous imaginer l'indignation s'ils le savaient ? Leurs ressources, leurs richesses… disparaissant sous leurs yeux.

Malheureusement, le manque de transparence n'est qu'une partie du problème. La mauvaise gestion, la corruption, l'état de droit catastrophique, la protection médiocre des investissements, le manque de ressources humaines et l'infrastructure en déliquescence ou absente menacent également l'Afrique, nous empêchant de transformer les occasions en prospérité. Nous ne faisons pas tout ce qui est en notre pouvoir pour permettre l'exploration. Comme je l'ai expliqué dans *Forbes*, il ne fait aucun doute que les activités d'exploration dans les zones on-shore et off-shore et, surtout, en matière de la monétisation du gaz ont été ralenties à cause du retard du projet de loi sur l'industrie pétrolière du Nigéria.[115]

Comme le suggèrent les exemples que j'ai cités, il existe certaines caractéristiques communes aux pays qui ont réussi à monétiser leurs ressources en gaz naturel. Il n'est pas vraiment possible de tout résumer à une simple liste de choses à faire et à ne pas faire, mais voici certains des facteurs les plus productifs :

- Adopter une approche axée sur le marché et l'efficacité des flux de capitaux, de biens et d'idées.
- Maximiser la confiance des investisseurs pétroliers dans l'état de droit, l'application des contrats et la protection des droits des travailleurs.
- Encourager les partenariats mutuellement bénéfiques entre les compagnies pétrolières et gazières multinationales et autochtones.
- Conserver le droit de l'entité étatique d'exercer le droit minier et de propriété sur tout le pétrole.
- Conserver la production en nature pour une utilisation sur le marché intérieur ou à des fins commerciales à l'étranger.
- Jouer un rôle plus important dans la prise de décision et participer plus activement aux opérations.
- Concevoir un cadre législatif favorable.

- Développer une structure équitable d'imposition, de redevances, de prélèvements et de primes.[116]
- Relier les marchés, y compris la consommation intérieure.
- Promouvoir la sécurité et la stabilité pour protéger les investissements étrangers et nationaux.

Nous pouvons utiliser le gaz pour créer un environnement plus rentable pour les entreprises, répondre à nos besoins en énergie et tirer parti du potentiel qu'il représente pour notre avenir. Nous pouvons être à la fois riches en ressources et en énergie – c'est-à-dire en termes d'énergie humaine et pour maintenir les lumières allumées.

Nous ne pouvons pas ralentir maintenant

Les 20 dernières années ont été une montagne russe pour la production de pétrole et de gaz de l'Afrique. En 2000, le continent a produit près de 8 millions de b/j ; en 2010, il atteignait 10 millions de b/j. Alors que beaucoup pensaient que cette tendance à la hausse pourrait se poursuivre, les rendements en 2017 sont revenus à la barre des 8 millions.

Ce cycle ascendant et descendant de 20 ans a coïncidé avec les prix du pétrole. Les prix mondiaux élevés du pétrole, dépassant 100 USD le baril en moyenne entre 2000 et 2014, ont généré des revenus énormes pour les producteurs de pétrole du continent. Les bénéfices ont également entraîné de sérieuses activités d'exploration dans des zones jusqu'ici largement inexplorées, et lorsque les prix moyens ont chuté à 50 USD le baril, il était encore plus difficile pour les producteurs de s'adapter. Habitués à des revenus plus élevés et à la liberté qui en résultait d'essayer de nouvelles choses, ils ont réagi en réduisant leurs efforts d'exploration et en se concentrant sur les pièces connues.

Il est compréhensible que les acteurs de l'industrie veuillent arrêter le saignement, mais la réduction de l'exploration est exactement le contraire de ce qui est nécessaire pour maintenir et développer un secteur robuste.

Nous avons toujours su que le marché du pétrole et du gaz est volatil. C'est un domaine à haut risque et à haute récompense. Beaucoup d'entre nous l'ont oublié (ou ont choisi ne pas le prendre en compte) au cours de la surabondance au début de ce siècle. Un grand nombre de nos collègues ont choisi de se retirer avec les profits qui leur restaient, plutôt que de se retrancher et rechercher de nouveaux rendements.

Je crains maintenant que nous ne voyions pas les signes avant-coureurs d'une plus grande chute à venir, car nous n'examinons pas les principes fondamentaux.

L'exploration est un incontournable !

En 2018, le nombre de plates-formes pétrolières et gazières en Afrique a atteint son plus haut niveau en trois ans, selon Baker Hughes.[117] Donc clairement l'E&P sont encore bien vivantes au moment d'écrire ce livre, mais je n'aimerais pas voir les taux s'effondrer à la prochaine chute des prix du pétrole.

Cas d'espèce : Le krach des prix du pétrole de 2014 a eu un effet dissuasif sur l'exploration pétrolière et gazière à coûts élevés et à risques élevés. Sur l'ensemble du continent, nous avons besoin d'un environnement propice qui encourage la poursuite – et l'amélioration de l'E&P.

« Sans explorations et productions majeures, les économies tributaires du pétrole de l'Afrique de l'Ouest, en particulier, accélèrent rapidement vers la phase terminale de déclin de production », ont écrit James McCullagh et Virendra Chauhan, analystes du Forum sur l'énergie d'Oxford. « Les profils de productions seront d'autant plus déconcertants pour les futurs gouvernements étant donné le manque persistant de diversification économique dans de nombreux pays ».[118]

À l'heure actuelle, les compagnies pétrolières nationales constituent le « maillon le plus faible » en matière de faire progresser l'E&P.

Gabriel Mbaga Obiang Lima, de la Guinée équatoriale a dit sans ambages : « Les compagnies pétrolières nationales africaines sont dans le coma : aucune recommandation, aucune suggestion, aucune prise de parole et aucune tentative de trouver des solutions. Elles produisent simplement moins, ont moins de revenus et se plaignent plus. »

Il est l'heure de se réveiller !

Favoriser l'investissement étranger

Le marché pétrolier africain continue de représenter d'énormes possibilités pour les producteurs étrangers.

Il suffit de demander à Nyonga Fofang, directeur de la société de capital-investissement Bambili Group, qui compte des investissements et des clients panafricains. Ancien élève de l'Université Harvard, Fofang a travaillé pendant plus de 20 ans, notamment à Wall Street, sur les marchés financiers internationaux et au sein du conseil d'administration de Standard Chartered Bank. Il a évoqué le potentiel de croissance important du marché pétrolier africain malgré la probabilité d'une volatilité persistante.

« Les zones d'exploration frontalières en Afrique suscitent beaucoup d'engouement et pour une bonne raison », a déclaré Fofang à Africa Oil & Power en 2018. « Des pays comme la Namibie et l'Ouganda, qui ont récemment connu des découvertes de pétrole et de gaz, sont parfaits pour les investisseurs. Outre leur potentiel d'exploration positif, les pays offrent aux investisseurs un cadre réglementaire stable. Sur la côte est, la Tanzanie et le Mozambique suscitent encore beaucoup d'enthousiasme avec les mégas découvertes de gaz. Le développement de ces champs et les implications pour les exportations de GNL et les programmes de conversion du gaz en électricité en Afrique australe changent les règles du jeu. Ces domaines et d'autres offriront d'importantes occasions. ”[119]

Fofang a appelé les dirigeants et les entreprises africaines à faire plus pour encourager les investisseurs à tirer profit de ces occasions.

« Nous aimerions voir plus d'investissements dans les infrastructures, l'énergie, l'agriculture et la santé », a-t-il déclaré en 2017. « Compte tenu de l'importance stratégique de certains de ces domaines, des modèles de partenariat public-privé seraient nécessaires. »[120]

Je suis tout à fait d'accord avec mon ami : nous devons séduire les investisseurs avec de meilleures incitations à l'exploration. Examinons quelques voies qui aident à mener une activité d'E&P forte et cohérente.

- **Un leadership visionnaire.** Nous avons besoin de leaders qui rendent la recherche de nouvelles poches de ressources attrayante pour les producteurs africains. Leur capacité à résoudre les litiges transfrontaliers est essentielle. Notre leadership doit commencer à être plus pragmatique. Et cela implique de prendre des décisions difficiles qui pourraient ne pas être populaires parmi les acteurs du pouvoir riches, comme vous le verrez ci-dessous.

- **Supprimer les goulots d'étranglement réglementaires.** Il n'y a aucune raison d'attendre de nombreuses années simplement pour obtenir les autorisations nécessaires pour commencer la production d'un champ. C'est horrible. De nombreuses entreprises préfèrent investir dans des champs commercialement viables aux États-Unis où elles peuvent obtenir un bon retour sur investissement plutôt que d'attendre des décennies pour des autorisations réglementaires en Afrique.

- **De plus petites zones.** Nous devons réduire la taille des cartes de licences pour attirer les petits acteurs. La scission des blocs en sections plus petites donnerait aux indépendants un avantage concurrentiel et profiterait finalement à l'ensemble du secteur. Encourager (ou obliger) les grands producteurs à céder certaines des zones qu'ils n'explorent pas aux petits acteurs.

- **Un cadre fiscal renforcé.** Nous devons modifier le cadre fiscal pour répondre aux besoins des zones marginales. Nous avons besoin de *meilleures réglementations,* et pas *plus.* Et d'augmenter les taxes des compagnies pétrolières et des sociétés de services en ce moment n'aide en rien. Au lieu de cela, nous avons besoin de meilleures conditions fiscales, telles que des réductions des taxes sur la valeur ajoutée et des droits d'importation.

- **Contenu local.** Les producteurs de pétrole et de gaz en Afrique doivent sans équivoque se tourner vers les Africains pour une main-d'œuvre et du leadership. Et les producteurs africains doivent continuer à développer les transactions transfrontalières qui maintiennent les ressources africaines sur le continent.

- **Contenu régional.** À propos de transactions transfrontalières et de maintien des ressources sur le continent, nous devrions envisager d'élargir notre définition du contenu local pour tenir compte des autres pays africains. Certes, il est logique que tous les États africains travaillent dans le but de faire en sorte que les entrepreneurs locaux jouent un rôle dans le développement du pétrole et du gaz, que ce soit directement ou indirectement, mais aucun pays ne peut tout faire. Lorsque nous avons un besoin et que nous ne pouvons pas le satisfaire nous-mêmes, nous devrions regarder près de chez nous – aux États voisins et à proximité – avant de nous tourner vers des fournisseurs étrangers. (Je parlerai plus à ce sujet au Chapitre 9.)

Pousser la production

Compte tenu de son secteur de l'énergie en expansion, les discussions sur la production se concentrent souvent sur le Nigéria. Ses nombreux champs fructueux ont toujours produit de grandes quantités de pétrole. Mais même ici, au milieu des frontières éprouvées, de nouvelles frontières attendent des occasions d'exploration, avec des découvertes off-shore à des profondeurs de 1 000 à 1 500 m.[121] En fait, une exploration récente du champ off-shore d'Owowo au Nigéria a révélé 1 Gb, ce qui a incité la Nigerian National Petroleum Corporation (NNPC) à implorer les investisseurs de renforcer leur exploration sur cette scène pour la plupart non testée, mais manifestement prolifique. La NNPC prévoit des occasions d'investissement de 48 milliards d'USD pour des projets d'investissement dans l'industrie pétrolière et gazière du pays.[122]

Les perspectives ne se limitent pas à cette force énergétique. Les dépenses d'investissement dans le secteur ont considérablement augmenté dans l'ensemble du continent : quelque 194 milliards d'USD ont déjà été alloués à l'E&P de 93 futurs champs de pétrole et de gaz jusqu'en 2025.

Un certain nombre d'autres pays ont également pris des mesures pour montrer leur engagement vis-à-vis des principes fondamentaux de l'E&P, et j'espère que beaucoup d'autres suivront leur exemple.

Angola : Cette puissance pétrolière est un géant de l'industrie expérimenté. La production commerciale a commencé au milieu des années 50 et le pétrole a dépassé le café en tant que principale exportation du pays en 1973. Mais depuis qu'elle a atteint un niveau de production record de près de 2 millions de b/j en mars 2010, presque en première place avec le Nigéria, le secteur de l'Angola s'est affaissé.[123] En 2018, les niveaux de production ont été en moyenne de 1,55 million de b/j ; en mars 2019, le chiffre était encore plus bas, à 1,37 million de b/j[124] – bien que cela soit encore assez impressionnant pour mériter la deuxième place en importance en Afrique subsaharienne.

La baisse de la production est due au vieillissement des champs et à la timidité des investisseurs. Aucun de ces facteurs n'est surprenant. Toutefois, étant donné que le pays dispose de 9 Gb de ressources de pétrole prouvées et de 11 Tpi³ de réserves de gaz naturel, le gouvernement est conscient du potentiel de croissance économique que pourrait générer un secteur pétrolier en plein essor – grâce à une bonne gouvernance.

Depuis son entrée en fonction en 2017, le président angolais, João Lourenço, a apporté des changements majeurs au secteur pétrolier du pays. En mai 2018, il a introduit des mesures de réforme pour raviver l'intérêt pour les zones de développement qui ont été suspendues en raison de faibles rendements, avec des objectifs spécifiques pour stimuler la production en ouvrant des champs marginaux aux indépendants Africains. En décembre 2018, plusieurs nouvelles lois visant à encourager l'E&P ont été appliquées.

Cela incluait un cadre réglementaire sur le gaz naturel, la première loi du pays réglementant l'exploration, la production, la monétisation et la commercialisation du gaz naturel, fournissant des orientations et offrant des taux d'imposition plus intéressants pour encourager les investisseurs. Les mesures de réforme rationalisent également la réglementation afin de faciliter l'entrée des investisseurs étrangers dans le secteur pétrolier du pays. L'un des changements réglementaires les plus importants a été la création d'un organisme de réglementation indépendant, l'Agence nationale du pétrole, du gaz et des bio-carburants, qui a pris en charge la gestion des concessions pétrolières et gazières de l'Angola. Auparavant, la compagnie pétrolière d'État Sonangol avait cette responsabilité. Désormais, Sonangol fonctionnera uniquement en tant qu'entreprise d'E&P. Le changement était bien joué : les entreprises étrangères apprécieront sans doute l'occasion de travailler avec une entité neutre et le meilleur environnement commercial dont elles peuvent désormais bénéficier en Angola.[125]

En 2019, l'Angola a poursuivi ses efforts pour faire revenir des sociétés étrangères d'E&P dans le pays en annonçant son intention de mettre aux enchères neuf blocs dans le bassin du Namibe et de vendre des parties de Sonangol.[126]

République du Congo : Face au ralentissement mondial du pétrole et du gaz, fin 2018, le ministre des Hydrocarbures, Jean-Marc Thystère Tchicaya, a affirmé la détermination de son pays à « développer notre secteur minier pour assurer le renouvellement de nos réserves d'hydrocarbures liquides et gazeux ».[127]

En tant que producteur pétrolier de l'Afrique subsaharienne, et avec une production de 333 000 b/j en 2018, la République du Congo s'est lancée dans une croisade au cours des dernières années pour promouvoir ses occasions d'investissement dans l'énergie. En particulier, en 2016, le pays a réformé sa réglementation en matière d'hydrocarbures pour encourager les exploitants à intensifier leurs efforts en matière d'E&P. Le gouvernement a également réduit les redevances sur les opérations de gaz naturel dans les zones frontalières de 15% à 12%. La nouvelle réglementation supprime également les coûts de transferts entre permis et autorise les sociétés d'exploration internationales à importer certains biens et équipements en franchise de taxe.

Une autre méthode de promotion du développement de l'industrie consiste à encourager l'exploration de zones off-shore en eaux peu profondes. Les licences pour 10 blocs off-shore dans le bassin côtier peu profond devraient être évaluées en septembre 2019. Les entreprises qui s'engagent à soutenir le projet sismique 3D régional de la Société nationale des pétroles du Congo (SNPC), couvrant 5 000 kilomètres carrés de la zone peu profonde du plateau du Congo, seront prises en considération dans les meilleurs délais.

Le gouvernement a également judicieusement introduit une nouvelle politique visant à assurer la stabilité. Même si les législateurs modifient le régime fiscal du pays plus tard, tous les contrats de partage de production signés seront respectés. Cette politique de stabilité garantit le maintien de l'équilibre économique global du contrat.

Guinée équatoriale : Les champs de la Guinée équatoriale sont confrontés au déclin naturel de la production qui accompagne l'âge. Mais bien que l'on s'attende à ce que les investissements diminuent chaque année, l'activité E&P devrait afficher une légère augmentation. Cela est attendu, en partie, en raison de l'introduction en fin 2018 de 11 nouveaux puits de pétrole et de gaz devant être forés au cours de la prochaine année, pour un investissement total prévu de 2,4 milliards d'USD.

Un faible investissement en exploration pourrait être la nouvelle norme ; il est loin du temps où un dollar sur six ou sept était pour l'exploration. Malgré cette tendance, nous assistons à une légère hausse des activités de forage équato-guinéennes. Lima a déclaré que le pays a profité du ralentissement pour revoir et améliorer ses politiques.

« Nous avons été occupés au cours du ralentissement économique, travaillant pour améliorer notre environnement réglementaire et attirer de nouveaux investissements dans le secteur », a-t-il déclaré. « Maintenant que le prix du pétrole est à un niveau acceptable, l'activité dans le secteur pétrolier et gazier devrait décoller à un rythme sans précédent. »[128]

Lima a expliqué que l'industrie pétrolière de son pays n'était pas restée passive pendant le krach des prix ; le pays s'est tourné vers les acteurs mondiaux du pouvoir pour entamer un dialogue, créer des alliances et en apprendre le plus possible sur les stratégies de tarification et de marché. Elle est même devenue membre titulaire de l'OPEP en mai 2017.

Pour Lima, une différence majeure du secteur de l'énergie de la Guinée équatoriale – et le secret de son succès – réside dans le fait qu'ils prennent les meilleures pratiques des autres producteurs africains et les adaptent à l'environnement local. Le ministère des Mines et des Hydrocarbures a reconnu que le secteur pétrolier et gazier était extrêmement rapide à se transformer, ce qui signifie qu'il comprend le besoin de flexibilité en matière de réglementation et de planification.

En fait, le ministère est tellement déterminé à améliorer le secteur qu'il a nommé 2019 « l'Année de l'énergie ». Cette campagne souligne l'engagement du pays envers son secteur de l'énergie, allant du renforcement des partenariats régionaux dans les secteurs du pétrole et du gaz jusqu'à l'investissement dans une croissance durable dans le pays.

Et le pays reste dédié aux efforts d'origine locale. En juillet 2018, le ministère a ordonné aux exploitants d'annuler tous les contrats avec CHC Helicopters du Canada en raison du non-respect par la société de la réglementation en matière de contenu local. Comme Lima l'a expliqué, « Ces lois sont en place pour protéger et promouvoir l'industrie locale, créer des emplois pour les citoyens, promouvoir le développement durable de notre pays, et nous surveillons et assurons de manière agressive la conformité à ces exigences. »[129]

Plus tard dans l'année, Lima a donné mandat aux exploitants de suspendre leurs activités avec certaines multinationales des services pétroliers pour leur incapacité à « respecter les limites de notre réglementation très souple et pragmatique sur le contenu local, axée sur le marché et garantissant que les investisseurs et les citoyens bénéficient. » Le ministère a clairement indiqué qu'il continuerait de surveiller activement la conformité de toutes les sociétés de services et d'imposer de nouvelles suspensions, le cas échéant.

Gabon : Le Gabon produit du pétrole depuis plus de 50 ans. Sa production de pointe au début des années 2000 a atteint 370 000 b/j, et il reste l'un des cinq premiers producteurs en Afrique subsaharienne. Pour contrer le déclin naturel de ses champs matures, le gouvernement s'est tourné vers les ressources off-shore, où environ 70% des réserves du pays devraient être trouvées.

Le pays a également retravaillé son code des hydrocarbures. Un changement important comprend l'élimination de l'impôt sur les sociétés des compagnies pétrolières productrices. Les redevances sont désormais fixées à 5% pour le pétrole et à 2% pour le gaz, et la part des bénéfices revenant à l'État est passée de 55% à 50% pour les zones classiques et de 50% à 45% pour les zones d'eaux profondes.[130] En outre, les limites de recouvrement des coûts sont passées de 65% à 70% pour les zones pétrolières classiques et de 75% à 80% pour les zones pétrolières d'eaux profondes; les limites pour le gaz naturel sont passées de 65% à 75% pour les zones classiques et de 75% à 90% pour les zones d'eaux profondes

Le ministère du Pétrole et des Hydrocarbures espère que ces initiatives redynamiseront l'intérêt des exploitants pour son douzième cycle de licences off-shore de 11 blocs en eaux peu profondes et de 23 blocs en eaux profondes, lancé en novembre 2018.

Simultanément, le Gabon s'est également employé à soutenir les plus petits indépendants locaux tout en augmentant les possibilités d'emploi et de formation des nationaux. Le code révisé a créé une zone économique spéciale pour veiller à ce que l'infrastructure favorise les efforts déployés dans les pays.

« L'existence de cette zone économique spéciale est très importante pour le soutien des industries qui vont se développer autour de l'exploration pétrolière et gazière … Une base économique solide découlera de ces domaines, » a déclaré le ministre du Pétrole et des Hydrocarbures, Pascal Houangni Ambouroue, en mars 2018. « Une partie de cela consiste à s'assurer qu'il y a suffisamment de travailleurs qualifiés et donc actuellement la formation joue un rôle clé au Gabon. Nous mettons tout en œuvre pour nous assurer que nous disposons d'un processus en place pour garantir que nos travailleurs sont au courant des tendances modernes de l'industrie pétrolière et gazière. »[131]

Kenya : L'exploration au Kenya remonte aux années 50, mais aucune découverte commercialement viable n'a été réalisée avant 2012. C'est à ce moment-là que le bassin sud de Lokichar a révélé 750 millions de barils de pétrole récupérable. Actuellement, le Kenya semble faire de plus en plus de progrès en matière de promotion et de l'E&P.

En mars 2019, le Président Uhuru Kenyatta a fait un grand bond en avant en signant le projet de loi sur le développement et la production de l'exploration pétrolière au Kenya.[132] Le passage marque une étape importante. En plus de renforcer le cadre global du pays en matière de contrats, d'exploration, de développement et de production, l'une des principales dispositions du projet de loi consiste à affecter 25 % des revenus de tous les produits pétroliers et gaziers produits dans le pays aux comtés et aux administrations locales. Cela se fait par l'intermédiaire d'un fonds d'affectation spéciale géré par un conseil d'administration établi par les dirigeants locaux.

En outre, le gouvernement kenyan a conclu un accord avec une co-entreprise kenyane, dont les mandants sont Tullow Oil Kenya BV, Africa Oil Kenya BV et Total Oil, en vue de développer un oléoduc pour relier les champs pétrolifères du Kenya au marché international. L'oléoduc de pétrole brut Lamu-Lokichar de 820 km, devrait être mis en service en 2022. Une étude environnementale a été achevée à la fin de 2018 et des études de faisabilité sont en cours.

Malheureusement, le début de l'année 2019 a donné lieu à des nouvelles décevantes concernant plusieurs multinationales, notamment Hunting Alpha, Africa Oil et Royal Dutch Shell, limitant les opérations kenyanes (ou se retirant entièrement du Kenya) en raison de la perception de niveaux de productivité « modérés » et d'une « activité modeste prévue pour l'Afrique l'Est à moyen terme. »[133]

Espérons que le projet de loi de mars 2019 aidera à renverser la situation. Il existe peut-être une lueur d'espoir bien que Royal Dutch Shell ait abandonné deux blocs d'exploration, elle a en fait acquis de nouvelles licences d'exploration sur d'autres marchés, apportant donc peut-être une lueur d'espoir.

Cameroun : les perspectives du Cameroun au début de 2018 étaient décourageantes : une seule entreprise a répondu au dernier cycle d'octroi de licences au Cameroun. Huit blocs étaient à gagner dans les bassins de Rio del Rey et de Douala/Kribi-Campo (DKC),[134] et Perenco était la seule entreprise à répondre. Mais même ici, nous avons vu des développements prometteurs sur le front de l'E&P.

La CPN du Cameroun, la Société nationale des hydrocarbures (SNH), et la filiale locale de Perenco ont signé un accord de partage de la production pour l'exploration pétrolière dans le bloc de Bomana en février 2019. Le champ couvre 22,75 kilomètres carrés dans le bassin du Rio del Rey, une extension à l'est du prolifique bassin du delta du Niger. [135]

Victoria Oil & Gas a annoncé en juin 2018 qu'il y avait plus de gaz naturel dans son champ de gaz et de condensats de Logbaba qu'on ne le pensait à l'origine. La société indique maintenant que les réserves prouvées et probables y totalisent 309 milliards de pieds cubes standard, ce qui représente une hausse de 52% par rapport à sa précédente estimation[136] et devrait soutenir un taux de production de 90 Mpi³/j pendant 10 ans.

En outre, une campagne d'évaluation dans le champ d'Etinde off-shore a été considérée comme un succès en octobre 2018.[137] Un autre projet off-shore progresse également : au moment d'écrire ces lignes, Tower Resources se prépare pour commencer les travaux de forage sur le projet Thali. [138]

Les législateurs camerounais sont également en train de réviser un nouveau code pétrolier avec la possibilité qu'il devienne loi en 2019.

Des fusions qui font naître la coopération

Le taux de réussite de l'exploration en Afrique est passé d'environ 40% à 35% au cours de la dernière décennie. La baisse a mis en évidence l'importance des acquisitions comme moyen alternatif, bien que généralement plus coûteux, de créer des ressources. Les acteurs du secteur pétrolier et gazier sur le continent devraient envisager des fusions avec des sociétés de services afin de leur permettre de lier des acquisitions rentables à une composante d'exploration.

Je trouve particulièrement prometteur que les transactions transfrontalières intrarégionales dans tous les secteurs ont triplé (en valeur globale) de 2017 à 2018, passant de 418 millions d'USD à 1 292 millions d'USD.[139]

C'est un formidable signe de coopération africaine – un travail d'équipe dont nous avons certes besoin, mais qui fait encore cruellement défaut.

Nous devons continuer à déployer de tels efforts, et faire tout ce qui est réalistement possible, pour continuer à propulser l'E&P.

Comme l'a dit le ministre Lima, la complaisance est notre ennemi.

« Depuis de nombreuses années, nous avons apprécié le fait d'avoir un « wagon dans le train » et de regarder le monde de nos sièges confortables reposant sur de bons prix et de bons niveaux de production », a-t-il déclaré. « La crise (de 2014) nous a fait comprendre que la géopolitique et les interactions avec notre environnement importent. À partir de maintenant, nous pouvons choisir d'être les victimes de changements de courants ou décider de changer et d'agir. »

Lima va jusqu'à encourager le concept de « panier pétrolier africain » dans lequel tous les producteurs du continent regrouperaient leur brut pour en augmenter la valeur globale et donner aux producteurs africains plus de poids sur la scène mondiale. Semblable au panier de référence de l'OPEP (ORB), cet ensemble fixerait un prix de référence du pétrole basé sur la moyenne des prix de tous les mélanges produits sur le sol africain.

Lima dit que tous les ministres de l'Énergie doivent participer aux événements de l'industrie et apprendre les uns des autres.

« Plus il y a d'interrelations, mieux c'est. Nous avons mieux fait connaissance et nous parlons beaucoup plus aujourd'hui qu'avant », a-t-il déclaré. « Nous devons cesser de craindre de ne pas pouvoir le faire. Nous devons perdre la peur de ne pas pouvoir fonctionner. Il y a une courbe d'apprentissage et nous devons commencer à apprendre. »

7

Création d'emplois : Créer notre propre effet multiplicateur

En 2017, l'International Growth Centre (IGC) a publié une étude[140] montrant que le Mozambique a beaucoup profité de la découverte par Anadarko Petroleum de grands gisements de gaz naturel dans le bassin de Rovuma. Par exemple, la découverte a entraîné la création de 10 000 nouveaux emplois entre 2010 et 2013. Elle a également suscité l'intérêt des compagnies pétrolières internationales (CPI), qui ont à leur tour attiré des sociétés travaillant dans d'autres secteurs. En conséquence, le montant total des investissements directs étrangers (IDE) entrant dans le pays a augmenté de milliards de dollars chaque année, avec un montant de 9 milliards d'USD d'IED pour 2014 seulement.

Et les avantages ne s'arrêtent pas là : les entrées de fonds supplémentaires ont créé encore plus de nouveaux emplois, et les données du recensement indiquent que le nombre de postes liés aux IED était passé à près de 131 500 en 2014. De plus, chaque poste lié aux IDE génère en moyenne 6,2 nouvelles ouvertures dans le même secteur et dans la même zone.

La conclusion de l'étude ? Les découvertes de gaz dans le bassin de Rovuma pourraient avoir engendré près d'un million d'emplois au Mozambique. C'est une excellente nouvelle, étant donné que le nombre total d'emplois dans le pays n'est que d'environ 9,5 millions !

Mais il y a un hic.

Le Mozambique n'a pas généré exactement 1 million de nouveaux postes par lui-même. Les CPI ont fait venir du personnel expatrié. À leur tour, les expatriés avaient besoin de biens et de services locaux. Ils ont établi des liens avec des entreprises mozambicaines afin de pouvoir les obtenir et leurs actions ont provoqué un effet multiplicateur.

Alors, quelle est la leçon ici ? Ces chiffres démontrent-ils que les IDE sont la principale cible de l'Afrique et que tous les pays du continent doivent aspirer à attirer des investisseurs extérieurs ?

J'espère que non. Au lieu de cela, je pense que l'exemple du Mozambique devrait inciter les Africains à créer leur propre effet multiplicateur. Je pense que cela peut nous aider à comprendre que des CPI telles que Anadarko et Royal Dutch Shell ne sont pas les seules entités pouvant contribuer à la propagation des gains réalisés par l'industrie pétrolière et gazière dans d'autres secteurs de l'économie.

Cela ne veut pas dire que les pays africains devraient rejeter l'idée de travailler avec de grandes entreprises étrangères. Pas du tout ! Nous ne pouvons pas réussir sans apport de l'extérieur. Les géants d'entreprises peuvent nous aider à acquérir les compétences, la technologie et les normes culturelles d'entreprise dont nous avons besoin pour maximiser notre succès. Mais ils ne constituent pas la seule source de valeur.

Cela devrait commencer par nous.

Plus spécifiquement, cela devrait commencer par les petites et moyennes entreprises (PME).

Commencer petit (et moyen)

Actuellement, la majorité des Africains ordinaires travaillent pour des PME. Ils travaillent dans de petits magasins familiaux, dans des entreprises de taille moyenne et dans tous les types d'entreprises intermédiaires. Ces entreprises sont peut-être petites par rapport à Shell, mais elles présentent certains avantages par rapport aux titans multinationaux. Elles interagissent plus directement avec les clients et comprennent mieux ce qui fonctionne – et ce qui ne fonctionne pas – sur les marchés locaux.

Dans de nombreux cas, les PME comprennent encore mieux les désirs et les besoins réels de leurs clients que les agences gouvernementales et les entreprises publiques. Elles sont également plus agiles que les institutions gérées par le gouvernement, car elles n'ont pas à affronter autant d'obstacles bureaucratiques lorsqu'elles décident de travailler avec un partenaire local ou un contractant plutôt que de faire le propre travail elles-mêmes.

Cela est vrai dans tous les domaines, dans de multiples secteurs de l'économie. Dans les opérations pétrolières et gazières en amont, par exemple, une entreprise angolaise de taille moyenne qui extrait 1 000 b/j de pétrole d'un champ marginal peut être en mesure de recruter une équipe de nettoyage d'urgence assez facilement, sans avoir à passer par les barrières bureaucratiques multicouches régissant l'accès au département des ressources humaines de Sonangol. Dans le secteur des services liés aux champs pétrolifères, la directrice adjointe d'une petite société d'ingénierie maritime nigériane est plus susceptible de savoir où elle peut louer des bateaux supplémentaires de manière saisonnière que son homologue d'un conglomérat européen.

Dans le secteur des transports, le chef de district d'une entreprise de camionnage tchadienne de taille moyenne a probablement accès aux mêmes cartes et équipements GPS que son homologue chez un exploitant international desservant la moitié du continent – et beaucoup plus de connaissances sur les endroits où trouver un mécanicien pour des travaux de réparation d'urgence sur des routes secondaires près de la frontière soudanaise. Dans le secteur de la vente au détail de produits alimentaires, les propriétaires d'un magasin familial desservant des chantiers situés près des champs pétrolifères du lac Albert en Ouganda peuvent utiliser les réseaux familiaux de la République démocratique du Congo pour sécuriser rapidement l'approvisionnement supplémentaire d'un article convoité, plutôt que d'attendre pour le prochain convoi d'une société. Dans le domaine des services technologiques, les concepteurs Web travaillant pour une start-up décousue à Accra pourraient en savoir plus sur le moyen le moins cher de sécuriser un service Internet sans fil que quiconque dans le bureau ghanéen d'une grande société de technologie étrangère.

Plus de règles ou de meilleures conditions ?

Alors, que peuvent faire les gouvernements africains pour contribuer aux capacités de telles entreprises ? Comment peuvent-ils tirer le meilleur parti des connaissances approfondies de ces entrepreneurs africains sur les marchés locaux et de leur capacité à réagir rapidement aux conditions changeantes ?

Devraient-ils adopter des lois conçues pour renforcer les exigences en matière de contenu local, afin de s'assurer que les PME africaines reçoivent une part des flux d'IED ?

La réponse courte est non, ils ne devraient pas. L'objectif devrait être de rendre les règles de contenu local inutiles.

L'une des principales raisons de l'existence de lois sur le contenu local en Afrique est que les gouvernements africains veulent que le secteur pétrolier et gazier local crée davantage d'emplois. C'est-à-dire qu'ils veulent bénéficier des avantages de leur décision d'avoir permis l'extraction et la commercialisation de leurs ressources souterraines.

C'est logique. Mais franchement, les PME africaines sont meilleures pour créer des emplois que les grandes entreprises. Elles ne dépendent pas de travailleurs étrangers, comme le font trop souvent les CPI. Au contraire, elles embauchent généralement des locaux. Par conséquent, les gouvernements africains devraient prendre des mesures permettant au plus grand nombre possible de PME de réussir.

Les réglementations relatives au contenu local peuvent aider à créer des conditions équitables pour les PME locales au début de leur développement du pétrole et du gaz, mais elles devraient être progressivement supprimées à long terme. Une fois que les entreprises africaines acquièrent les compétences, la technologie et le personnel dont elles ont besoin pour surpasser les investisseurs étrangers et créer de nouveaux emplois régulièrement, elles ne devraient plus avoir besoin de règles relatives au contenu local. Plutôt, elles devraient bénéficier davantage de la confiance qu'elles gagneront grâce à un environnement où le gouvernement soutient l'entrepreneuriat, applique les lois de manière cohérente, respecte les contrats, protège les droits de propriété, perçoit les impôts et les redevances de manière transparente, décourage la corruption, soutient les programmes d'éducation et de formation, etc.

Emprunteur, méfiez-vous

Les gouvernements peuvent aussi aider les PME en investissant suffisamment dans les infrastructures. Après tout, les petites et moyennes entreprises ont également besoin de pipelines, de routes et de réseaux de distribution. Mais les programmes d'infrastructure sont compliqués et coûteux, et difficiles à financer. Le gouvernement chinois a offert son aide sur ce front et de nombreux dirigeants africains ont accepté avec plaisir. Certains d'entre eux l'ont peut-être fait par pure exubérance à l'idée d'obtenir un crédit de plusieurs milliards de dollars auprès d'un prêteur qui n'exige pas de réforme politique comme condition préalable à la remise d'argent.[141]

Il convient toutefois de noter que ce type d'investissement dans l'infrastructure est contre-productif à certains égards. Plus spécifiquement, il limite la capacité des pays africains à créer de nouveaux emplois. Il subordonne le versement des fonds d'emprunt à des engagements visant à attribuer des contrats de construction et de modernisation à des entreprises chinoises appartenant à l'État, qui recrutent généralement leurs propres travailleurs et évitent d'embaucher des personnes locales. En outre, ces investissements sont parfois assortis de conditions défavorables, telles que l'utilisation de produits de base en tant que garantie (ou même comme paiement).

Les États africains producteurs de pétrole et de gaz n'ont pas besoin de fonds offerts sous de telles conditions. Au lieu de cela, ils ont besoin de possibilités de faire équipe avec des prêteurs commerciaux ayant un goût du risque – et beaucoup de patience. Ils doivent nouer des relations avec des institutions prêteuses qui sont disposées à laisser aux emprunteurs le temps de développer leurs actifs et de subvenir à leurs besoins et à générer suffisamment de revenus pour rembourser leurs créanciers sans gêne excessive.

Si les gouvernements africains peuvent atteindre tous ces objectifs, les PME africaines seront libres de continuer à se développer et à évoluer. Elles seront incitées à repousser les limites de l'effet multiplicateur – à s'étendre à tous les secteurs susceptibles de soutenir le développement pétrolier et gazier, y compris (sans ordre particulier) l'ingénierie, les services bancaires et financiers, le négoce de matières premières, la logistique et le transport, les services juridiques, la construction, la fabrication, le commerce de gros et de détail, les services de technologie de l'information et la production d'énergie.

Dans de nombreux cas, l'expérience et les atouts que les PME acquerront grâce à l'effet multiplicateur les prépareront au moment où les puits de pétrole et de gaz commenceront à s'épuiser – ou lorsque les flux de revenus diminueront en raison des fluctuations du marché. C'est-à-dire que ces entreprises ont tout à gagner de ces compétences transférables et adaptables. Les entreprises qui négocient du pétrole, du gaz ou des produits pétroliers tels que l'essence peuvent se familiariser avec les tendances du marché mondial et s'étendre au secteur plus vaste du négoce de matières premières. Les cabinets d'avocats seront en mesure d'offrir une gamme plus large de services en aidant les clients extérieurs au secteur pétrolier et gazier à se conformer à la réglementation, à naviguer entre les procédures de licence et de permis ou à examiner leurs options dans le cadre de la nouvelle législation. Les entreprises de construction peuvent tirer parti de leur connaissance des conditions locales et de leurs liens avec d'autres exploitants, en les utilisant comme base pour soumissionner pour des contrats dans des États voisins ou à proximité. Les ingénieurs en logiciel peuvent faire équipe avec les écoles locales pour offrir une formation en rédaction de code, en conception Web et dans d'autres domaines très demandés et leurs étudiants pourront travailler dans n'importe quel secteur utilisant l'ordinateur.

La chance, l'emplacement et la main-d'œuvre

Bien entendu, il sera plus facile de lancer ce processus dans les régions d'Afrique où le pétrole et le gaz sont présents. Les pays producteurs attireront non seulement des IDE, mais créeront également une demande pour de nombreux services supplémentaires, ouvrant ainsi la voie à des entrepreneurs locaux désireux de saisir de nouvelles occasions.

Mais il est également possible pour d'autres pays africains de participer à l'action. L'île insulaire de Singapour en est un exemple.

Même si elle produit très peu, Singapour joue un rôle clé dans le commerce mondial du pétrole et du gaz. Elle abrite le principal marché à terme de l'énergie en Asie, l'Intercontinental Exchange (ICE ; www.theice.com), et constitue le troisième plus grand pôle mondial de négoce de pétrole – ce qui a permis à de nombreux négociants en produits de base de s'y installer. Singapour est également un important raffineur et fournisseur de produits pétroliers et possède de nombreux dépôts de stockage de pétrole, de GNL et de carburant.[142]

De plus, le pays est devenu l'un des piliers du secteur des services pétroliers. Il héberge les bureaux locaux et régionaux de géants multinationaux tels que TechnipFMC, Schlumberger et Baker Hughes. Il a également favorisé le développement d'acteurs locaux tels que SembCorp Marine et Keppel FELS, qui sont les deux plus grands constructeurs de plates-formes off-shore au monde.

Et comme il abrite plus de 3 000 prestataires de services de toutes tailles dans le domaine de l'ingénierie marine et off-shore, Singapour est également une source d'innombrables variétés d'équipements, de navires et de services destinés aux champs de pétrole et de gaz sous-marins. Il s'agit d'une activité lucrative, offrant actuellement environ 10 000 emplois locaux et injectant des milliards de dollars dans l'économie de Singapour chaque année.[143] On peut supposer que cela a également généré plus d'emplois et plus de revenus grâce à l'effet multiplicateur – mais pas à un tel point que l'économie nationale est tout à fait à la merci des marchés mondiaux du pétrole et du gaz.

Il est tentant de penser que Singapour est parvenue à cet état heureux en raison de sa géographie. L'ancienne colonie britannique se situe à un point crucial le long des voies de navigation internationales, la mettant dans une bonne position pour desservir les navires se déplaçant de l'océan Indien à l'océan Pacifique et vice versa. (En effet, elle occupe depuis longtemps la première place sur la liste des plus grands ports de ravitaillement au monde.)

Mais les fortunes de cet État insulaire ne sont pas simplement le produit de la chance et d'un emplacement favorable. Singapour a déployé des efforts considérables pour accroître ses capacités depuis les années 1980, lorsque des entreprises locales ont fourni des services et des fournitures aux navires engagés dans des projets pétroliers et gaziers en Malaisie et en Indonésie pour la première fois. Au cours des deux prochaines décennies, leurs succès ont poussé d'autres entrepreneurs singapouriens à se lancer dans d'autres domaines de l'ingénierie marine et off-shore.

Beaucoup de ces efforts ont été fructueux. Les investisseurs singapouriens ont associé leur propre détermination aux politiques favorables aux entreprises du gouvernement (ainsi qu'à la croissance continue du secteur des hydrocarbures entre 2002 et 2014) pour se créer une place. De nombreuses entreprises ont également été touchées par le krach des prix du pétrole qui a débuté au milieu de 2014, mais leurs problèmes n'ont pas délogé le pays de sa position de clé de voûte des marchés pétroliers asiatiques.[144]

Il y a une leçon pour l'Afrique ici. Singapour, un ancien sujet colonial, a trouvé le moyen de devenir un poids lourd dans l'industrie et l'ingénierie. Malgré son manque de réserves de pétrole et de gaz, il est devenu un acteur majeur du secteur de l'énergie. Et il l'a fait en maximisant ses propres avantages – non seulement sa géographie et sa longue expérience dans la construction navale – mais également ses gens, avec leurs compétences, leur ambition et leur connaissance des conditions locales. Son gouvernement a délibérément encouragé les investissements dans la mesure du possible, en faisant de la place pour des partenaires étrangers tout en soutenant les investisseurs locaux.

Les pays africains devraient tenter de faire quelque chose de semblable. Qu'ils produisent ou non du pétrole et du gaz, ils possèdent également de solides atouts, en particulier le capital humain. Ils peuvent compter sur un grand nombre de travailleurs désireux de trouver du travail, d'acquérir des compétences et d'exercer leur dynamisme entrepreneurial. Ces hommes et ces femmes ambitieux ont tout ce qu'il faut pour créer et lancer des sociétés capables de fournir aux producteurs de pétrole et de gaz des solutions à leurs problèmes d'ingénierie, de transport maritime, industriels, juridiques et autres. Ils devront peut-être commencer au bas de l'échelle, mais s'ils parviendront à trouver leur place sur le marché (et pourront compter sur le soutien de gouvernements favorables aux entreprises), ils seront finalement en mesure de se développer et de poursuivre de grands projets. Ils pourraient, par exemple, œuvrer pour construire une base de service off-shore et de réparation navale au large des côtes du Nigéria, à un endroit plus pratique pour les entreprises africaines et étrangères que, par exemple, Stavanger en Norvège. Ils pourraient également utiliser le secteur financier bien développé de l'Afrique du Sud comme tremplin pour étendre le rôle des banques africaines dans le financement du développement pétrolier et gazier et des contrats de service. S'ils empruntent cette voie, ils pourront créer des milliers – voire des millions – de nouveaux emplois, directement et par le biais de l'effet multiplicateur.

Et ces emplois profiteront à l'Afrique d'une manière que je ne peux même pas imaginer pour le moment !

8

Une « recette » pour la diversification économique

Les experts économiques semblent certes s'accorder sur les deux points suivants : premièrement, la diversification est préférable à la « malédiction des ressources », étant donné que l'extraction et l'exportation de ressources naturelles représentent le facteur le plus important de la performance économique d'un pays ; et deuxièmement, il n'y a pas de chemin facile vers la diversification.

Les avis convergent fortement, mais les experts utilisent un langage étonnamment similaire pour décrire le défi :

Dans un article de blogue publié en mars 2017, un cadre supérieur de la Banque mondiale a écrit : « [Il] n'existe pas de recette magique pour la diversification. »[145] La Convention-cadre des Nations Unies sur les changements climatiques a fait une déclaration presque identique dans un document technique d'octobre 2016 : « Il est clair qu'il n'y a pas de recette miracle pour réaliser la diversification du jour au lendemain ».[146] En septembre 2013, la Réserve fédérale américaine de Saint-Louis a publié un article intitulé « What Are the 'Ingredients' for Economic Growth ? » [Quels sont les ingrédients de la croissance économique ?][147] Enfin, en avril 2017, BizNis Africa a signalé qu'un haut représentant de la division Afrique de Deloitte avait tenté de répertorier « quelques-uns des ingrédients d'une diversification économique réussie », tout en avertissant qu'il n'y avait « aucune recette simple pour réussir ».[148]

Mais si le chemin de la diversification pouvait être réduit à une recette ? Verrait-on des hommes politiques et des hommes d'affaires africains exhorter leurs collègues à mélanger un ensemble d'amendements aux réglementations concernant le contenu local, avec deux campagnes anticorruptions et quatre projets de loi sur la réforme fiscale – avec juste une poignée de conseils en gestion pour assaisonner le produit final ?

Assisterions-nous éventuellement à quelque chose qui ressemble à la télé-réalité américaine *Chopped*, avec des pays africains en compétition pour déterminer quelles combinaisons des mêmes ingrédients donnent les meilleurs résultats ?

Ceci est, bien sûr, un scénario fantaisiste. Même avec toutes les discussions sur les ingrédients et les recettes, les discussions sur l'avenir de l'Afrique ne se déroulent généralement pas comme des concours de cuisine. Je suis d'accord avec les experts sur ce point. Je ne crois pas qu'il existe une formule unique et établie pour la diversification économique.

De plus, les producteurs africains de pétrole et de gaz n'ont pas d'exemples évidents à suivre sur le continent. Aucun des pays africains qui dépendent de l'extraction des ressources n'a encore réussi à achever le processus de diversification de son économie.

Le Botswana, par exemple, a été salué pour ses efforts visant à détourner l'attention des mines de diamants afin que les finances, l'agriculture, la logistique, les communications et le secteur des services puissent prendre le devant de la scène.[149] Ces mesures ont permis de faire baisser la part du PIB produite par les diamants par rapport au niveau précédent, qui était de 50%.[150] Donc le pays mérite certainement des éloges. Même dans ce cas, la diversification est un travail en cours. À la fin de 2018, le Botswana dépendait encore des diamants pour environ 25% de son PIB total et 85% de ses recettes d'exportation.[151] Pendant ce temps, l'agriculture servait de moyen de subsistance à plus de 80% de la population du pays et représentait moins de 2% du PIB.

Mais cela n'affaiblit en rien les arguments en faveur de la diversification économique. Et je crois qu'il existe des moyens logiques d'atteindre cet objectif.

Le pétrole et le gaz comme première étape

Un bon point de départ serait de s'ouvrir à l'industrie pétrolière et gazière – non seulement pour son propre intérêt, mais aussi pour sa capacité à servir de passerelle vers d'autres types d'activités économiques.

Certains pays africains ont commencé à prendre des mesures dans ce sens en construisant des raffineries de pétrole, dans le but parfois de sécuriser les investissements supplémentaires d'investisseurs étrangers et parfois dans l'espoir de pouvoir produire suffisamment d'essence et de carburant diesel pour répondre à leurs propres besoins ainsi que pour desservir les marchés d'exportation.

Le Nigéria, par exemple, s'efforce maintenant de surmonter le fait que ses quatre principales raffineries ne peuvent pas couvrir la demande intérieure.[152] Le pays espère mettre un terme à sa dépendance vis-à-vis des importations dans les prochaines années, après l'achèvement de l'énorme raffinerie de Dangote dans la zone franche de Lekki. Cette usine, que le groupe Dangote a l'intention d'achever en 2020, permettra de traiter le pétrole brut provenant de champs nigérians. Elle aura à terme une capacité de production de 650 000 b/j et produira suffisamment d'essence, de carburéacteur, de diesel et de produits pétrochimiques pour desservir le marché d'exportation, tout en satisfaisant pleinement la demande intérieure. [153]

Les projets de ce type peuvent aider à générer des revenus favorables à la diversification, mais ils ne représentent qu'une pièce du puzzle.

Descendre la chaîne : la production d'énergie

Pour combler les lacunes, je suggère de descendre encore plus bas dans la chaîne et d'examiner la manière dont les hydrocarbures sont utilisés après leur arrivée sur le marché. À l'examen, il est clair que le pétrole et le gaz ne sont pas simplement des produits qui fournissent du carburant aux voitures et aux avions. Ils peuvent également être utilisés pour produire de l'électricité. Le gaz naturel est particulièrement important à cet égard, car les centrales électriques peuvent le brûler plus proprement que les produits pétroliers. En tant que telle, la production d'électricité ouvre la voie à la diversification économique – et à la monétisation d'une plus grande part de la production de gaz en Afrique.

Il s'agit d'un potentiel de croissance important. Le Nigéria, par exemple, n'est pas seulement le plus grand producteur de pétrole d'Afrique ; il a également plus de gaz que tout autre État africain. Avec des réserves estimées à près de 5,3 trillions de mètres cubes, il pourrait facilement devenir un acteur majeur dans le domaine des projets de conversion du gaz en électricité. Mais il faudra d'abord surmonter des décennies d'inertie.

Les producteurs travaillant dans les champs nigérians ont l'habitude depuis longtemps de se concentrer sur le pétrole et de traiter leur gaz comme une nuisance, qui ne convient que pour le torchage. Le gouvernement a essayé de changer de cap ; il impose des amendes modiques aux entreprises qui torchent leur gaz et a rejoint le Partenariat mondial pour la réduction des gaz torchés (GGFR) de la Banque mondiale en 2015. Pourtant, le pays perd encore trop de son potentiel. Les données de la Nigerian National Petroleum Corporation (NNPC) montrent qu'en 2016 seulement, le plus grand producteur de pétrole d'Afrique a torché près de 7 Gm³ de gaz d'une valeur d'environ 710 millions d'USD.[154]

Mais il ne s'agit pas que d'argent : ces volumes auraient pu être utilisés pour supporter une capacité de production d'énergie de 3 500 MW, soit près du double de la capacité opérationnelle actuelle.

La capacité supplémentaire aurait pu aider le pays à produire 750 TWh supplémentaires par an, ce qui est plus que suffisant pour rompre le cycle de pannes d'électricité incessantes et invalidantes. Et à leur tour, ces approvisionnements supplémentaires en électricité auraient pu aider les entreprises et les consommateurs résidentiels à contribuer davantage à l'économie nigériane.[155]

Le gouvernement fait preuve d'une certaine compréhension des conséquences d'une approche laxiste en matière de torchage de gaz. En 2017, l'administration du président Muhammad Buhari a dévoilé une nouvelle initiative nationale sur l'utilisation du gaz, affirmant qu'elle était prête à offrir des incitations aux entreprises qui réduisent leur taux de torchage et qui s'arrangent pour vendre leur gaz à des acheteurs qui pourraient l'utiliser pour produire de l'électricité, alimenter les installations industrielles, ou pour servir de combustible de cuisine. L'agence chargée de mettre en œuvre ce plan, le Nigerian Gas Flare Commercialization Programme (NGFCP), l'a présenté comme une « occasion unique et historique d'attirer des investissements majeurs dans des projets de captage de torche de gaz économiquement viables, tout en s'attaquant durablement à un problème environnemental [de 60 ans]. »[156]

Jusqu'à présent cependant, l'administration Buhari n'a pas mis ses paroles en pratique. Elle a beaucoup parlé de ses attentes concernant la création de 36 000 nouveaux emplois directement et 200 000 emplois supplémentaires indirectement par le NGFCP, mais n'a pas encore annoncé quand elle avait l'intention de commencer à travailler avec les producteurs pour mettre le gaz à la disposition des acheteurs nationaux. Elle n'a pas non plus révélé quand les ventes de gaz pourraient commencer.

Il y a de multiples leçons à tirer de l'expérience du Nigéria sur ce front. Premièrement, se concentrer sur le gaz peut être très rentable, en évitant la perte de revenus potentiels. Deuxièmement, le gaz n'offre pas uniquement des avantages financiers ; il peut également être utilisé en dehors du secteur pétrolier et gazier comme combustible pour les centrales électriques. Troisièmement, utiliser le gaz pour produire de l'électricité aide les gens et les entreprises en réduisant le risque de pannes d'électricité. Quatrièmement, lorsque les personnes et les entreprises peuvent poursuivre leurs activités sans craindre une panne d'électricité, elles contribuent davantage à l'économie. Cinquièmement et enfin, les programmes du secteur public peuvent contribuer à soutenir l'expansion de l'utilisation du gaz – à condition que l'engagement du gouvernement soit à la fois pratique et théorique.

Descendre la chaîne : l'engrais et d'autres possibilités

Ces leçons ne s'appliquent pas uniquement aux projets de conversion de gaz en électricité. Elles sont également pertinentes pour d'autres efforts de diversification économique qui utilisent le pétrole et le gaz comme point de départ.

La production d'électricité ne constitue bien sûr pas la seule utilisation du gaz. Les États producteurs qui donnent la priorité à l'agriculture, par exemple, auront des raisons impérieuses de construire des usines d'engrais et d'utiliser leur gaz comme matière première pour ces installations. À leur tour, les nouvelles usines produiront des substances que les agriculteurs pourront utiliser pour augmenter le rendement des cultures.

La République du Congo est probablement un candidat de choix pour une telle initiative, car elle bénéficierait grandement de la diversification. Le pays est fortement dépendant du pétrole, qui ne représentait pas moins de 65% du PIB, 85% de toutes les recettes de l'État et 92% du total des exportations en 2017.[157]

L'agriculture, en revanche, ne représentait que 7,24% du PIB la même année,[158] avec 4% – plus de la moitié de ce chiffre – provenant de l'agriculture de subsistance, qui occupe environ 40% de la population totale.[159]

Vraisemblablement, ces agriculteurs de subsistance pourraient faire mieux s'ils avaient un meilleur accès aux engrais. Quel meilleur moyen d'assurer cet accès que d'utiliser du gaz produit localement pour fabriquer ce matériau ? Telle est la logique du soutien de Brazzaville aux projets de construction d'une usine d'engrais près du port de Pointe-Noire. Haldor Topsoe A/S du Danemark a conclu un accord sur le projet de 2,5 milliards d'USD avec MGI Energy, une société congolaise active dans la production de gaz, en 2018. Les partenaires espèrent commencer à travailler dans le courant de 2019 et auront besoin d'environ trois ans pour terminer la construction.

S'exprimant en septembre 2018, le ministre d'État chargé de l'Économie congolais, Gilbert Ondongo, a déclaré qu'à son avis, le projet aiderait l'économie du pays de deux manières : en stimulant le secteur agricole et en encourageant les échanges.

« Des usines similaires ont été construites au Bangladesh, en Inde et au Pakistan, et ont aidé ces pays à devenir auto-suffisants dans le domaine de l'agriculture, » a-t-il déclaré à l'agence de presse Bloomberg. « L'endroit où l'usine sera construite permettra à ses engrais d'atteindre facilement les marchés locaux, régionaux et internationaux. »[160]

Si ce projet se concrétise, il bénéficiera à la République du Congo à plusieurs niveaux, comme indiqué ci-dessus. Il permettra au pays de monétiser ses réserves de gaz et de créer une dynamique dans une autre partie de l'économie. Il aidera les agriculteurs à avoir accès à des engrais qu'ils pourront utiliser pour accroître leur productivité et leur production dans le secteur agricole. À son tour, l'agriculture sera en mesure de contribuer davantage à l'économie congolaise dans son ensemble.

En supposant, bien sûr, que le gouvernement apporte le soutien nécessaire à cette évolution, tant en théorie qu'en pratique.

Le bon type de soutien

Cela m'amène à un autre point : la nécessité d'offrir un soutien étatique à des projets de diversification, non seulement dans l'intérêt de projets individuels, mais dans l'intérêt de l'ensemble de l'économie.

En d'autres termes, cette approche devrait être une question de politique et non une réponse ponctuelle à des propositions d'investissement individuelles.

Les pays africains devraient agir de la sorte pour éviter que les fluctuations des prix de l'énergie ne perturbent les zones productrices de pétrole et de gaz, comme cela s'est produit dans les villes pétrolières en plein essor du Dakota du Nord.[161] Ils devraient le faire pour donner plus de choix aux Africains prêts à travailler – après tout, pas tout le monde ne veut travailler dans le secteur de l'extraction des ressources ! Ils devraient le faire pour que les autres secteurs de l'économie puissent prospérer et créer des emplois – pas juste directement, mais aussi indirectement, car chaque nouvelle entreprise qui se crée créera le besoin d'entreprises supplémentaires capables d'amener les travailleurs, les biens et les services sur les lieux où ils sont les plus nécessaires.

Et ils devraient le faire afin de renforcer les capacités des industries qui survivront au pétrole et au gaz. Les hydrocarbures sont des ressources finies ; chaque champ finira par s'assécher. Les producteurs africains devraient encourager les entreprises qui offrent à leurs travailleurs la possibilité d'acquérir des compétences transférables utiles tant dans le secteur pétrolier que gazier : les technologies de l'information, les communications, la logistique, la fabrication, les finances et le commerce. Ils devraient s'employer à renforcer les capacités en matière de production de coton, de cacao et d'autres produits traditionnels qui sont parfois écartés dans l'empressement de développer des ressources en combustible et énergétiques.

Certes, ces aides étatiques devraient s'appuyer sur les liens entre le pétrole et le gaz et les secteurs connexes de l'économie. En d'autres termes, ils devraient encourager les producteurs de gaz à poursuivre des projets de conversion du gaz en électricité, à construire de nouvelles usines d'engrais, à établir des réseaux de distribution de gaz municipaux et à utiliser des matières premières pétrochimiques produites localement pour la fabrication de plastiques de haute technologie et d'autres produits.

Mais ils peuvent aussi aider à connecter d'autres secteurs à la chaîne de valeur.

Plus spécifiquement, les gouvernements africains devraient investir une partie des revenus de la production de pétrole et de gaz dans la diversification économique ; ils devraient investir dans d'autres secteurs prometteurs n'ayant aucun lien direct avec l'énergie, tels que la pêche et le tourisme. Ils devraient également tirer parti de l'assistance fournie par le gouvernement norvégien et d'autres institutions aux pays cherchant à optimiser la gestion des fonds provenant de l'extraction de ressources.

S'ils adoptent cette approche, ils seront plus susceptibles de voir les entreprises locales créer des emplois, à la fois directement (dans les secteurs en question) et indirectement (dans des domaines qui facilitent la circulation des biens, des services et des travailleurs dans ces secteurs), et contribuer davantage à la croissance économique. À leur tour, ces nouveaux emplois favoriseront la croissance dans de nombreux secteurs de l'économie.

Plus loin et plus haut

À quoi ressemblera cette croissance ? Malheureusement, je ne peux pas encore citer de grandes réussites à long terme spécifiques à l'Afrique.

Mais je peux citer l'exemple d'un pays qui pourrait potentiellement aller dans cette direction, en utilisant le pétrole et le gaz comme point de départ, puis en recherchant de nouvelles occasions plus loin dans la chaîne. Il s'agit de la Guinée équatoriale, qui a fait ses premières découvertes au large des côtes au milieu des années 90 et est rapidement devenue dépendante du pétrole et du gaz. En 2015, ces produits représentaient 86% du total des exportations, 80% des recettes publiques et 60% du PIB.[162]

Ce degré de dépendance vis-à-vis des hydrocarbures est évidemment problématique. Il a rendu le pays vulnérable à des événements tels que le choc des prix du pétrole qui a commencé mi- 2014 et le pic de la production nationale de pétrole et de gaz peu après. Il a également posé la question de savoir comment utiliser au mieux le capital humain et les autres ressources naturelles.

Il faut cependant noter que le gouvernement de la Guinée équatoriale a déjà commencé à formuler une réponse à cette question. Il travaille au sein du secteur et accroît les possibilités de monétisation du gaz grâce à des projets tels que la construction d'usines de GNL et de GPL dans un complexe de traitement sur l'île de Bioko.[163] Il travaille également en dehors du secteur et s'organise pour que la production des champs off-shore soit livrée à l'usine de méthanol AMPCO et à la centrale thermique (CT) de Malabo.[164] Et en mai 2018, il a annoncé son intention d'agrandir le complexe gazier de l'île de Bioko afin qu'il puisse servir de méga-hub régional capable de préparer le gaz national et étranger en vue de sa transformation en GNL, de son rechargement et de sa livraison à d'autres sites, ainsi que de produire de plus grandes quantités de produits pétrochimiques et d'énergie électrique.[165]

De ce fait, le gaz a déjà contribué à susciter un élan dans plus d'un secteur de l'économie équato-guinéenne.

Et il y aura beaucoup de possibilités de croissance à mesure que les travaux sur le méga-hub avancent. Le succès du projet dépendra des échanges commerciaux avec d'autres pays – notamment avec d'autres États producteurs de gaz souhaitant accéder à l'installation. Ainsi, chaque citoyen équato-guinéen impliqué dans les discussions avec des fournisseurs et des acheteurs tiers sera en mesure d'acquérir des compétences dans le domaine des négociations commerciales extérieures.

À leur tour, les travailleurs qui acquièrent ces compétences pourront les appliquer ailleurs. Par exemple, s'ils décident de prendre ou de créer un poste dans le secteur du tourisme, que le gouvernement équato-guinéen a identifié en 2014 comme une voie potentielle vers la diversification,[166] ils auront déjà l'expérience de persuader des clients étrangers de choisir leur pays et non d'autres options.

Donc, nous espérons que les responsables de Malabo reconnaissent leur potentiel et s'efforcent de les maximiser ! Ils ont des chances d'atteindre cet objectif s'ils adoptent des politiques qui soutiennent les investissements dans différents secteurs – et s'ils utilisent les recettes pétrolières et gazières pour financer de tels efforts.

Le Chili : pas seulement le cuivre maintenant

Le Chili est largement reconnu comme un exemple de réussite en matière de diversification économique. Ce pays d'Amérique latine, qui possède 38% des réserves mondiales de cuivre, a une longue histoire de dépendance vis-à-vis de l'industrie extractive en général et de l'exploitation du cuivre en particulier.[167]

Mais au cours des 50 dernières années, il a réussi à réduire la part du cuivre et des produits connexes dans les exportations totales de près de 80% à environ 50%. Et il l'a fait alors même que sa production avait été multipliée par 10, passant d'environ 500 000 tonnes par an au début des années 1960 à environ 5,5 millions de tonnes par an en 2005 et les années suivantes.[168] En 2017, la Banque mondiale l'a décrit comme « un exemple d'économie diversifiée, exportant plus de 2 800 produits distincts vers plus de 120 pays différents ». [169]

Alors, comment le Chili a-t-il réussi cet exploit ? Grâce à une combinaison de réformes économiques et politiques menées sur une période de plus de 30 ans.

L'élément politique est important, étant donné que les efforts du Chili pour promouvoir la diversification économique n'ont eu que des succès mineurs jusqu'au début des années 1970, après que le général Augusto Pinochet ait saisi le pouvoir de Salvador Allende, un socialiste, et mis en place un gouvernement autoritaire. Le régime de Pinochet a commencé par s'efforcer de renverser le programme du président Allende, qui prévoyait un contrôle des prix, des subventions, des droits d'importation élevés et des restrictions à l'investissement étranger. Il a ensuite lancé son propre programme, qui met l'accent sur l'importance des marchés libres et du libre-échange.

Cette approche s'est révélée suffisamment efficace, malgré ses origines dans un environnement d'agitation politique, pour que le Chili continue de progresser dans la direction de la libéralisation économique. Même après que le gouvernement ait commencé à assouplir les restrictions aux droits civils dans les années 1980 – et même après que Pinochet ait quitté la présidence en 1989, le pays a poursuivi ses réformes axées sur le marché.[170]

Et plusieurs des réformes qu'il a adoptées sont exactement le genre d'élément dont je parle.

Prenez la décision de dépenser des fonds publics dans des industries non extractives, par exemple. Le gouvernement a incité les investisseurs du secteur forestier à planter des pins de Monterey, qui poussent plus rapidement au Chili que dans toute autre région. Ces arbres sont devenus une source essentielle de revenus d'exportation, car ils peuvent être utilisés pour fabriquer des produits de pâte et de bois sciés d'une valeur raisonnablement élevée sur le marché libre. En outre, il a cherché à promouvoir la pêche. En conséquence, il est devenu le deuxième exportateur mondial de saumon.

Bien entendu, il ne s'agissait pas simplement de dire aux gens de planter des arbres ou de pêcher. Le Chili a également pris des mesures pour renforcer la crédibilité de son fonds souverain, réduit les droits de douane dans l'espoir d'accélérer l'intégration dans l'économie mondiale, mis en place des programmes visant à aider les entrepreneurs à lancer des petites et moyennes entreprises (PME) et mis en place des partenariats public-privé (PPP).

Il a également identifié plusieurs secteurs prioritaires en vue d'investissements futurs – les services mondiaux, le tourisme spécialisé, les mines, les aliments fonctionnels et l'élevage d'oiseaux et de cochons.

L'exemple du Chili a d'importantes leçons à offrir à l'Afrique :

- Les réformes politiques et économiques sont importantes dans un sens général, comme en témoigne le fait que les objectifs de diversification et de libéralisation économiques sont restés en place, même lorsque les gouvernements se sont succédé.
- Les gouvernements peuvent apporter un soutien précieux aux programmes de réforme axée sur le marché, tel que la création de PPP.
- La diversification doit impliquer une croissance dans différents secteurs de l'économie, y compris ceux qui n'ont pas de lien direct avec les industries extractives, tel que l'accent mis par le Chili sur la production alimentaire dans le secteur agricole.
- Les investisseurs devraient également rechercher des occasions uniques qui pourraient ne pas être présentes ailleurs, telles que les projets de pins de Monterey au Chili.

Si les pays africains agissent de la sorte, ils se trouveront en possession d'outils précieux qui raccourciront le chemin qui mène à la diversification économique.

9

Appel à tous les dirigeants ! Plus sur la bonne gouvernance

« Nous avons besoin de dirigeants qui comprennent qu'ils dirigent leur pays au profit de chaque individu. Chaque enfant dans leur pays est leur responsabilité ; nous avons besoin de personnes qui croient vraiment en cela, qui ne peuvent pas dormir parce que certaines personnes ne peuvent pas manger ou ne peuvent pas trouver de médicaments. »

Je suis tout à fait d'accord avec le magnifique sentiment de Mo Ibrahim, fondateur de la Fondation Mo Ibrahim, une fondation africaine créée en 2006 pour soutenir la bonne gouvernance et le leadership sur tout le continent.

Et je crois que les dirigeants africains répondent à cet appel.

Bill Gates, sans doute l'un des hommes d'affaires les plus prospères du monde, est du même avis.

« Bien que 2016 ait été une année difficile pour de nombreuses économies africaines, presque toutes les tendances sur le continent ont évolué dans la bonne direction au cours de la dernière décennie. Le revenu par habitant, les investissements étrangers, la productivité agricole, les services bancaires mobiles, l'entrepreneuriat, les taux de vaccination et la scolarisation vont tous à la hausse. La pauvreté, les conflits armés, le VIH, le paludisme et la mortalité infantile sont tous à la baisse – de manière prononcée dans de nombreux endroits. »

Au cours des dix dernières années, le continent a réalisé des progrès stupéfiants. Le rapport « Doing Business in 2005 » de la Banque mondiale[171] classe l'Afrique à la dernière place en termes de rythme de réforme. Oui, à peu près à quoi s'attendre, étant donné le climat politique et socio-économique de l'époque. Nous avons ensuite commencé à assister à une agitation : l'indice de 2007 a placé le continent à la troisième place parmi les réformateurs les plus rapides du monde, citant au moins une réforme dans les deux tiers des pays africains. Aujourd'hui, la dynamique des efforts de réforme positifs est remarquable sur l'ensemble du continent. Le rapport de 2016 a classé cinq pays africains parmi les dix premiers pour l'amélioration des pays et a indiqué que près d'un tiers de toutes les réformes réglementaires simplifiant la conduite des affaires provenait uniquement de l'Afrique subsaharienne.

L'Enquête d'Ernst & Young sur l'attractivité de l'Afrique[172] annuelle (et bien nommée) auprès de répondants internationaux en 2011 a confirmé les perspectives positives :

- 68% considèrent l'Afrique comme une destination d'investissement plus attrayante qu'en 2008.
- 75% étaient optimistes quant aux perspectives de l'Afrique pour les trois années suivantes.
- 43% prévoyaient une expansion en Afrique.

Sur la base de l'enquête 2015 sur l'attractivité, Ernst & Young prévoit pleinement des taux de croissance annuels composés supérieurs à 5% d'ici 2030 dans 24 pays d'Afrique subsaharienne. Les initiatives de réforme réussies, appuyées à la fois par les gouvernements locaux et le secteur privé, contribuent à transformer les perspectives du continent.

Grâce à des groupes tels que le Fonds pour le climat d'investissement en Afrique (FCI), la réforme est en marche. Le FCI et d'autres organisations indépendantes encouragent les initiatives qui permettent aux entreprises « de s'inscrire, de payer leurs taxes, de résoudre leurs litiges commerciaux, de dédouaner leurs marchandises, etc., de manière rapide, simple et transparente. Cette simplification et cette efficacité contribuent à accélérer la croissance économique, transformant en définitive la vie de millions d'Africains. »

Et que dire de la plus récente version de « Doing Business » ? Les perspectives continuent de briller de mille feux dans le sud du pays, notamment : en mai 2018, un tiers des réformes réglementaires décrites dans le rapport provenait de l'Afrique subsaharienne.

« L'Afrique subsaharienne est la région où le nombre de réformes a été le plus élevé chaque année depuis 2012. Cette année, « Doing Business » a enregistré un nombre record de 107 réformes dans 40 économies d'Afrique subsaharienne, et le secteur privé de la région ressent l'impact de ces améliorations. Par exemple, le temps et le coût moyens nécessaires à l'enregistrement d'une entreprise sont passés de 59 jours et de 192 % du revenu par habitant en 2006 à 23 jours et à 40% du revenu par habitant aujourd'hui ». [173]

Des politiques fiscales saines pour la gestion des revenus

Le continent africain a connu d'importants gains économiques au cours des deux dernières décennies. Après une période de stagnation, nous avons constaté des taux de croissance moyens élevés dans les petites économies comme le Ghana, les grandes économies comme le Nigéria et même dans les « États fragiles » comme l'Angola.

Mais Christopher Adam, professeur d'économie du développement à Oxford, prévient que ces gains passés pourraient maintenant être compromis.

« En fin de compte, c'est la politique budgétaire qui jouera un rôle décisif pour garantir le succès de l'ajustement macro-économique de l'Afrique. Elle doit être conçue de manière à ne pas minimiser les effets des investissements récents dans l'infrastructure favorisant la croissance. Elle pourrait alors préserver les gains en matière de réduction de la pauvreté et d'amélioration de la prestation de services qui se sont concrétisés dans les domaines de la santé et de l'éducation », a écrit Adam dans un article pour The Conversation.[174]

Pour maintenir la progression positive, Adam appelle à un équilibre macro-économique et met en garde contre une fiscalité excessive ou une réduction des changes – des stratégies qui, selon lui, ne font qu'encourager le marché noir et aggraver les pénuries généralisées. « Une action décisive est nécessaire pour naviguer dans les eaux économiques difficiles qui s'annoncent sans annuler les gains des deux dernières décennies, » a-t-il écrit. « Le succès nécessitera des choix politiques difficiles, notamment en matière de fiscalité et de dépenses publiques. »

Le Fonds monétaire international mentionne les « Cinq clés d'une politique budgétaire intelligente »[175] suivantes :

1. Contracyclique (lisse le cycle économique).
2. Favorable à la croissance (soutient les facteurs de croissance économique à long terme du capital, du travail et de la productivité).
3. Promouvoir l'inclusion (veille à ce que la croissance soit partagée entre les personnes qui participent pleinement à l'économie).
4. Soutenue par une forte capacité fiscale (source de revenus stable grâce à la fiscalité)
5. Avisée (prudente et judicieuse).

Et autour du continent, nous voyons la preuve que les dirigeants mettent en œuvre ces clés.

La chute des prix du pétrole sur le marché mondial a considérablement freiné la croissance économique des pays pétroliers, dont les économies reposent sur leurs revenus énergétiques. Malgré cela, le Nigéria résiste assez bien à la tempête économique et a obtenu des notes positives pour ses cinq plus grandes banques – malgré les griffes d'une récession – pour la première fois en 20 ans.

Pourquoi ?

En réponse à la crise financière mondiale de 2008, le Nigéria a introduit des exigences en matière de capitalisation et des réformes du contrôle des banques afin d'accroître la transparence et de consolider les finances publiques. Et en 2017, une modification de la réglementation comptable a éliminé le délai d'attente d'un an pour l'annulation intégrale par les banques de leurs créances non performantes, ce qui leur a permis d'apurer leurs bilans immédiatement en utilisant des réserves de capital et a également permis de maintenir les cinq banques nationales solvables techniquement.

C'est une bonne nouvelle pour le Nigéria. Mais c'est aussi une lueur d'espoir pour le reste du continent : oui, le Nigéria a la chance de posséder de grandes réserves de pétrole – mais nous avons vu que, par le passé, ce pays avait laissé ces richesses embrouiller son jugement. En bref, le Nigéria était la figure emblématique de la malédiction des ressources. Si le Nigéria peut commencer à renverser la situation, d'autres pays peuvent le faire également.

Et je ne parle pas seulement de pétrole et de gaz. Une politique budgétaire saine contribue à former la base d'une stratégie de gestion économique solide favorisant la croissance et la prospérité pour tous. Bien sûr, un pays ne peut pas décider quelles ressources naturelles seront découvertes dans ses frontières, mais les législateurs de ce pays peuvent *décider* sur les politiques concernant ces ressources à adopter.

Et leurs décisions ont un impact sur leur économie.

Comme le rappelle l'Institut national pour la gouvernance : « Une gestion prudente des investissements pétroliers, gaziers et miniers et des vastes revenus qu'ils génèrent peut soutenir les efforts de développement et avoir un impact positif durable sur la vie des citoyens. Cependant, sans politiques, cadres et contrôles adéquats, ces mêmes investissements peuvent potentiellement déstabiliser les systèmes de gestion des finances publiques, avoir des impacts environnementaux et sociaux négatifs et augmenter le risque de corruption. »[176]

Alors que le Nigéria espère que ses nouvelles réglementations comptables continueront de le faire progresser à pas de géant, la Tanzanie a également introduit de nouvelles lois pour ses industries extractives. Cette république d'Afrique de l'Est est riche en minéraux, notamment en or et en autres métaux précieux, et un élément important de la nouvelle législation consistait à augmenter les impôts dans le secteur minier. Le résultat : un taux d'imposition élevé de 74%, ce qui en fait le pays avec des taxes sur l'exploitation minière les plus élevées au monde.[177]

Même si ce taux exorbitant a pu être un bon moyen de rembourser les coffres du gouvernement, tout ce qu'il a réellement accompli a été de provoquer la colère des citoyens et de créer un environnement commercial peu accueillant. Après un an en application, le président tanzanien John Magufuli a annoncé le plan du gouvernement de réévaluer le régime fiscal. La préoccupation est que la nouvelle stratégie fiscale n'a pas établi un bon équilibre entre un niveau trop faible empêchant le gouvernement de réellement tirer profit des ressources et un niveau trop élevé empêchant la promotion de l'investissement. Une préoccupation secondaire est qu'une augmentation de la fiscalité pourrait en réalité entraîner une évasion fiscale accrue, réduisant davantage les sources de revenus du gouvernement.

Le président Magufuli aurait donc pu lire les ouvrages du professeur Adam ! Bien que la législation n'ait peut-être pas été un succès, cette décision montre à tout le moins que le gouvernement tanzanien comprend bien cette situation complexe et qu'il est disposé à continuer à améliorer la réglementation.

La Tanzanie pourrait regarder au sud pour voir comment cela peut être fait.

Le Botswana est un exemple de gouvernement qui a élaboré une politique économique efficace. La majorité de cette nation enclavée est couverte par le désert du Kalahari, ce qui laisse peu d'occasions pour les entreprises agricoles. Avant 1970, il était considéré comme l'un des pays les plus pauvres du monde… mais cela a changé avec la découverte de diamants, qui a entraîné une croissance spectaculaire du PIB, du revenu par habitant et un excédent de balance des paiements. Mais cette aubaine de diamant a fait plus que sortir le pays de la pauvreté extrême : le gouvernement était également suffisamment prévoyant pour instaurer une politique de réinvestissement continu des revenus de son industrie du diamant pour le bénéfice socio-économique de sa population, finançant des services sociaux tels que le système de transport en commun, l'éducation et la santé.

Ou la Tanzanie pourrait envisager les succès à l'ouest.

La loi innovatrice sur la gestion des revenus pétroliers ghanéenne (j'y reviendrai plus tard) décrit les mécanismes de collecte et de répartition des revenus pétroliers, avec des spécifications claires sur les pourcentages pour financer le budget annuel, réservées aux générations futures et réinvesties dans l'industrie et l'infrastructure. La législation bien conçue a créé un régime fiscal garantissant que toutes les recettes pétrolières sont comptabilisées ouvertement, déposées dans le « panier » approprié, puis utilisées aux fins prévues.[178] La législation ghanéenne offre un système fiscal bien conçu tenant compte de la nature de l'industrie pétrolière et des incertitudes intrinsèques de ses coûts et dépenses, ainsi que de la capacité du gouvernement à promouvoir l'industrie tout en générant des revenus pour soutenir le développement socio-économique du pays.

Combattre la corruption en disant tout simplement « non »

Mais bien sûr, nous pouvons parler de climat commercial positif et de l'importance de politiques gouvernementales bien conçues pour la gestion des revenus pétroliers et gaziers jusqu'à en perdre le souffle – mais cela ne voudra rien dire si les pots-de-vin constituent des activités d'affaires habituelles.

Nous avons parlé des dangers de « l'aide » étrangère. Mais, outre le potentiel de dépendance des pays, voici une autre orientation : « l'aide » financière empêche la bonne gouvernance en favorisant la distance entre le gouvernement et ses citoyens. Plutôt que de se concentrer sur l'amélioration des besoins des citoyens tels que le logement, l'éducation, les soins de santé ou l'accès à l'énergie, les gouvernements pourraient plutôt rechercher des occasions de faire plaisir aux donateurs.

Écrivant pour *The Spectator,* Harriet Sergeant le dit plus crûment : « Lorsque des donateurs étrangers couvrent 40% des budgets de fonctionnement de pays tels que le Kenya et l'Ouganda, pourquoi les dirigeants écouteraient-ils leurs citoyens ? Amadouer les bailleurs de fonds étrangers vient en premier. »[179]

Même si ma vision des choses n'est peut-être pas aussi pessimiste, je conviens qu' « amadouer » est souvent synonyme de corruption. Et la corruption, quelle que soit sa forme, se produit à tous les niveaux. Les entreprises versent des pots-de-vin pour faire approuver leur proposition. Les tribunaux gouvernementaux acceptent des pots-de-vin pour modifier l'issue d'un procès. Et même au niveau individuel, les gens versent des pots-de-vin pour avoir accès à de meilleurs services publics – des services qui devraient être librement accessibles à tous.

Ce n'est pas un modèle économique intelligent. Je l'ai vu maintes et maintes fois : une fois que les paiements commencent, ils ne s'arrêtent jamais. Les entreprises qui s'introduisent sur le marché par le biais de pots-de-vin paient pour entrer, puis continuent à payer pour y rester, puis encourent de lourdes amendes pour pouvoir y sortir.

Mon conseil est simple en matière de corruption : ne payez pas.

Et, oui, cela peut être aussi simple que cela, mais nous devons tous refuser. Chacun de nous doit s'engager et faire entendre sa voix. Nous devons former une voix collective et cohérente en matière d'éthique, de moralité et d'équité afin de sortir l'Afrique de cette ornière de corruption une fois pour toutes. Lorsque nous entrons dans des communautés où nous constatons de la corruption ou assistons à un gouvernement qui ne traite pas les gens avec respect, nous devons affirmer fermement que nous ne jouerons aucun rôle là-bas.

Les compagnies pétrolières et gazières devraient mener la charge. Il n'est que logique : leur influence est puissante et elles sont déjà les pionnières à bien des égards.

L'industrie le fait déjà, grâce à des initiatives telles que l'UK Bribery Act, l'U.S. Foreign Corrupt Practices Act (FCPA) et la Loi canadienne sur la corruption d'agents publics étrangers (CFPOA). Ces lois décrivent la manière dont les pays doivent réagir à des infractions telles qu'offrir, donner ou accepter un pot-de-vin, et prévoient des sanctions sévères en cas d'infraction. Les sanctions pour non-respect peuvent inclure l'interdiction de soumissionner pour des contrats gouvernementaux, des amendes importantes et même des condamnations pénales. En outre, de nombreuses organisations anticorruptions ont surgi pour soutenir les gouvernements dans leur campagne en faveur de pratiques équitables universelles.

« L'application de la législation américaine en matière de corruption extraterritoriale s'est considérablement intensifiée au cours de la dernière décennie et ne montre aucun signe de recul », a déclaré Reagan Demas, partenaire de Baker & McKenzie LLP à Washington, DC, à Financier Worldwide en 2012. « D'autres pays ont adopté une législation similaire et commencent à appliquer ces nouvelles lois. À la suite de règlements judiciaires avec des sociétés opérant en Afrique dans les secteurs du pétrole et du gaz, des mines, des télécommunications, du transport de marchandises et d'autres secteurs, les entreprises reconnaissent l'importance d'un programme de conformité bien développé lorsqu'elles travaillent dans des pays à plus haut risque /rendement. »[180]

Œuvrer en faveur de la transparence

L'Initiative pour la transparence des industries extractives (ITIE/ EITE ; www.eiti.org) définit une norme mondiale en matière de transparence dans les domaines du pétrole, du gaz et des mines. L'ITIE promeut un environnement commercial plus transparent en mettant en lumière ce que les entreprises font avec le pétrole, le gaz et les minéraux qu'elles produisent, où leurs revenus vont et quels emplois ont été créés. Simultanément, l'ITIE oblige aux gouvernements de déclarer leurs revenus provenant des industries extractives. La conformité à l'ITIE crée des conditions équitables pour les entreprises et la transparence qui en résulte contribue à améliorer la stabilité politique et la réputation des pays. Et cela améliore à son tour le climat d'investissement du pays conforme.

D'autre part, Publiez ce que vous payez (www.publishwhatyoupay. org) est une coalition mondiale de la société civile qui aide les citoyens des pays en développement riches en ressources à tenir leurs gouvernements responsables de la gestion des revenus provenant des industries du pétrole, du gaz et des mines.

D'autres groupes plus diversifiés élargissent leur champ d'action au-delà du secteur de l'énergie. Le Pacte mondial de l'ONU (www. unglobalcompact.org) demande aux entreprises d'adopter, dans leur sphère d'influence, un ensemble de valeurs fondamentales dans les domaines de droits de l'homme, de normes du travail, de l'environnement et de la lutte contre la corruption. De même, le Forum mondial sur la gouvernance d'entreprise soutient les initiatives régionales et locales visant à améliorer la gouvernance d'entreprise dans les pays à revenu faible ou intermédiaire et Transparency International est une organisation mondiale de la société civile luttant contre la corruption.

Et sur le continent même, l'Afrique a sa part de groupes qui se battent pour des pratiques justes :

- Le Projet pour l'observation et le plaidoyer pour la bonne gouvernance en Afrique (AfriMAP) vise à contrôler et à promouvoir le respect par les États africains des exigences de la bonne gouvernance, de la démocratie, de droits de l'homme et de l'état de droit.
- Le Réseau de parlementaires africains contre la corruption (APNAC ; www.apnacafrica.org) s'emploie à renforcer la capacité des parlements à lutter contre la corruption et à promouvoir la bonne gouvernance.
- Le Mécanisme africain d'évaluation par les pairs (MAEP ; aprm-au.org) est un système mis en place par l'Union africaine pour aider les pays à améliorer leur gouvernance.
- La Coalition nationale des entreprises contre la corruption (BCAC) du Cameroun, créée à l'origine pour donner les

moyens aux sociétés membres de lutter contre la corruption, s'est élargie pour représenter les sociétés britanniques, canadiennes, françaises, italiennes et américaines qui y exercent leurs activités.

- Le Business Ethics Network of Africa (BEN-Africa ; www.benafrica.org) facilite les interactions entre les universitaires et les praticiens partageant un intérêt pour l'éthique des affaires.
- La Fédération des comptables d'Afrique de l'Est, d'Afrique centrale et d'Afrique australe (ECSAFA ; www.ecsafa.org) s'efforce de créer et de promouvoir la profession comptable dans les régions de l'est, du centre et du sud de l'Afrique.
- L'Information Portal on Corruption and Governance in Africa (IPOC ; www.ipocafrica.org) est un portail de ressources en ligne pouvant servir de point de référence principal pour ceux qui s'intéressent à la lutte contre la corruption et à la promotion de la gouvernance démocratique en Afrique.
- L'Open Society Initiative for Southern Africa (www.osisa.org) collabore dans les domaines de droits de l'homme, de l'éducation, du renforcement de la démocratie, du développement économique, des médias et de l'accès à la technologie et à l'information.
- Le Southern African Forum Against Corruption (SAFAC) vise à renforcer les capacités des agences de lutte contre la corruption de la région de la Communauté de développement de l'Afrique australe (SADC) nécessaires pour développer des stratégies efficaces de lutte contre la corruption et créer des synergies avec d'autres parties prenantes.

Les organisations de lutte contre la corruption ne sont pas les seules à lutter contre la corruption en Afrique. De nombreux gouvernements africains prennent également des mesures pour l'éradiquer. Transparency International a récemment ajouté ces pays à leur liste des « moins corrompus » :

- Le Cap-Vert
- Le Lesotho
- Maurice
- La Namibie

- Le Rwanda
- L'Afrique du Sud
- Le Sénégal
- Les Seychelles

Mais la « superstar » africaine de la lutte contre la corruption pourrait bien être le Botswana, qui a toujours été en tête de la liste des pays africains les moins corrompus de Transparency International. Le gouvernement fédéral du Botswana a créé la Direction de la lutte contre la corruption et la criminalité économique (DCEC) en 1994, à la suite d'une série de scandales liés à la corruption. La direction lutte contre la corruption par des efforts d'investigation, de prévention et d'éducation. Depuis son lancement, elle a reçu des éloges internationaux pour ses programmes novateurs, qui incluent des activités de sensibilisation auprès des jeunes et des communautés rurales.

Aujourd'hui, le gouvernement peut punir la corruption de peines de prison allant jusqu'à 10 ans, d'une amende de 500 000 pulas (64 000 d'USD), ou les deux. Selon le département d'État américain, le gouvernement du Botswana obtient entre 16 et 20 condamnations par an pour des crimes liés à la corruption et n'hésite pas à poursuivre les responsables de haut niveau.

Le Botswana nous montre que l'un des effets les plus dommageables de la malédiction des ressources – la corruption, peut être vaincue. Le pays a exploité ses ressources naturelles et créé une culture positive pour la gestion de son marché des diamants, qui fait maintenant l'envie du monde entier. En se détournant des maux du passé, en réduisant les formalités administratives et en investissant ses revenus dans les ressources humaines, le pays a amélioré ses classements en matière d'affaires, ses revenus, et la vie de la population du Botswana.

Initiatives en matière de transparence : tout voir clairement

Une pièce indispensable du puzzle de la lutte contre la corruption est la transparence absolue. Et en matière de transparence, nous pouvons apprendre une chose ou deux du Ghana.

Le pays est nouveau dans l'industrie pétrolière et gazière. Sa découverte majeure, le champ Jubilee, n'a été découvert qu'en 2007. À ce stade, le pays n'avait aucune expérience des technologies extractives.

Peut-être à cause de ce manque d'expérience total, et que le pays devait travailler avec diligence pour devenir fonctionnel rapidement, le Ghana a pris des mesures réfléchies et calculées pour que ses richesses en ressources naturelles soient exploitées de manière bénéfique. Plus important encore, le pays a mis en place des dispositions pour assurer la durabilité du secteur et préserver les intérêts des générations futures.

Le gouvernement ghanéen a travaillé sans relâche pour créer la loi sur la gestion des revenus pétroliers, la Petroleum Revenue Management Act (PRMA). Lors de sa mise en place définitive en 2011, elle a instauré une structure réglementaire complète de fiabilité et de responsabilité, qui comprend des mécanismes de transparence sans précédent :

- Les nouvelles et les développements de l'industrie sont publiés chaque mois dans les journaux nationaux et sur Internet.
- Il existe une division claire entre le budget de l'État et les recettes pétrolières et une limite quant à la manière dont le gouvernement peut utiliser sa part de son budget.
- Le montant destiné au financement du budget annuel permet de contrôler la part du gouvernement dans les revenus tirés du pétrole et du gaz ; chaque trimestre, jusqu'à 70% du capital doivent être versés au fonds de développement stratégique.
- Le Petroleum Holding Fund, qui fait partie de la Banque du Ghana, régit l'allocation des recettes pétrolières et gazières – et tous les détails de ces recettes sont à la disposition du public.
- Les gens sont encouragés à donner leur avis et à débattre de la conformité des dépenses avec les priorités de développement.
- Un comité de l'intérêt public et de la responsabilité (PIAC) surveille la conformité et fournit une évaluation indépendante de la gestion des revenus.
- La Commission du pétrole a repris le rôle de supervision de la société nationale, la Ghana National Petroleum Company (GNPC), qui a été réorganisée pour lui permettre de se concentrer sur le développement en amont.

Comment ce gouvernement inexpérimenté a-t-il fait pour élaborer ce que je considère comme la législation la plus efficace et la plus transparente pour gérer les ressources en hydrocarbures sur l'ensemble du continent ?

Tout a commencé avec l'éducation.

Au lieu de se lancer les yeux fermés sur l'argent, le Ghana a appris autant que possible de sa nouvelle entreprise énergétique. Le pays a sollicité les conseils de partenaires internationaux performants. En appliquant les meilleures pratiques de ceux qui avaient déjà réussi et en évitant leurs erreurs, il a évité la nécessité de réinventer la roue.

En outre, le pays s'est concentré sur le renforcement de ses capacités nationales en matière de formation. Par exemple, en 2015, l'Université des sciences et de la technologie Kwame Nkrumah a présenté son tout nouveau complexe de bâtiments et de laboratoires pétroliers.

Enfin et surtout, les dirigeants du Ghana ont compris l'importance de l'approbation publique. Le Ghana s'était déjà conformé aux exigences de l'ITIE en termes de son industrie minière et a donc aisément reçu l'approbation pour son industrie pétrolière avant le début de sa production de pétrole en 2010. Au cours de cette année, des groupes de divers secteurs ont organisé des forums ouverts pour évaluer la compréhension du secteur par le public, maintenir le plus haut degré de participation du public et de transparence des processus possible. Ces réunions ont rassemblé des membres de la communauté de tous les horizons, y compris les hommes d'affaires, les agriculteurs et les écoliers, pour avoir une idée réelle de ce que les Ghanéens ont à dire sur le développement pétrolier dans leur pays.

« De façon modeste, un contrat social entre citoyens et gouvernement a émergé », a écrit Joe Amoako-Tuffour, qui a occupé le poste de conseiller technique en politique fiscale auprès du ministère des Finances et de la Planification économique du Ghana.[181]

J'ose dire que ce n'était au contraire pas une chose *modeste*, mais une étape très importante et percutante. Grâce à une transparence sans précédent, le gouvernement a prouvé son dévouement à la population.

Des politiques relatives au contenu local solides et équitables établissent un équilibre

On parle sans cesse de contenu local, mais il faut privilégier et se concentrer sur les résultats. Parfois, en matière de contenu local, on a l'impression d'être dans un champ saturé de prêcheurs se disputant fébrilement l'attention des mêmes convertis. Trop de gens parlent de contenu local sans vraiment savoir comment fonctionne l'industrie pétrolière ou qu'il faut trouver le bon équilibre.

Les politiques relatives au contenu local découlent d'une philosophie simple : les ressources naturelles d'un pays appartiennent à la population, qui devrait donc bénéficier de son développement. Bien que la notion soit plutôt vague et fluide, des occasions équitables pour les communautés locales restent au cœur du problème pour de nombreux pays africains.

L'objectif est de faire en sorte que davantage de personnes locales soient embauchées dans le secteur de l'énergie et que davantage de fournisseurs locaux soient impliqués dans ce même secteur. Mais que veut dire « local » ? Et dans quelle mesure ? Est-ce que nous incluons également le contenu régional des États voisins et à proximité (ou de pays africains plus éloignés) ? En outre, comment pouvons-nous tous faire en sorte que le contenu local et régional devient partie intégrante de l'approche quotidienne d'un pays ou d'une région en matière de commerce ?

Ces questions soulignent la complexité du problème. Prenez le Delta du Niger au Nigéria, par exemple. Les exploitants pétroliers et gaziers subissent une pression croissante pour embaucher leurs travailleurs et acheter tous les produits spécifiquement de l'État de Rivers. Ou bien, regardez en Tanzanie, où les chercheurs ont constaté que, même si les résidents apprécient les efforts de contenu local, ils restent méfiants quant aux motifs et aux résultats finaux. Cette méfiance découle de l'incapacité du gouvernement à consulter les populations locales au cours du processus d'élaboration des politiques.

Une autre complication pourrait être la perception de l'inaction. J'entends par là que les politiques relatives au contenu local ne provoquent pas et ne *peuvent pas* provoquer de changement immédiat. Comme pour toute nouvelle politique, la rédaction, la mise en œuvre et la notification prennent du temps. Toutes les parties prenantes doivent reconnaître que les réglementations relatives au contenu local reposent sur le principe de l'amélioration à long terme. L'absence d'augmentation immédiate des recrutements locaux, par exemple, ne signifie pas que la réforme est bloquée.

Les politiques relatives au contenu local pour le secteur de l'énergie – ou, en réalité, pour tout secteur des ressources naturelles – doivent être dynamiques. Le marché du pétrole et du gaz fluctue énormément et la réglementation doit pouvoir en tenir compte. Les politiques doivent pouvoir gérer de tels changements.

De plus, les technologies d'extraction changent rapidement et la formation et l'éducation nécessaires peuvent facilement dépasser les capacités locales. Par exemple, il n'est pas réaliste d'exiger que 100% de la main-d'œuvre provienne de travailleurs autochtones. Cela servira simplement à faire fuir les investisseurs potentiels. Nos législateurs ne peuvent pas établir des exigences qui sont si lourdes que les entreprises ne veulent pas venir en Afrique. En bref, nous voulons que les entreprises apportent des fonds.

Nous voulons qu'ils apportent de la technologie. Nous voulons qu'ils apportent des occasions d'emploi.

Toutefois, dans une large mesure, les travailleurs et les industries d'approvisionnement autochtones n'ont pas, dans le passé, récolté les avantages économiques et sociaux escomptés, même dans les pays africains dotés de réserves de pétrole et de gaz naturel abondantes.

Les grandes entreprises – peut-être les compagnies pétrolières et gazières en particulier – ont encore beaucoup de chemin à parcourir pour surmonter la méfiance qui s'est créée au fil des années, à cause des expériences passées de la population locale avec des hommes d'affaires peu honorables. L'approche la meilleure et la plus éthique pour maintenir la confiance consiste à établir une communication ouverte dès le début et à respecter autant que possible les besoins de la communauté.

Oui, toutes les entreprises pensent au profit. Mais il y a tellement à gagner à aider l'environnement local en cours de développement. Orienter les employés locaux vers la réussite contribuera en définitive à la croissance et à la rentabilité de l'entreprise.

Ne sous-estimez pas la connaissance et la détermination des locaux. Ignorer la population locale qualifiée est une occasion manquée. En fait, recruter des expatriés pourrait être l'une des plus grandes erreurs que les entreprises commettent en Afrique. C'est une dépense inutile, coûteuse en termes de salaires et de répercussions plus larges sur la communauté.

Appuyons-nous sur la notion d'embauche locale. Faisons-en sorte que l'embauche locale, dans la mesure du possible, devient la norme plutôt que l'exception. Plaçons-nous dans une position où les futurs dirigeants qui peuvent mettre leur compréhension considérable de la région au service du bien d'un pays et du continent sont encouragés.

L'Angola et le Nigéria sont deux exemples remarquables de contenu local bien fait.

J'encourage les dirigeants africains à étudier l'impact socio-économique d'Angola LNG à Soyo, une entreprise commune de Sonangol, Chevron, BP, Eni et Total. Angola LNG s'est engagé à apporter des avantages sociaux à la communauté – comme la rénovation de l'hôpital municipal de Soyo, la rénovation et l'agrandissement de l'école Bairro da Marinha, l'amélioration des routes de la ville, la construction d'une nouvelle route et d'un nouveau pont reliant l'île de Kwanda à la zone industrielle de Soyo et la construction d'une centrale au gaz pour la communauté.

Le ministère de l'Administration publique, de l'Emploi et de la Sécurité sociale de l'Angola (MAPESS), quant à lui, assure une formation professionnelle qui améliore la capacité de l'usine à faire bénéficier la communauté. Le gouvernement angolais a construit le centre de formation professionnelle MAPESS à Soyo dans l'optique d'une usine de GNL, avec le soutien de la fondation norvégienne pour la formation professionnelle RKK et du gouvernement norvégien.

Il serait également bon d'étudier Nigéria LNG Limited (NLNG). Constituée en société à responsabilité limitée en 1989 pour produire du GNL et des liquides de gaz naturel (LGN) destinés à l'exportation, la société appartient au gouvernement fédéral nigérian, représenté par la Nigérian National Petroleum Corporation, Shell, Total LNG Nigéria Ltd et Eni.

NLNG estime avoir créé plus de 2 000 emplois chaque fois que l'un de ses six trains était construit et pouvoir créer jusqu'à 18 000 emplois supplémentaires pour son projet d'agrandissement de sept trains. La société a également offert des possibilités de formation aux Nigérians et créé 400 nouveaux emplois (capitaines, ingénieurs, marins et personnel auxiliaire) lors de l'acquisition de six nouveaux navires en 2015.

Il convient de noter qu'il est important de faire la distinction entre le contenu local et la responsabilité sociale des entreprises. Les gens n'ont pas besoin de charité. Ils doivent être appréciés pour leur contribution.

Application effective

Bien entendu, les politiques relatives au contenu local ne se résument pas à leur rédaction.

Les gouvernements locaux doivent partager cette vision et disposer de mécanismes pratiques pour assurer la conformité. Sans surveillance, les réglementations relatives au contenu local peuvent être facilement « oubliées ». Les projets de législation sur le contenu local qui sont tellement vagues que leur mise en conformité est pratiquement garantie ou totalement impossible seraient tout aussi préjudiciables.

Un cas d'espèce : l'accord de partage de la production conclu par la Tanzanie oblige les exploitants à « maximiser leur utilisation des biens, services et matériaux de la Tanzanie » sans suggérer les niveaux d'utilisation requis ni les mécanismes pour y parvenir. La législation angolaise, quant à elle, est clairement définie, mais énonce différentes lois pour différentes régions et ne dispose pas d'une seule institution de supervision. En outre, la loi sur le pétrole du Mozambique stipule que toutes les compagnies pétrolières et gazières doivent être inscrites à la bourse du Mozambique, sans toutefois définir « les compagnies pétrolières et gazières ». Elle stipule également que seules les sociétés étrangères inscrites à la Bourse de Mozambique peuvent exécuter des opérations pétrolières sans définir clairement ce que sont des « opérations pétrolières ».

En revanche, ceux qui appliquent des politiques hautement normatives réussissent beaucoup mieux. Le document de synthèse régional « Local Content Frameworks in the African Oil and Gas Sector : Lessons from Angola and Chad » pour ACODE, un groupe de réflexion ougandais sur la recherche et le plaidoyer en matière de politique publique, a déterminé que plus le cadre de contenu local est étroitement tissé, mieux c'est.

Aucune politique de contenu local ne peut être efficace sans la mise en place d'un organisme de réglementation gouvernemental pleinement habilité à diriger les campagnes d'information, la communication et l'éducation du public, et à prendre des mesures fermes contre les défaillants.

Et la mise en application est, bien sûr, essentielle à ce succès.

Le Nigéria est largement considéré comme un exemple pour l'Afrique subsaharienne. Les lois nigérianes sur le contenu local, par exemple, sont clairement énoncées : les jalons, les pourcentages et les échéances sont gravés dans la pierre.

Le Conseil national pour le développement et la surveillance du contenu du Nigéria (NCDMB) est un excellent exemple d'une approche de surveillance réussie. En fait, le NCDMB a montré ses dents : il n'a pas hésité à faire respecter la conformité avec les politiques nationales en matière de contenu local. Il a fait de Hyundai Heavy Industries un exemple en l'interdisant à participer dans l'industrie pétrolière du Nigéria jusqu'à ce qu'elle soit en mesure de prouver sa conformité aux exigences de l'emploi local.

Contribuer davantage : mesurer l'impact du contenu national nigérian

	Avant le contenu local	Après le contenu local
Dépense moyenne de l'industrie	*Milliards d'USD	20 milliards d'USD (4 milliards d'USD localement)
Contribution au revenu national	71%	80%
Contribution aux recettes d'exportation	90%	97%
Contribution au PIB	12%	25%
Valeur ajoutée locale	10-15%	40%
Utilisation de la main-d'œuvre	Plus d'expatriés	Plus de Nigérians

Source : Energy Synergy Partners, 2015[182]
Meilleures pratiques pour la stratégie de développement de contenu local : l'expérience nigérienne

Des objectifs réalistes sont également importants pour élaborer les politiques et promouvoir le succès. De toute évidence, les politiques relatives au contenu local qui sont injustes ou déraisonnables ne tiendront pas la route – et pourraient, en fait, servir simplement à freiner le progrès de l'industrie à travers le continent.

La force des politiques relatives au contenu local en Guinée équatoriale, par exemple, réside dans son équilibre : alors que son gouvernement comprend que le développement durable du pays et de l'industrie coïncide avec le succès local, elle reconnaît également que l'industrie pétrolière et gazière est un segment hautement technique. Cela exige à la fois un personnel hautement qualifié et des entreprises qui adhèrent aux directives les plus strictes en matière de santé, de sécurité et de protection de l'environnement.

Le gouvernement a imposé aux entreprises internationales l'obligation de recruter des équato-guinéens pour participer à des programmes de formation et de travailler avec des sous-traitants locaux. Il a toutefois veillé à trouver un équilibre entre la nécessité de stimuler l'industrie locale et les limites de l'industrie locale actuelle. Il a compris à quel point il était irréaliste d'exiger un contenu local à 100% jusqu'à ce que davantage de programmes de formation et d'éducation et de renforcement de capacités locales dans ce domaine soient créés.

Il faut du temps pour renforcer le contenu local et, tant qu'ils n'auront pas créé des capacités locales dans les nombreux sous-secteurs nécessaires pour desservir l'industrie pétrolière et gazière, les entreprises internationales seront nécessaires. La Guinée équatoriale a trouvé cet équilibre, de sorte que les entreprises internationales peuvent faire confiance aux services fournis par les entreprises équato-guinéennes et que les entreprises autochtones ont la capacité de se développer.

Un appui continu s'impose

Les initiatives de réforme réussies, appuyées à la fois par les gouvernements locaux et le secteur privé, contribuent à transformer les perspectives du continent. Mais comme le prévient Ernst & Young, « la croissance rapide et continue de l'Afrique n'est pas inévitable et ne prendra pas tout simplement soin d'elle-même… Nous ne devons pas croire que l'essor de l'Afrique est acquis ».

Ou considérons le conseil de l'ancien président de la Tanzanie, Benjamin Mkapa : « Nous avons montré que c'était possible. Il incombe maintenant aux pays africains de suivre l'exemple du FCI et de poursuivre de plus amples réformes du climat d'investissement afin de stimuler le développement de l'Afrique et de libérer l'entrepreneuriat de ses habitants. »

En d'autres termes, nous ne pouvons pas rester les bras croisés devant nos premiers succès.

Les ressources naturelles ne deviennent une malédiction que lorsqu'elles sont mal gérées et que leur extraction se fait sans surveillance adéquate. La gouvernance est le seul facteur qui détermine si les ressources naturelles d'un pays deviendront une malédiction ou une bénédiction.

10

L'industrialisation : relier les promesses à la prospérité

Tous les 20 novembre depuis 1990, les Nations Unies célèbrent la Journée de l'industrialisation de l'Afrique. L'ONU espère que ce rappel annuel contribuera à sensibiliser et à motiver le continent à la diversification économique et à réduire son exposition aux chocs externes, notamment la volatilité du marché du pétrole et du gaz.

Bien entendu, l'objectif ultime est d'éliminer la pauvreté grâce à l'emploi et à la création de richesses.

Mais depuis près de 30 ans que la tradition a commencé, peu de choses ont changé.

Considérez ceci : la valeur ajoutée manufacturière (VAM) de l'Afrique en tant que part du PIB est la plus basse du monde.[183] La moyenne de l'Afrique subsaharienne, à peine 11%, correspond à peu près à ce qu'elle était dans les années 1970. Il suffit de comparer ce chiffre avec l'Europe et l'Asie centrale (16%), l'Asie du Sud (16%) et l'Amérique latine et les Caraïbes (14%) pour voir à quel point l'Afrique est à la traîne. Certes, la VAM en tant que part du PIB est en baisse partout dans le monde depuis plus de deux décennies, ce qui correspond à la montée en puissance de l'économie des services. Mais dans le cas de l'Afrique, il n'y a pas d'effet balancier semblable. La VAM de l'Afrique n'a pas perdu de terrain au profit d'autres gains. Dans la plupart des régions du continent, cela n'a jamais été très bon.

Et si on regardait les chiffres différemment ? La mesure de la VAM par habitant améliorera-t-elle notre perspective ? Malheureusement, les perspectives semblent encore plus sombres : en 2015, la VAM par personne ne s'élevait qu'à 144 d'USD en Afrique subsaharienne, contre 3 114 d'USD par personne en Europe et en Asie centrale et 1 123 d'USD en Amérique latine et dans les Caraïbes.[184]

Certes, certains pays d'Afrique subsaharienne se portent mieux que d'autres. Par exemple, la VAM par habitant a atteint 2 124 d'USD en Guinée équatoriale en 2015 ; Maurice et le Swaziland n'étaient pas très loin derrière avec respectivement 1 209 d'USD et 1 188 d'USD, ce qui les plaçait dans la même classe que l'Amérique latine et les Caraïbes.

Mais pourquoi n'avons-nous pas vu plus de progrès ? Après tout, bien avant que les Nations Unies ne l'aient officialisé, la communauté internationale était déjà centrée sur l'industrialisation de l'Afrique. Plus précisément, comment l'Afrique peut-elle utiliser ses ressources énergétiques pour s'industrialiser et quels rôles doivent le gouvernement et les entreprises jouer ?

Un chemin pour surmonter les vieux schémas

Avec toutes ses riches ressources agricoles et extractives, l'Afrique devrait bénéficier d'une industrialisation fondée sur les ressources et de la richesse qui l'accompagne. Mais deux facteurs étroitement liés s'interposent. D'abord, le continent exporte des matières premières plutôt que de les utiliser lui-même. Et cela, non pas parce qu'il le souhaite, mais parce qu'il n'a pas le choix : le manque d'infrastructures rend la production en Afrique trop chère.

Bien sûr, je ne suis pas la première personne à en parler. En 2014, lorsque Susan Shabangu, ministre des Mines de l'Afrique du Sud de l'époque, a pris la parole lors de la conférence Mining Indaba, elle a dit que l'Afrique avait besoin « de se détacher des exportations constituées en grande partie de matières premières et faire en sorte que les minéraux servent de catalyseur à l'industrialisation accélérée grâce à la valorisation des ressources minérales. »

Je trouve son affirmation non moins vraie aujourd'hui qu'elle ne l'était alors, et elle s'applique certainement à l'extraction de pétrole et de gaz. Au lieu d'être utilisée pour le transport et pour éclairer les communautés dans le noir, l'Afrique exporte une grande partie de ses richesses en hydrocarbures. En fait, parmi toutes les marchandises exportées par l'Afrique, le pétrole brut est le quatrième sur la liste, derrière l'huile de palme, l'or et les diamants.

Pour aggraver les choses, des produits finis à base de pétrole, tels que des engrais agricoles et des produits électroniques, sont réimportés en Afrique, assortis de prix majorés !

Malheureusement, cette configuration des échanges n'a rien de nouveau : le modèle extractif d'exportation de produits de base destinés à la création de valeur ajoutée le long des chaînes de valeur mondiales remonte au colonialisme. Et cela touche un large éventail d'industries, pas seulement le pétrole et le gaz.

Un rapport économique des Nations Unies sur l'Afrique illustre un scénario similaire avec le coton. En 2012, par exemple, des pays comme le Bénin, le Burkina Faso et le Mali représentaient environ 16% des exportations mondiales de coton. Pourtant, seulement 1% de la part totale de l'Afrique, représentant environ 400 millions d'USD, avait été transformée en tissu sur le continent lui-même. Au lieu de cela, l'Afrique a dépensé 4 milliards d'USD pour importer des tissus de coton,[185] ce qui signifie que les revenus que l'Afrique tire de la production de coton ne représentent qu'une fraction de ce qu'elle dépense en produits manufacturés.

Nous ne pouvons toutefois pas blâmer les paradigmes historiques pour tout : nous devons outrepasser les anciennes façons de voir les choses et aller de l'avant. Et même si nous assumons la responsabilité des problèmes du continent, nous ne pouvons nier le mal que notre déficit d'infrastructures fait à notre progrès.

Jetons un coup d'œil aux champs de cacao du Ghana et de la Côte d'Ivoire. Ensemble, ces pays produisent 60% du cacao mondial. Mais tirent-ils 60% des revenus mondiaux des barres de chocolat et des bonbons ? À peine. Historiquement, leurs exportations ont été inférieures à 5 milliards d'USD, alors que la chaîne d'approvisionnement mondiale représente plus de 100 milliards d'USD. Grâce à une injection de fonds, la Côte d'Ivoire a pu augmenter sa capacité de traitement du cacao, mais reste en deuxième position derrière les Pays-Bas en termes de volume de traitement, et les Néerlandais ne cultivent pas une seule fève de cacao. En raison de l'insuffisance des infrastructures, la Côte d'Ivoire ne peut pas aller au-delà d'une certaine limite dans la chaîne de valeur : elle transforme sa récolte en cacao industriel, qui est ensuite envoyée en Europe, en Asie ou aux États-Unis pour y être fabriquée.

Le problème n'est pas simple ni peu coûteux à résoudre : il n'y a pas de geste magique pour transformer le pétrole en engrais, le coton en vêtements, ou le cacao en bonbons. Mais ce n'est pas impossible. Certains pays africains ont surmonté les obstacles liés aux infrastructures et récoltent les fruits de l'industrialisation fondée sur les ressources.

Le Botswana en est l'un des meilleurs exemples.

Selon la Brookings Institution, les diamants namibiens qui étaient autrefois envoyés sous forme brute et non polie au négociant en diamants DeBeers à Londres, sont maintenant acheminés au Botswana, où ils sont traités avant d'entrer dans la chaîne de valeur mondiale. C'est un exemple puissant de commerce intra-africain, quelque chose qui manque cruellement sur le continent.

Mieux encore, après que le Botswana a renégocié son contrat avec DeBeers, la société a installé un bon nombre de ses opérations dans la capitale, Gaborone. Cet arrangement a permis de créer plus d'emplois, de revenus et de services ; en d'autres termes, le pays a utilisé sa richesse en ressources au profit de tous. C'est l'une des raisons pour lesquelles le Botswana figure parmi les leaders mondiaux en matière de liberté économique personnelle et son peuple a accès à une éducation gratuite et à de meilleurs soins médicaux.

Malheureusement, le Botswana est un exemple plutôt rare et personne ne s'étonne du fait que le cacao ivoirien et le coton malien sont envoyés à l'étranger plutôt qu'être transformés dans leur pays d'origine.

Nous manquons simplement de logistique et de pouvoir pour faire bouger les choses, au sens propre et au sens figuré, ce qui ajoute considérablement aux inconvénients de faire des affaires en Afrique. Des études de la Banque mondiale montrent que l'insuffisance des infrastructures routières, ferroviaires et portuaires augmente de 30 à 40% le coût des biens échangés entre pays africains. En Afrique subsaharienne, le manque d'électricité, d'eau, de routes et de technologies de l'information et de la communication (TIC) a réduit la productivité des entreprises jusqu'à 40%.

À moins de pouvoir construire des routes et des voies ferrées et transformer les combustibles fossiles en cet élément fondamental appelé électricité, une situation décrite par le président du Groupe de la Banque mondiale, Jim Yong Kim, comme un « apartheid énergétique »[186] – l'industrialisation restera au point mort.

Adopter de nouveaux paradigmes

Aussi bien intentionnées qu'elles soient, les campagnes telles que la Journée de l'industrialisation de l'Afrique, organisée par l'ONU, ne peuvent combler le déficit d'infrastructures qui empêche le continent de réaliser son potentiel. Les véritables changements, s'ils doivent se produire, doivent être accomplis par les Africains en Afrique et par les entreprises qui y travaillent et qui tirent parti de la richesse des ressources africaines.

Les nouvelles découvertes de pétrole et de gaz ajoutent un potentiel à l'économie africaine. Et le récent rebond des prix mondiaux des produits de base s'est traduit par un regain d'optimisme et d'investissement dans l'ensemble de la chaîne de valeur énergétique du continent.

Mais rappelez-vous la dernière fois que les prix des produits de base étaient élevés, entre 2000 et 2011 environ. Oxfam, une confédération d'organisations caritatives, affirme que, malgré la croissance économique remarquable de l'Afrique à cette époque-là, une grande partie de la richesse n'a jamais atteint la population générale. Au lieu de cela, elle a été accaparée par les élites politiques « par le biais de sociétés-écran établies pour posséder ou faire affaire avec des entreprises pétrolières, gazières et minières ». En fait, Oxfam estime qu'environ 56% de tous les flux financiers illicites quittant l'Afrique entre 2000 et 2010 provenaient des secteurs du pétrole, des métaux, des minerais et des minéraux précieux.

Une corruption de cette ampleur ne fait qu'ajouter au fossé qui sépare les riches et les pauvres sur un continent qui arrive pratiquement en tête de ligne à l'échelle mondiale pour ce qui est de la répartition inégale des richesses.

Nous ne savons pas avec certitude où est passé l'argent, mais cela a sans doute un rapport avec les avantages indéniables des comptes bancaires à l'étranger, l'évitement fiscal et d'autres abris. Les décideurs s'efforcent d'empêcher que ce genre de chose ne se reproduise. À titre d'exemple, nous pouvons nous tourner vers le cadre appelé Vision minière africaine (VMA).

Formulé par les pays africains et adopté en 2009 par l'Union africaine, l'objectif de la VMA est de faire passer le continent de son statut historique d'exportateur de matières premières bon marché à celui de fabricant et fournisseur de services fondés sur la connaissance.

LA VMA cherche essentiellement à jouer un rôle moteur dans le développement et l'industrialisation fondés sur les ressources. Son livre de tactique comprend un pacte entre les gouvernements et le monde des affaires pour tirer le meilleur parti de l'extraction minière, tout en garantissant que toutes les parties sont responsables, partagent la responsabilité des résultats et honorent leurs obligations réciproques.

Au niveau le plus élémentaire, la VMA prévoit un certain nombre de mesures gouvernementales, notamment le développement du capital humain et l'amélioration de la qualité de l'environnement commercial – deux objectifs louables.

Plus précisément, la VMA demande aux gouvernements de fournir des infrastructures d'appui, notamment des routes, des ports ferroviaires, de l'énergie et de l'eau, et des télécommunications, et de créer une base industrielle par le biais de liaisons en amont, en aval et latérales, c'est-à-dire des relations avec les fournisseurs, les distributeurs et les composants du service aux entreprises, entre autres.[187]

Pour le Nigéria, un virage dans la bonne direction

Bien que la VMA soit la première initiative panafricaine de ce type, chaque pays a mis en place des stratégies systématiques similaires, avec plus ou moins de succès.

Au Nigéria, par exemple, l'industrialisation est un objectif depuis les années 60, lorsque de grandes découvertes de pétrole et de gaz naturel ont commencé à détourner l'économie de sa base agricole. Malheureusement, l'histoire des efforts consacrés a été semée d'embûches.

Le Premier Plan de développement national avait pour but de remplacer la forte dépendance du pays à l'égard des importations par la croissance industrielle. Au cours de cette période, de 1962 à 1968, la construction du barrage de Kainji sur le fleuve Niger a conféré une certaine crédibilité à la promesse d'énergie hydro-électrique, mais jusqu'à présent, ce rêve n'a pas été réalisé. En 2017, le barrage ne produisait que 500 mégawatts d'électricité, ce qui est à peine suffisant pour garder la lumière allumée dans un pays de 170 millions d'habitants.[188] Maintenant, près de 50 ans après sa construction, le barrage bénéficie enfin d'une modernisation qui devrait porter sa capacité à 922 MW, mais seul le temps nous dira s'il sera à la hauteur de cette prévision.

Le Deuxième Plan, en vigueur de 1970 à 1974, a été fondé sur la crise économique provoquée par la découverte de vastes réserves d'hydrocarbures, qui a rapidement propulsé le Nigéria au rang des principaux producteurs de pétrole et de gaz. Le gouvernement a utilisé ses nouveaux revenus pour lancer divers projets couvrant plusieurs secteurs, du fer au sucre en passant par les pâtes et papiers. Cependant, la plupart d'entre eux ont déjà disparu ou sont exploités à faible capacité, car le pays manquait de prouesses technologiques pour accélérer cette montée en puissance industrielle.

Cela nous amène, bien entendu, au Troisième Plan, qui a coïncidé avec le boom pétrolier de la fin des années 1970 et qui prévoyait des investissements du secteur public dans l'industrie lourde. Malheureusement, le secteur privé avait une vision différente et préférait investir dans les industries de consommation nécessitant des machines et des matières premières importées.

Comme le notait la Brookings Institution, « cela a eu des répercussions débilitantes sur la croissance réelle industrielle ».[189]

Il est juste de dire que le Nigéria n'a guère progressé dans la voie de l'industrialisation depuis, et sa dépendance à l'égard des machines importées est tout aussi grande qu'il y a 40 ans.

Cependant, le vent pourrait tourner avec le développement de la Zone de libre-échange de Lagos (LFTZ). Conçue pour servir de centre de commerce et logistique pour toute l'Afrique de l'Ouest, avec des liaisons routières, ferroviaires et maritimes actives, la LFTZ se concentre sur des secteurs spécifiques : le raffinage du pétrole, la pétrochimie et l'agro-alimentaire. Avec un investissement d'au moins 1 million d'USD, les entreprises deviennent des propriétaires de parts sociales et bénéficient d'exemptions de taxes et d'obligations en matière de licences d'importation et d'exportation. Situé sur plus de 800 hectares, à 65 kilomètres de Lagos, le développement comprend des routes intérieures et un système de drainage, des services publics, de l'éclairage des rues, des bâtiments commerciaux et un complexe de logements pour les travailleurs.

Le format semble être efficace. Le premier locataire était une compagnie pétrolière, mais non associée aux hydrocarbures : le raffineur d'huile de palme Raffles Oil a investi 30 millions d'USD dans la ZLFT depuis 2012.[190] Des locataires supplémentaires, y compris des fabricants d'huile végétale, d'emballages de céréales et de lait, ont porté l'investissement total à plus de 150 millions d'USD.[191] Jusqu'ici, cependant, il n'y a aucun investisseur pétrolier parmi eux.

Créer des environnements favorables au Kenya

Alors que le Nigéria commence enfin à progresser vers l'industrialisation, il est possible que le Kenya, un nouveau venu dans le secteur de l'énergie, prenne le dessus, grâce à un plan fédéral qui encourage l'industrialisation par la planification des infrastructures.

On estime que le Kenya détient environ 10 Gb, dont environ 766 millions sont des réserves prouvées, un chiffre loin d'être insignifiant, mais cela n'est rien par rapport aux réserves prouvées du Nigéria de 40 milliards de barils et 5 trillions de mètres cubes (Tm^3) de gaz naturel. À l'heure actuelle, le Kenya ne produit que 2 000 b/j environ, bien qu'à pleine capacité ce nombre pourrait atteindre 80 000 b/j.

Malgré ces mesures nettement inférieures à celles du Nigéria, le Kenya est tout aussi désireux d'exploiter ses richesses en ressources pour créer une plus grande richesse industrielle. Comme beaucoup d'autres nations africaines, le Kenya traverse une période de désindustrialisation : bien que sa base manufacturière soit considérée comme assez sophistiquée, en particulier par rapport à celles de ses voisins de l'Afrique de l'Est, sa croissance a été plus lente que celle de l'économie, qui a enregistré un taux de croissance de 5,6% en 2015. [192]

Pour inverser la tendance, le gouvernement du président Uhuru Kenyatta a élaboré un plan d'industrialisation qui s'inspire des villes industrielles d'Arabie saoudite, de l'initiative de Lagos et du modèle VMA.

Pour créer un environnement favorable aux industries manufacturières, aux affaires et au commerce, le plan propose de créer des zones économiques spéciales (ZES) dans huit villes stratégiquement situées dans le pays, notamment à Mombasa, Kisumu, Athi River, Nakuru, Narok, Isiolo, Lamu et Machakos. Le programme lancera des projets phares sectoriels – y compris une infrastructure et des services publics appropriés – dans les domaines de l'agro-alimentaire, du textile, du cuir, des services et matériaux de construction, des services pétroliers et gaziers et miniers et des technologies de l'information.[193]

Le fait que le Kenya intègre les infrastructures dans la planification de ses ZES semble être un bon indicateur de son succès futur, avec des conséquences autres que l'attrait de nouvelles entreprises et la construction d'une base industrielle. Après tout, lorsque vous intégrez l'approvisionnement en eau, l'assainissement, l'évacuation des eaux usées, l'électricité et d'autres services durables dans un développement, vous donnez également l'accès à ces choses aux personnes vivant à proximité, améliorant ainsi leur qualité de vie.

Établir une orientation pour l'avenir aujourd'hui

J'espère vraiment que ces politiques, plans et actions produiront des résultats rentables. Dans le même temps, il ne fait aucun doute que pour que l'Afrique puisse tirer pleinement parti de ses ressources, il faut qu'elle dispose d'infrastructures suffisantes. Ce montant est stupéfiant : les estimations préliminaires et partielles de la Banque africaine de développement suggèrent que les besoins annuels en investissements en infrastructures de l'Afrique atteignent au moins 100 milliards d'USD.

Nous avons l'occasion de faire ce qu'il faut maintenant.

Pour tirer parti de la croissance économique attendue des récentes découvertes de gaz naturel, l'Afrique aura besoin d'installations de stockage, de pipelines et de réseaux de distribution -offrant ainsi des possibilités en matière d'ingénierie et de fabrication. Pour que le gaz et les produits associés circulent d'un pays africain à l'autre – plutôt que vers d'autres régions du monde – il faudra améliorer les réseaux de transport.

L'Afrique est une terre remplie de promesses avec suffisamment de ressources naturelles pour réduire la pauvreté et relier les promesses à la prospérité grâce à l'industrialisation.

Akinwumi Adesina, président du groupe de la Banque africaine de développement, a déclaré : « L'Afrique doit cesser d'être au bas des chaînes de valeur mondiales et s'industrialiser rapidement, et accroître la valeur ajoutée de tout ce qu'elle produit. L'Afrique doit travailler pour elle-même, pour son peuple, et non pour exporter ses richesses vers d'autres. »[194]

Le port de Point Lisas

Pour les pays en développement, il n'y a peut-être pas de meilleur exemple de la façon dont les ressources naturelles peuvent alimenter l'industrialisation que le complexe industriel du Port de Point Lisas, de Trinité-et-Tobago, situé à mi-chemin entre Port-of Spain et San Fernando.

Produit du gouvernement, des entreprises et des visionnaires, le port de Point Lisas est un complexe industriel lourd et pétrochimique de classe mondiale construit autour d'installations portuaires en eau profonde – et créé autour de l'idée que les ressources en gaz naturel de l'île pourraient être une source régulière de revenus.

Pendant des décennies, les vastes réserves de gaz naturel de Trinidad n'avaient été considérées que comme un moyen peu onéreux de maintenir en marche ses installations de production et de raffinage de pétrole ; dans les années 1950, son utilisation s'est étendue à la production d'électricité.

Dans les années 1960, cependant, les gens ont commencé à voir l'abondante ressource moins pour ce qu'elle était et plus pour ce qu'elle pourrait être : la base d'une révolution industrielle qui changerait le destin de Trinidad.

Ils se demandaient : et si nous pouvions attirer des utilisateurs de gaz naturel qui en consommeraient de grandes quantités tout en produisant des matières premières pour les industries d'exportation et en aval, cela ne serait-il pas une source considérable d'emplois et un moyen d'injecter des fonds dans l'économie nationale ?

La réalisation de ce rêve nécessiterait des installations portuaires capables d'accueillir de gros navires, et ce n'est qu'un début. Les entreprises situées sur le complexe auraient également besoin de services publics, ce qui nécessiterait le développement d'infrastructures. Et le site aurait besoin de devenir une zone de libre-échange.

Lors de mon entretien avec Eric Williams, géologue qui occupait le poste de ministre de l'Énergie et des Industries de l'énergie au début des années 2000, il a expliqué le raisonnement à l'époque de la création du complexe : si la Trinité-et-Tobago développait son propre secteur de gaz naturel en aval, elle aurait besoin de la capacité de fournir des services d'eau et d'électricité fiables et étendus.

En tant que principale entité chargée de favoriser et de promouvoir le complexe industriel, Point Lisas Industrial Port Development Company Limited (PLIPDECO) a commencé à vendre des actions à des particuliers et à des investisseurs institutionnels afin de financer ces efforts; le gouvernement, qui avait initialement voulu rester plus ou moins à l'écart, a repris PLIPDECO peu de temps après et a commencé à mobiliser des capitaux en vue de soutenir les infrastructures et pour faciliter les négociations internationales. Il a également commencé à exploiter un gazoduc qui alimenterait le complexe en gaz naturel off-shore.

Les premiers projets comprenaient une usine d'ammoniac, une aciérie, une cimenterie et une usine de fabrication de furfural – un solvant produit à partir de la canne à sucre, un clin d'œil à la fonction initiale du site industriel en tant que plantation de sucre. Aujourd'hui, le complexe compte plus de 103 locataires, dont sept usines de méthanol, neuf usines d'ammoniac, une usine d'urée, trois aciéries, une centrale électrique et de petites entreprises de fabrication légère et de services.

Bien que le complexe de Point Lisas ait permis de diversifier l'économie de Trinidad, PLIPDECO ne se repose pas sur ses lauriers.

Lors d'une entrevue avec Oxford Business Group, la présidente de PLIPDECO, Ashley Taylor, a déclaré qu'elle travaillait pour positionner le complexe en tant que centre logistique pour la consolidation, le rechargement et le ré-étiquetage des cargaisons. L'espace terrestre pour les systèmes d'entrepôt a déjà été identifié.[195]

11

Solutions technologiques pour le pétrole et le gaz

Le stéréotype de longue date de l'Afrique en tant que trou perdu en matière de technologies est en train de disparaître, et à juste titre. En fait, j'ai un vieil ami qui a dit : « Si vous voulez créer une application, allez en Afrique.»

Il a de bonnes raisons de dire cela. Les consommateurs africains ont pleinement adopté les télécommunications mobiles, les téléphones intelligents et l'Internet sans fil, et cet enthousiasme a généré un élan dans toutes sortes d'endroits. Il n'est pas rare de rencontrer une femme africaine plus âgée, une grand-mère qui a grandi dans une communauté d'agriculteurs sans apprendre à lire ou à écrire, qui a deux téléphones mobiles et qui utilise l'Internet pour vendre ses produits.

Les innovateurs locaux vont encore plus loin en utilisant ces nouvelles ressources pour déployer des solutions répondant aux besoins locaux. Par exemple, l'Afrique a ouvert la voie en développant des applications d'argent mobile, qui aident les consommateurs ayant un accès limité aux services bancaires. Ces technologies sont originaires d'Afrique de l'Est et se répandent rapidement dans toute l'Afrique de l'Ouest.[196] M-Pesa était le premier acteur important, qui a été lancé par l'exploitant de réseau mobile kenyan Safaricom en 2007. M-Pesa a ouvert la voie à d'autres concurrents tels que M-kopa et Sportpesa au Kenya et vient de s'installer en dehors de l'Afrique, desservant des pays comme l'Afghanistan et l'Inde.[197]

Et les investisseurs étrangers ont pris note. Ils considèrent désormais l'Afrique comme un marché cible crucial, avec un milliard de personnes désireuses d'acheter des biens et des services de haute technologie – les ordinateurs, les appareils intelligents, les équipements de télécommunication, les supports de diffusion en continu et les applications mobiles. Comme l'a déclaré Erik Hersman, fondateur de iHub à Nairobi, en 2013, « les [grandes] entreprises de technologie considèrent l'Afrique comme le dernier océan bleu de la demande de consommation en matière de technologie. »[198]

Négliger le pétrole et le gaz

Le commentaire de Hersman est révélateur. Il prend note de l'adhésion de l'Afrique aux troisième et quatrième révolutions industrielles, mais ne révèle pas toute l'étendue du potentiel du continent. Au lieu de cela, il met en évidence un problème.

Cela nous rappelle que les innovateurs africains attirent surtout l'attention en raison de leurs contributions à l'argent mobile, au commerce de détail, au divertissement, aux soins de santé et aux télécommunications, et non au pétrole et au gaz. Ils n'ont pas fait autant de progrès en ce qui concerne le secteur de l'énergie et donc les producteurs de pétrole et de gaz et les sociétés de services opérant en Afrique continuent de dépendre de technologies importées à grands frais d'Europe et des États-Unis.

Par exemple, Baker Hughes, basé aux États-Unis, a développé et déployé une solution d'intelligence artificielle (IA) à apprentissage en profondeur pour les plates-formes off-shore dans les eaux africaines. Simultanément, des sociétés de services locales telles que la société nigériane Lagos Deep Offshore Logistics Ltd (LADOL) n'ont encore rien réalisé de comparable. Elles n'ont pas non plus pris les mesures nécessaires pour lancer des initiatives en matière de cybersécurité permettant d'assurer le fonctionnement en toute sécurité de ces nouvelles technologies. Si elles veulent le faire, elles devront redoubler d'efforts pour développer leurs propres capacités.

C'est malheureux. Le pétrole et le gaz jouent déjà un rôle crucial dans de nombreuses économies africaines et, avec un coup de pouce technologique nécessaire, ils pourraient devenir une source de revenus et d'emplois encore plus importante. Des innovations telles que la mise au point de nouvelles méthodes de forage de puits et de manutention des équipements, la conception de nouveaux programmes de collecte de données sismiques, la gestion de systèmes de données pétrolières ainsi que la surveillance et la protection des équipements connectés à Internet peuvent redéfinir la manière dont les activités se déroulent dans ce secteur. Elles peuvent également aider les exploitants pétroliers et gaziers à attirer de jeunes travailleurs talentueux qui cherchent des moyens d'utiliser leurs compétences en haute technologie au travail.

Si ces investisseurs pouvaient réaliser des économies en faisant appel à des fournisseurs locaux ou régionaux, ils le feraient sûrement – et l'Afrique en bénéficierait, car l'argent en question resterait sur le continent.

Mais pour atteindre cet objectif, les entreprises africaines ne doivent pas attendre en espérant attirer l'attention d'un partenaire étranger sympathique. Elles ne doivent pas non plus s'attendre à ce que les agences gouvernementales ouvrent la voie en adoptant des réglementations relatives au contenu local. Au lieu de cela, elles doivent trouver leur propre créneau, rechercher de nouvelles façons de répondre aux besoins des investisseurs et montrer qu'elles peuvent réellement performer à un niveau élevé. Elles devraient également prendre des mesures préventives pour identifier les risques potentiels pour la sécurité des systèmes informatiques existants.

De plus, elles devraient travailler activement pour négocier des alliances avec des investisseurs étrangers déjà dotés de technologies éprouvées, ainsi que de la capacité de les fournir. Les investisseurs étrangers de ce type peuvent être de bons partenaires, à condition qu'ils soient prêts à s'engager à transférer des technologies de pointe aux pays en Afrique et à former les travailleurs locaux à leur utilisation.

Jusqu'à présent, cependant, les entreprises africaines n'ont pas souvent recherché de tels partenariats. Elles n'ont pas non plus développé leurs capacités par eux-mêmes. Au lieu de cela, les entreprises étrangères continuent à occuper une place centrale.

Les avantages de la technologie

Les entreprises africaines qui s'orientent dans le secteur pétrolier et gazier ont l'occasion de faire une réelle différence. Des équipements et des logiciels plus perfectionnés et sophistiqués bénéficieront beaucoup plus aux champs africains que ceux de leurs homologues de l'Ouest, par exemple les champs off-shore en mer du Nord ou les gisements on-shore dans le bassin du Permien. Les innovateurs africains en technologies peuvent – et devraient

– faire davantage pour exploiter ces échappatoires, en particulier dans les domaines où les entreprises étrangères n'ont pas été actives.

Selon C. Derek Campbell, PDG d'Energy & Natural Resource Security, Inc., les entreprises africaines devraient prendre des mesures concrètes qui démontrent leur volonté de se prémunir contre les violations de la cybersécurité dans leurs systèmes les plus récents et sophistiqués. « Les producteurs africains doivent d'abord comprendre les menaces qui existent dans le domaine cybernétique, déterminer lesquelles de ces menaces représentent le plus de danger pour leurs opérations et établir l'identité de leurs « ennemis » potentiels qui utiliseraient ces menaces contre elles », m'a-t-il déclaré. « Cette compréhension peut améliorer la sélection de solutions robustes d'atténuation des risques pouvant prévenir une violation catastrophique de la cybersécurité. »

Les entreprises africaines ne sont pas les seules à tirer parti de la dynamique sur ce front : les technologies avancées telles que l'intelligence artificielle (IA), l'analyse avancée et la robotique peuvent contribuer dans une large mesure à rentabiliser les projets pétroliers et gaziers dans le monde entier, qui profitera au secteur de l'énergie dans son ensemble.

Comme l'a noté McKinsey & Company, les compagnies pétrolières et gazières qui utilisent des analyses avancées pour orienter leurs programmes de maintenance prévisionnelle peuvent réduire les dépenses de maintenance de 13%. (Elles peuvent également garantir des prix plus bas pour les nouveaux équipements.) De même, les analyses géo-spatiales peuvent réduire de 10% le coût de la maintenance d'un réseau d'approvisionnement. Encore plus impressionnant, l'ajout d'un composant 4D à un levé sismique 3D peut améliorer les taux de récupération des réservoirs d'hydrocarbures jusqu'à 40%.[199]

Les compagnies pétrolières et gazières, en particulier celles d'Afrique, devraient également rechercher de nouveaux moyens d'utiliser les hydrocarbures, notamment en soutenant des projets de conversion de gaz en électricité. Du côté de la production, elles peuvent développer des équipements et des logiciels pour optimiser les niveaux de production des champs de gaz naturel et conserver les gaz de pétrole associés qui pourraient autrement être torchés. Elles peuvent utiliser des imprimantes 3D pour permettre de créer de petites pièces de rechange, ce qui évite d'avoir à attendre une livraison de l'étranger. Dans le domaine des transports, elles peuvent se concentrer sur les systèmes de sécurité et de surveillance des pipelines et des réseaux ferroviaires et routiers. Lorsque l'infrastructure est insuffisante, elles peuvent utiliser des drones pour livrer du matériel ou des pièces sur des sites distants. En ce qui concerne la production d'électricité, elles peuvent fournir aux centrales électriques et aux réseaux de transport des commandes, des compteurs et des technologies de surveillance avancées pour assurer une prestation régulière, fiable et sécurisée.

Elles devraient également concevoir des versions nouvelles et améliorées des installations existantes, comme l'a fait MOGS Oil & Gas Services en Afrique du Sud pour les parcs de stockage en mettant en place une co-entreprise à 50:50 avec Oiltanking GmbH basée à Hambourg. Cette entreprise, connue sous le nom d'Oiltanking MOGS Saldanha (OTMS), construit un nouveau grand dépôt de stockage de pétrole brut dans la baie de Saldanha, à la pointe sud du continent.[200] L'installation disposera à terme de 12 réservoirs interconnectés capables de contenir pas moins de 13,2 millions de barils, suffisants pour couvrir la demande intérieure pendant environ trois semaines. Sa conception sera similaire à celle d'un parc de stockage voisin construit par le gouvernement sud-africain dans les années 1970 dans le but de s'assurer que le pays ne manquerait jamais de carburant, quel que soit le nombre de fournisseurs se montrant réticents à violer les sanctions de l'ONU imposées dans le cadre de l'apartheid. Mais il aura des fonctionnalités beaucoup plus avancées que le dépôt existant. Par exemple, il sera doté d'équipements de sécurité sophistiqués et de systèmes de surveillance et utilisera des matériaux de conception permettant de minimiser les pertes par évaporation.[201] En outre, il comprendra un réseau de canalisations reliant tous les réservoirs afin que le dépôt puisse combiner différentes variétés de pétrole, allant des bruts lourds et soufrés aux bruts légers à basse teneur en soufre, en des mélanges personnalisés.

Ce système permettra à OTMS de fournir aux clients le type exact de brut dont ils ont besoin. Cela permettra également à l'entreprise de tirer un avantage presque instantané des fluctuations du prix de différentes variétés de pétrole, sans avoir à attendre que des navires-citernes lents acheminent de nouvelles cargaisons.

Si les innovateurs africains se joignent à MOGS pour trouver de nouvelles façons de servir les exploitants pétroliers et gaziers, ils apporteront une valeur ajoutée considérable aux économies de leur pays d'origine. Ils créeront de nombreux emplois et généreront des milliards de dollars de revenus, qui iront tous au marché local ou régional. Ils rendront le secteur de l'énergie plus efficace, plus fiable et plus rentable. Ils permettront également aux entreprises africaines de commencer à offrir leurs services dans le monde entier.

Nous voyons déjà quelques pas dans la bonne direction. Je suis excité par l'Université fédérale des ressources pétrolières Effurun (FUPRE), un centre de formation et de recherche dans le secteur pétrolier au Nigéria.

Depuis sa création en 2007, la FUPRE a été saluée pour ses innovations et ses réalisations technologiques, telles que l'élaboration de plans à faible coût pour les mini raffineries de pétrole et usines pétrochimiques et la création d'un groupe électrogène pneumatique alimenté en air comprimé. Une équipe FUPRE s'est récemment rendue au ministère des Mines et des Hydrocarbures de la Guinée équatoriale pour discuter d'un partenariat. Si les deux pays vont de l'avant avec cette initiative, ils seront en mesure de créer un centre international d'innovation pétrolière très nécessaire pour l'Afrique.

Parallèlement, la FUPRE a également collaboré avec des entreprises en prenant part à des projets en collaboration, tels que la conception et la construction d'un navire marin de 20 places, la refabrication de nouveaux composants automobiles à partir de pièces en fin de vie et des travaux exploratoires sur une technologie qui créera du courant électrique par courant d'eau. Ce dernier projet « permettra d'alimenter les navires océaniques par la force des vagues sans recourir au diesel », a déclaré Akaehomen Okonigbon Akii Ibhadode, vice-chancelier de la FUPRE, au *Guardian* en avril 2019. « Il est actuellement à l'essai à Mudi Beach Resort sur [la] rivière Ethiope [à] Abraka pour éclairer certaines zones de la station touristique.»[202]

Les entreprises autochtones devraient également prendre l'exemple de Friburge Oil & Gas, un fournisseur panafricain de services pétroliers, gaziers et miniers basé en Angola, qui s'est associé à des fournisseurs de technologies internationaux pour améliorer l'efficacité et utiliser des méthodes de production respectueuses de l'environnement. Ces efforts comprennent un partenariat avec une société norvégienne de traitement des déchets pour fournir des services de traitement de boues et de rejets de fabrication en Afrique centrale et occidentale.

« Ils sont très disposés à nous apprendre et sont ouverts au transfert de compétences », a déclaré Dalila Iddrissu, directrice du développement commercial, à Orient Energy Review en 2017. « Notre plan comprend l'achat direct de tout le matériel et des machines énumérés pour les opérations qui seraient exploités par des Angolais. »[203]

Nous avons besoin de voir beaucoup plus d'exemples comme ceux-là.

Et pour y parvenir, nous devons commencer à nous attaquer aux défis auxquels les compagnies pétrolières et gazières africaines sont confrontées sur le plan technologique.

Technologie, infrastructure et éducation

Certaines des difficultés les plus évidentes auxquelles se heurtent les entreprises autochtones sont la concentration depuis longtemps sur l'exportation de matières premières, le sous-développement du secteur industriel et manufacturier, l'insuffisance des infrastructures et les disparités en matière d'accès à l'éducation.

À l'avenir, les investissements dans les infrastructures seront cruciaux. L'Afrique doit développer des réseaux pouvant soutenir l'innovation technologique, en particulier des réseaux à fibres optiques offrant les options les plus récentes en matière de connectivité et d'accès à l'Internet. Les investisseurs travaillent déjà à la construction de ces systèmes sur tout le continent, mais ils devraient travailler plus rapidement. Ils devraient également améliorer les réseaux de transport d'électricité afin de garantir un approvisionnement fiable en électricité des installations telles que les serveurs et les réseaux sans fil, tout en modernisant les infrastructures traditionnelles telles que les routes et les services publics.

Bien sûr, bien que l'infrastructure soit importante, j'estime que l'éducation devrait constituer une priorité encore plus grande. Plus l'Afrique investit dans l'éducation, plus elle sera préparée pour l'avenir. Le continent n'a pas le temps d'attendre qu'un tiers ou un organisme gouvernemental le fasse. Au lieu de cela, elle doit relever le défi – et accepter que l'éducation ne constitue pas une solution de fortune. Les étudiants du monde entier doivent passer des années à apprendre avant de pouvoir utiliser leurs compétences. Les Africains doivent donc faire de même et s'engager à y consacrer du temps.

Mais de quel type d'éducation les Africains auront-ils besoin pour faire passer leur secteur pétrolier et gazier à un niveau technologique supérieur ?

Les investisseurs du secteur privé devraient-ils élaborer des programmes axés spécifiquement sur les compétences pouvant être utilisées dans l'industrie pétrolière et gazière ?

La réponse est non. Au lieu de cela, ils devraient travailler pour améliorer leur éducation dans tous les domaines.

Je parle en connaissance de cause. Une des meilleures choses qui m'est arrivée était de recevoir une éducation américaine. Si j'avais étudié en Europe ou dans de nombreux pays africains, j'aurais peut-être suivi la voie traditionnelle de la spécialisation dans un domaine, sans prendre le temps de développer d'autres compétences. Mais aux États-Unis, je devais regarder au-delà de mes propres intérêts restreints. J'ai suivi des cours de musique, de sciences sociales et d'arts libéraux, tout en approfondissant mes connaissances en sciences, en mathématiques et en informatique. À la fin de mes études, j'étais une personne plus complète. J'avais développé la capacité d'utiliser mes compétences données par Dieu, mais j'avais également acquis la capacité de communiquer mes idées et d'interagir sur le lieu de travail.

Je suis donc favorable à l'idée de donner aux étudiants africains la possibilité de suivre des programmes d'enseignement général. Les investisseurs du secteur privé et les écoles devraient chercher à développer des programmes centrés sur la technologie, mais qui ne négligent pas les arts libéraux et les sciences sociales. Après tout, quels seraient les avantages pour le continent si ses personnes les plus brillantes et les plus ambitieuses se révèlent être les meilleurs développeurs d'applications ou les meilleurs auteurs de code, mais manquent la capacité de faire une présentation aux personnes pouvant financer leurs projets ?

Simultanément, garder la technologie à l'avant-plan garantira à nos étudiants des compétences recherchées qu'ils peuvent utiliser dans n'importe quel secteur de l'économie – dans le secteur pétrolier et gazier, mais aussi dans la production d'énergie, les processus industriels, la fabrication, les finances, les communications et le commerce. Ces compétences resteront pertinentes à long terme, après l'assèchement des champs de pétrole et de gaz, en particulier pour les membres des générations du Millénaire et du Centenaire, qui passeront toutes leurs années de travail dans un monde dominé par la technologie.

Que peut faire le gouvernement ?

Ce n'est pas une mauvaise chose si les gouvernements africains accordent une attention particulière à l'éducation et essaient de soutenir et de financer de nouveaux programmes. Mais le secteur privé doit agir et faire bouger les choses, plutôt que de compter sur les autorités pour prendre les devants.

L'Inde est un excellent exemple d'initiative du secteur privé, qui s'est transformé d'un pays pauvre et sous-développé en un centre d'innovation technologique, accueillant des milliers de personnes qui collaborent maintenant avec de grandes entreprises de technologie occidentales pour développer des logiciels ainsi que d'autres produits et services. Cela est dû au fait que les investisseurs indiens ont vu dans les lacunes technologiques du sous-continent une occasion. Ils se sont mis à la recherche de jeunes qualifiés, et ont consacré du temps, de l'énergie et beaucoup d'argent à la constitution de la main-d'œuvre nécessaire pour exploiter cette occasion. Leur pari a porté ses fruits et maintenant, ces travailleurs attirent des investissements – et gagnent plus d'argent pour bâtir l'économie indienne.

L'Afrique risque de ne pas pouvoir reproduire ces résultats exactement. Elle n'a pas les mêmes ressources économiques et politiques que l'Inde et est divisée en plusieurs pays, ce qui signifie que les investisseurs doivent naviguer plus de frontières et négocier avec plusieurs gouvernements. Cependant, nous pouvons tirer des enseignements importants de l'exemple indien : les pays désireux de progresser sur le front technologique n'ont pas besoin d'attendre que le gouvernement agisse en premier.

Cela ne veut pas dire que les gouvernements africains n'ont pas un rôle important à jouer : ils auront en effet une lourde charge de responsabilité. Ils doivent élaborer, adopter et respecter des politiques qui renforcent la confiance des investisseurs nationaux et étrangers. Ils doivent respecter l'état de droit, protéger les droits de propriété, décourager et punir la corruption et assurer la transparence et la responsabilité au sein des secteurs public et privé. Ils doivent prendre des mesures pour encourager l'introduction et le développement de nouvelles technologies.

Et ils doivent s'employer à empêcher les agences de l'État de faire double emploi avec leurs efforts ou d'agir à contre-courant.

Les gouvernements doivent également protéger les intérêts de leurs électeurs, en particulier les entrepreneurs et les travailleurs locaux. Ils peuvent le faire en offrant des subventions ou des allégements fiscaux, le cas échéant, et en investissant dans l'éducation à tous les niveaux. En outre, ils peuvent établir des partenariats public-privé (PPP) pour promouvoir l'éducation et l'entrepreneuriat et consolider leurs liens avec d'autres États africains. Ils peuvent également chercher plus loin à l'étranger, en s'adressant à des institutions telles que le fonds souverain norvégien pour obtenir des conseils sur l'élaboration de normes viables ou en rejoignant des organismes internationaux tels que l'Initiative pour la transparence des industries extractives (ITIE).

Mais les changements doivent aller au-delà des réformes et des déclarations rhétoriques en faveur de la bonne gouvernance. Ils doivent inclure un changement de perspective. Les gouvernements africains ne manquent pas de politique – bien au contraire ! Ils sont inondés de programmes législatifs et réglementaires élaborés par la Banque mondiale, l'Agence des États-Unis pour le développement international (USAID) et d'autres agences. Mais ils ne mettent en œuvre aucun des plans élaborés par les spécialistes bien intentionnés et instruits de ces institutions. Ce problème ne peut pas être résolu en consultant encore plus de titulaires de doctorat « PhD ». L'Afrique n'a pas besoin de plus de « PhD ». Il a besoin d'un « PhD-Action » : des personnes prêtes à agir. Être pris dans la paralysie de l'analyse ne va pas amener le continent où il doit aller. Nous devons y arriver !

Les gouvernements africains devraient également veiller à ne pas politiser la technologie ni la traiter comme un ennemi du progrès ou une entrave à la sécurité. Au Cameroun, par exemple, le gouvernement a commencé à fermer Internet dans les régions anglophones du pays au début de 2017. Il a laissé ces deux régions, appelées provinces du Sud-Ouest et du Nord-Ouest, hors ligne pendant 230 jours entre le 1er janvier 2017 et le 31 mars 2018 et a artificiellement restreint les débits de données les autres jours pendant la même période.[204]

L'arrêt d'Internet était un phénomène purement politique. Cela est dû au fait que le gouvernement camerounais, qui est dominé par des responsables des régions francophones du pays, espérait étouffer les manifestations politiques dans les provinces anglophones du sud-ouest et du nord-ouest. Mais la répression a gravement perturbé les activités commerciales à Buea, une ville de la province du Sud-Ouest appelée Silicon Mountain. Buea avait été le principal centre technologique du Cameroun avant la fermeture. Aujourd'hui, beaucoup d'innovateurs, de concepteurs, de développeurs d'applications et d'entrepreneurs installés ont fui le pays.[205]

C'est justement ce qu'il faut ne pas faire. Les gouvernements africains doivent faire preuve de prudence et éviter de prendre des mesures qui pourraient épuiser les pools de talents locaux, en particulier s'ils accueillent un grand nombre de jeunes travailleurs avisés qui sont déjà habitués à utiliser la technologie pour maximiser la commodité et générer des profits.

Histoires de réussites technologiques africaines

Prendre toutes ces mesures pour introduire et déployer de nouvelles technologies pourrait s'avérer une tâche ardue compte tenu des obstacles auxquels l'Afrique est confrontée. Mais le continent a un avantage majeur : le capital humain. Beaucoup de ses gens sont ambitieux, intelligents et désireux de créer leur propre entreprise et il y a des exemples concrets montrant à quel point les entrepreneurs africains peuvent réussir.

Par exemple, je suis impressionné par la Camerounaise Rebecca Enonchong, fondatrice et PDG d'AppsTech et l'incubateur I/O Spaces pour les membres de la diaspora africaine aux États-Unis. Elle est également présidente d'ActivSpaces (Centre africain pour la technologie, l'innovation et l'entreprise) et soutient le développement de la technologie africaine en tant que présidente du conseil d'AFriLabs, une organisation en réseau regroupant plus de 80 centres d'innovation répartis dans 27 pays africains et est un membre fondateur d'African Business Angel Network.[206]

En 2017, Enonchong a été nommée l'un des 100 Africains les plus influents en science, technologie et innovation par le magazine *New African* et l'un des 50 Africains les plus influents de *Jeune Afrique*.

Lors d'une entrevue avec Africa.com en 2018, Enonchong a déclaré que son amour pour les ordinateurs avait commencé alors qu'elle fournissait des services financiers et comptables à un hôtel. « J'avais l'un des ordinateurs les plus puissants parce que je devais faire beaucoup d'analyse financière et de modélisation. Dès que j'ai touché un ordinateur, pas simplement pour m'amuser ou rédiger un article, mais pour livrer quelque chose, je me suis dit : 'C'est si puissant'. »

Enonchong a dit qu'elle avait commencé à travailler dans un magasin d'informatique à temps partiel, mais elle avait vite compris qu'elle ne gagnerait pas d'argent : « Je passais tout mon temps à acheter des produits du magasin », a-t-elle déclaré. « Je démontais mon ordinateur et le remontais ensuite. J'étais toujours la première à obtenir la nouvelle version du logiciel dès qu'elle était disponible. C'est vraiment comme ça que ça a commencé. Et je n'ai jamais cessé d'aimer la technologie. Je l'adore. »

Enonchong en a appris davantage sur la technologie en tant qu'écrivain indépendant, blogueur et agrégateur de nouvelles technologies africaines sur Twitter. En fait, elle a pratiquement tout appris à partir de rien, à partir de 1999, lorsqu'elle a lancé sa propre société, AppsTech, afin de fournir des solutions logicielles d'entreprise. « J'ai commencé avec très peu d'argent et malgré tous mes efforts, je n'ai jamais obtenu de fonds », a-t-elle écrit dans un blogue sur sa carrière. « J'étais une *femme* fondatrice en technologie. J'étais une *femme Noire* fondatrice en technologie. J'étais une fondatrice en technologie *Africaine*. »

Au début, cependant, Enonchong ne pensait pas aux obstacles. « Comme je ne savais pas à quel point c'était difficile, je pouvais être audacieuse. Et j'étais assurément audacieuse », dit-elle. « Avec très peu d'économies et aucun soutien financier, j'ai entrepris de développer une entreprise mondiale de plusieurs millions de dollars. »

Après avoir rédigé son plan d'affaires, elle a créé un site Web en anglais et en français. « Je passais des journées à étudier les sites Web des sociétés comme Arthur Andersen, PwC [PricewaterhouseCoopers] et Capgemini et imiter leur aspect visuel et tactile. Le site n'était pas très beau, mais durant cette époque, les [sites] de mes concurrents ne l'étaient pas non plus. Je ne pouvais pas encore me payer un bureau, mais j'avais une adresse commerciale virtuelle que je pouvais utiliser sur le site Web et sur ma carte de visite. Je n'ai pas inclus de titre sur ma carte, car je voulais avoir la souplesse nécessaire pour être le PDG quand je voulais ou juste un des ingénieurs si la situation le justifiait. J'avais probablement une entreprise unipersonnelle, mais je me suis présentée comme ayant une entreprise mondiale. »

Enonchong a décroché son premier client lors d'une conférence de l'industrie et a investi les revenus de ce travail dans son entreprise. « J'ai loué un bureau réel [et] embauché une assistante à temps partiel. Je n'ai jamais utilisé de ces fonds pour me payer. En fait, je suis resté deux ans sans domicile en couchant chez des amis, d'une maison à l'autre, avant de finalement avoir mon propre logement.

L'une de ses stratégies, dès le début, consistait à rechercher les meilleurs cerveaux de son secteur. « Le plus souvent possible, j'ai essayé de trouver les [personnes] les plus brillantes de la communauté africaine. Le Congo, le Nigéria, la Côte d'Ivoire, la République centrafricaine, le Soudan, le Cameroun, etc., étaient tous représentés à AppsTech. Ceci en plus de la Chine, la Corée, l'Inde, la France et le Royaume-Uni. La plupart d'entre elles étaient beaucoup plus intelligentes que moi. Bien que certaines étaient évidemment intelligentes, elles ne possédaient pas nécessairement d'expérience spécifique au secteur.

Chaque décision et chaque achat reposait sur l'idée que la société était une entreprise mondiale. Et parce qu'Enonchong méprise la bureaucratie, elle a fait de la simplification et de la rationalisation des processus l'une de ses principales priorités.

En l'espace de quatre ans, AppsTech avait ouvert sept bureaux sur trois continents et desservait des clients dans plus de 50 pays. « Nous avions généré des revenus de dizaines de millions de dollars », a écrit Enonchong. « Au moment où notre modèle a fait son chemin, nous nous étions déjà affirmés en tant que leader du marché. Nous avions surmonté la bulle technologique et vu un bon nombre de nos concurrents, même cent fois plus gros que nous, disparaître. »[207]

On pourrait dire qu'Enonchong et moi avons quelque chose en commun : nous sommes tous les deux passionnés par la transformation de l'Afrique. Elle voit la technologie jouer un rôle de premier plan. « C'est l'un des moyens les plus faciles et les plus simples de bâtir notre économie – par le biais de l'innovation numérique », a-t-elle déclaré à worldbank.org. « Je crois vraiment que c'est l'un des domaines qui peut avoir le plus d'impact et qui nécessite le moins d'investissement. »

Njeri Rionge, du Kenya, est une autre vedette entrepreneuriale africaine. Cette femme d'affaires infatigable, âgée d'une cinquantaine d'années, a commencé à l'âge de 20 ans en vendant des yaourts à des lycéens de l'arrière de la voiture d'un ami, tout en travaillant également comme coiffeuse. Elle s'est ensuite lancée dans le négoce de produits de luxe, prenant des vols économiques de

Nairobi à Londres et à Dubaï afin de pouvoir rapporter des articles convoités au Kenya pour les revendre.[208] Après avoir lancé plusieurs autres entreprises, elle s'est lancée dans le secteur des technologies, utilisant un capital de départ de 500 000 d'USD pour le lancement d'un fournisseur d'accès à Internet (FAI) au Kenya.[209] Elle l'a fait en 1999, lorsque des projets comme celui-ci comportaient de gros risques. À cette époque, l'accès à Internet était considéré en Afrique comme un luxe, un accessoire à la mode pour les personnalités les plus riches et les plus influentes du continent.

Rionge n'essayait pas seulement de dissiper la conception populaire d'Internet en tant que jouet pour les personnes influentes et hors de portée des consommateurs moyens. Elle a également dû faire face à la résistance active des autorités, car les représentants du gouvernement, les agences de régulation à Nairobi et l'exploitant de télécommunications de l'État ont tous soulevé des objections à ses projets. Mais elle a persévéré et son FAI, connu sous le nom de Wananchi Online, est devenu le premier fournisseur de connectivité Internet grand public du Kenya. La société a contribué pour la première fois à la mise en ligne de Kenyans de tous les horizons. Elle s'est maintenant étendue à d'autres pays et est devenue la plus grande fournisseuse de services Internet en Afrique de l'Est.

Après le succès de Wananchi Online, Rionge s'est lancé dans d'autres projets. Au cours des 15 dernières années, elle a poursuivi sa passion pour les jeunes entreprises en créant Ignite Consulting, une société de conseil en entreprise. Ignite Lifestyle, une société de conseil en santé ; Insite, l'une des entreprises de marketing numérique les plus populaires au Kenya ; et Business Lounge, le principal incubateur d'entreprises émergentes au Kenya.

Ces exemples montrent que les Africains ont les compétences et la volonté de réussir – et peut-être plus important encore, la capacité de discerner et satisfaire les besoins non satisfaits d'une manière qui crée un nouveau marché, à partir de rien. Mais ils démontrent également que les innovateurs africains qui ciblent une niche spécifique au sein de l'économie au sens large peuvent éventuellement avoir un impact important dans de nombreux secteurs, qui peuvent inclure celui du pétrole et du gaz.

Les pays africains qui soutiennent ces innovateurs peuvent créer une nouvelle cohorte d'entrepreneurs. Ce groupe aura des compétences qui ne seront pas simplement recherchées par les producteurs de pétrole et de gaz. Ils seront également capables d'écrire des logiciels, de concevoir du matériel et de créer de nouvelles solutions pour de nombreuses autres entreprises des marchés locaux et régionaux: les prestataires de services de champs pétroliers, les exploitants de transport maritime et terrestre, les entreprises de logistique, les spécialistes de la robotique, les services de livraison, les entreprises de construction, les géomètres, les recruteurs d'emplois, les banquiers, les négociants en valeurs mobilières et matières premières, et les cabinets de conseil financier.

Si les innovateurs peuvent satisfaire ces besoins, ils pourront construire tous les maillons de la chaîne de valeur de l'industrie pétrolière et gazière – et l'argent qu'ils gagneront demeurera en Afrique, ce qui profitera aux économies locales et renforcera les liens commerciaux entre les pays voisins et à proximité. À long terme, ils pourront également utiliser leur expérience ailleurs, peut-être en se développant sur les marchés étrangers et, espérons-le, en ajoutant de la valeur à d'autres secteurs de l'économie, tels que l'agriculture ou la fabrication.

Cela n'a rien d'une chimère. Enonchong et Rionge ont déjà montré que cela pouvait être fait. Elles ont identifié des ouvertures sur le marché, les ont exploitées, ont développé leurs entreprises et ont ensuite appliqué les leçons apprises à d'autres secteurs. J'ai hâte de rencontrer les personnes qui suivront leurs exemples et qui trouveront de nouvelles façons de soutenir l'industrie pétrolière et gazière grâce à la technologie.

12

Les compagnies pétrolières et gazières peuvent contribuer à remodeler les économies africaines

Il y a peu de temps encore, les CPI étaient centrées sur l'offre de « cadeaux » pour apaiser les entreprises d'accueil africaines.

Heureusement, ça change. Les CPI réalisent que les communautés africaines sont beaucoup plus intéressées par les efforts en matière de responsabilité sociale de l'entreprise (RSE) qui les aident à se construire un meilleur avenir que par des cadeaux avec des avantages négligeables ou à court terme.

En conséquence, nous assistons à une hausse des projets communautaires susceptibles d'améliorer de manière significative la vie quotidienne des Africains. Des exemples comprennent le programme de formation spécialisée de l'industrie pétrolière et gazière fourni par Aker Solutions de Norvège en Angola, les programmes de renforcement des capacités et d'infrastructures de la multinationale Tullow Oil opérant au Ghana et les investissements considérables de Chevron dans des écoles publiques dans l'État du Delta, au Nigéria.

Ce ne sont que des débuts. Certaines compagnies pétrolières et gazières consacrent beaucoup de réflexion et d'efforts pour assurer le soutien des communautés locales – peut-être elles ont simplement besoin de mieux faire connaître leurs activités.

Le secteur privilégie également plus que jamais la transparence accrue, après s'être finalement conformé aux réglementations et initiatives internationales existantes pour défendre les politiques de lutte contre la corruption (voir le Chapitre 9).

Il n'est donc pas question de savoir *si* les partenaires collectifs de l'industrie pétrolière et gazière joueront un rôle important pour ce qui est d'aider les pays, les économies et les gens africains. En fait, ils le font déjà.

Le véritable attentisme est *ce* qu'ils vont faire pour avoir l'impact le plus positif possible.

Cet impact positif se présentera-t-il sous la forme d'un environnement propice aux CPI crée par les gouvernements africains ? Ou des entreprises pétrolières et gazières autochtones recherchant des relations d'affaires et le transfert de connaissances auprès des CPI ? Ou des compagnies pétrolières indépendantes et nationales suivant les exemples positifs des CPI ?

Pour l'avenir de l'Afrique, j'espère que ce sont les trois.

Les Africains aidant les Africains : partage des occasions et des connaissances

Bien que les entreprises puissent apporter des changements significatifs dans le cadre de projets de RSE, allant du renforcement des capacités à la protection de l'environnement, elles ne doivent pas oublier l'importance de soutenir les entreprises locales, qu'il s'agisse de partenariats et d'achats auprès de PME autochtones ou du partage de connaissances et de technologies. Tous ces efforts contribuent dans une large mesure à stimuler l'activité et la croissance économiques durables.

J'aimerais que des efforts plus concertés soient déployés pour soutenir les entreprises autochtones, en particulier les entreprises africaines déjà établies. Ne vous détrompez pas, on a besoin de sociétés étrangères. Mais les entreprises locales – des entreprises ayant une profonde compréhension de la culture, des défis et de la dynamique au sein de leurs communautés – ont un pouvoir énorme d'exercer un impact positif.

Ça peut être fait.

Dovewell Oilfield Services est un bon exemple. Après avoir établi un partenariat avec Peerless Pump Company dans l'État américain d'Indiana pour la fabrication et la fourniture de pompes au Nigéria, Dovewell s'est donné pour priorité de trouver des ingénieurs locaux de les aider à installer, utiliser et entretenir ces pompes. Dovewell a également créé une société de maintenance de vannes, ce qui lui a permis d'employer et de partager des technologies avec un nombre significatif de gens et d'entreprises autochtones.

« Dovewell Oilfield Services Limited entend devenir une force et un acteur significatif dans toute la chaîne de valeur de l'industrie pétrolière et gazière au Nigéria, et plus particulièrement en Afrique de l'Ouest », a déclaré Tunde Ajala, son directeur général, au début de 2019.[210]

Bien entendu, d'autres entreprises autochtones – et dirigeants d'entreprises – renforcent également les communautés où elles exercent leurs activités.

Prenons Atlas Petroleum International et Oranto Petroleum, fondées par le prince Arthur Eze en 1991 et 1993, respectivement. (Eze est généralement désigné sous le nom de Prince Arthur Eze, car il est issu de la royauté tribale.) Les sociétés basées à Abuja, au Nigéria, qui constituent le plus grand groupe E&P privé et nigérian axé sur l'Afrique, opèrent dans plusieurs pays du continent.

Les deux sociétés ont poursuivi une exploration agressive dans les zones frontalières, tirant profit des hauts bénéfices de l'exploration frontalière. La diversité des sociétés – avec Oranto axée sur l'exploration et Atlas axée sur la production – constitue une stratégie d'investissement stratégique conçue et mise en œuvre par Eze.

Son modèle économique renverse le modèle des grands blocs d'exploration allant aux multinationales, laissant les acteurs locaux avec ce qui reste. Eze, qui est président directeur d'Oranto Petroleum, s'est donné comme priorité de saisir des superficies pétrolières précieuses et d'en vendre des parties aux CPI à mesure que la valeur augmente.

Eze est également connu pour son engagement en faveur de la philanthropie, de son don de 12 millions d'USD pour aider à financer la construction d'un centre de développement de la jeunesse de l'Église anglicane à Otuoke, au Nigéria, à son don de 6,3 millions d'USD pour efforts de secours aux victimes des inondations au Nigéria il y a plusieurs années.[211]

Ses entreprises font également une différence positive. Après l'octroi par le ministère du Pétrole du Soudan du Sud d'un contrat d'exploration et de partage de la production du bloc B3 à Oranto Petroleum en 2017, la société a commencé la construction de deux écoles primaires dans le centre du Soudan du Sud.

« La construction de ces deux écoles témoigne de l'engagement d'Oranto d'investir dans des infrastructures sociales dans tous les domaines où nous opérons en Afrique », a déclaré Eze. « Le pétrole doit profiter à tous les citoyens et l'éducation est la clé du développement. »[212]

Oranto finance également un programme d'éducation, en collaboration avec le ministère du Pétrole du Soudan du Sud, visant à former 25 enseignants dans les régions les plus défavorisées du pays.[213]

Ensuite, il y a le Sahara Group, un conglomérat nigérian d'énergie et d'infrastructure cofondé par Tope Shonubi et Tonye Cole, qui a démontré son engagement à autonomiser les communautés des zones où il exerce ses activités. Par le biais de la Sahara Foundation, la société soutient des initiatives dans les domaines de la santé, de l'éducation et du renforcement des capacités, de l'environnement et du développement durable.

Quelques exemples des efforts d'ouverture « outreach » de la société sont indiqués ci-dessous :

- Food Africa, une initiative de collaboration entre le Sahara Group, le Fonds des Nations Unies pour les objectifs de développement durable (F-ODD), les frères Roca (ambassadeurs de bonne volonté du F-ODD et chefs espagnols), et le gouvernement de l'État de Kaduna afin de réduire la pauvreté en offrant des possibilités aux agriculteurs indigents d'accéder à des prêts et des subventions par le biais de coopératives d'agriculteurs établies.[214]
- La récente rénovation du centre informatique de l'Université de Djouba au Soudan du Sud.
- La nouvelle initiative de la société #LookToTheBook, qui vise à promouvoir une culture de la lecture parmi la jeunesse africaine. Des volontaires du Sahara organiseront des activités de lecture dans les communautés d'accueil et s'emploieront à fournir aux enfants moins privilégiés un accès plus facile aux livres.

Sahara Group a également démontré son engagement à soutenir les économies de ses communautés d'accueil. Outre le recrutement de travailleurs locaux et la création de partenariats avec des entreprises et des fournisseurs locaux, la société développe des projets d'infrastructure dans les domaines du pétrole et du gaz, des concessions de services publics, des parcs industriels et commerciaux, de l'immobilier, de l'hôtellerie, de l'agriculture, des soins de santé et des projets spécialisés soutenus par le gouvernement.[215]

Shoreline Power Company Limited, société de solutions énergétiques basée au Nigéria, opérant également dans toute l'Afrique subsaharienne sous la direction de Kola Karim, PDG de la société, fait également une différence positive.

Au cours des 20 dernières années, Karim a développé son activité en une société énergétique intégrée avec des activités en amont, intermédiaires et en aval. Karim, au fait, est aussi un succès. Le lauréat du Prix du Global Leader 2008 a siégé au conseil consultatif pour l'Afrique du London Stock Exchange et au conseil de l'agenda mondial du Forum économique mondial sur les multinationales émergentes. Joueur de polo et mécène de l'art africain, il codirige le projet HALO, qui est l'acronyme de *Help and Aid for Less Opportuned*, est l'organisme de bienfaisance que lui et son épouse Funke ont fondé pour aider les enfants défavorisés du Nigéria et du Royaume-Uni.[216]

Un autre leader du secteur pétrolier et gazier africain faisant une différence positive est Kase Lawal, d'origine nigériane, président de la société énergétique américaine CAMAC (Camerounaise-américaine) basée à Houston, qui opère en Afrique et en Amérique du Sud.[217] CAMAC était autrefois la seule société énergétique de la New Stock Exchange contrôlée par des Afro-Américains. Aujourd'hui, CAMAC est l'une des plus grandes entreprises détenues par des Noirs aux États-Unis, générant plus de 2 milliards d'USD par an.[218]

Depuis sa création, CAMAC a financé des bourses d'études, des dotations, des stages, des programmes d'éducation artistique et d'autres programmes éducatifs aux États-Unis, au Nigéria et en Afrique du Sud. La fondation CAMAC, son organisme de bienfaisance, promeut des initiatives dans les domaines de la santé, de l'éducation et des arts culturels dans les communautés où CAMAC est présente.

Nous pouvons également citer l'exemple de Tradex, filiale de la société nationale des hydrocarbures camerounaise, spécialisée dans le négoce, le stockage et la distribution de produits pétroliers. Tradex est un exemple typique d'entreprises africaines qui se soutiennent mutuellement. Depuis plusieurs années, Tradex stocke ses produits chez Luba Oil Terminal Equatorial Guinea (LOTEG).[219] En décembre 2018, la société a reçu l'autorisation de distribuer des produits pétroliers et leurs dérivés en Guinée équatoriale. Les dirigeants des deux pays considèrent cette étape comme une occasion pour accroître la croissance économique et la création d'emplois.

Ces types d'efforts, allant des initiatives de RSE à la création d'emplois et de débouchés commerciaux locaux, sont d'une importance critique. Je pense que l'élément clé dans la création d'un environnement propice aux affaires est la participation accrue des Africains au secteur pétrolier et gazier. Nous devons ouvrir davantage de portes dans le secteur pour veiller à ce que les Africains fassent partie de la chaîne de valeur complète en créant des occasions commerciales dans tous les segments des services pétroliers, en amont, intermédiaires et en aval.

Entreprises autochtones et lutte contre la corruption

Comme je l'ai dit à maintes reprises, la réglementation joue un rôle important dans la mise en place d'une coopération et d'un partage d'informations entre toutes les parties prenantes. Nous devons avoir le bon type de politique, et cela doit venir d'en haut. Le leadership de l'Afrique doit démontrer – par des mots *et* des actions – que la « vieille manière » de faire des affaires n'est plus appropriée.

Et nous ne pouvons pas oublier le rôle que chaque entreprise devrait jouer pour réduire la corruption. Outre la raison évidente – la corruption est mauvaise – et mauvaise pour les affaires, elle entrave la croissance économique, la productivité des travailleurs, décourage l'investissement et le financement et réduit les investissements indispensables du gouvernement dans l'éducation et la formation. Les entreprises ont besoin d'un service de conformité performant qui veille à publier de manière cohérente et honnête ce qu'elles versent. Aucune question à ce sujet, il s'agit d'informations critiques.

Parfois, il ne s'agit peut-être pas uniquement du leadership qui transgresse. Rappelez-vous ceci : les personnes représentent l'entreprise – et leurs erreurs peuvent coûter très cher. Ce que je constate, c'est que la plupart des employés du gouvernement en Afrique sont mal payés. Il n'est donc pas surprenant qu'un fonctionnaire vivant au jour le jour accepte facilement un pot-de-vin de l'homme d'affaires représentant quatre fois son salaire pour « le dépanner ». Quand son salaire ne lui permet pas d'avoir une vie décente, il aura du mal à le refuser.

Offrir un salaire suffisant pour vivre devrait être la première ligne de défense contre les comportements contraires à l'éthique.

Après cela, rédiger des contrats de travail comportant des clauses anticorruptions permet de garantir que toutes les relations commerciales sont menées de manière égale, équitablement et proprement – tant que les mêmes politiques strictes existent et sont appliquées dans toutes les régions où la société exerce ses activités.

Les entreprises peuvent également lutter contre les comportements malhonnêtes par le biais de politiques internes et de formations. Ce type d'effort pourrait inclure des évaluations approfondies des risques de corruption et une formation du personnel, des sous-traitants, des consultants et des partenaires sur la façon de traiter les demandes de pots-de-vin, ainsi que la mise en place de mesures claires prises à l'encontre des personnes qui cèdent à ces demandes.

Les entreprises doivent établir leur propre manuel de lutte contre la corruption, qui détaille leurs politiques et fournit une formation au personnel. Il est impératif que tout le personnel soit bien formé aux mesures de lutte contre la corruption et que des contrôles constants soient en place pour garantir le respect des règles. Cela a un double objectif : maintenir tous les employés sur la même page et montrer aux autorités leur détermination à lutter contre la corruption. Dans le cas d'une enquête, une politique d'entreprise bien établie (et bien enseignée) constitue la meilleure défense et est nettement plus crédible qu'une simple affirmation : « Nous ne faisons rien de mal. »

La bonne nouvelle ? Nous sommes face à de nouvelles tendances globales de lutte contre la corruption.

Il est utile que la plupart des organisations (pas seulement celles du secteur pétrolier et gazier) se joignent à des groupes de lutte contre la corruption et mettent en œuvre les meilleures pratiques, contribuant ainsi à l'égalité des chances. Les entreprises individuelles refusent de plus en plus d'y prendre part, créant un réseau de modèles de comportement éthiques que les autres peuvent imiter.

J'ai vu beaucoup d'entreprises qui ont refusé de payer et qui ont fait de bonnes affaires. Bien sûr, au début, c'est difficile… mais le courage leur vaut le respect des autorités locales et des autres sociétés de leur secteur.

Le rôle des compagnies pétrolières nationales : doivent-elles quelque chose à la communauté ?

Nous devrions également pouvoir compter sur les CPN et les sociétés gazières nationales pour soutenir les PME autochtones. En fait, je pense que cela devrait être l'une de leurs responsabilités principales.

Il suffit de penser à tous les aspects de l'exploitation d'une grande opération pétrolière ou gazière. Vous devez disposer de véhicules, de fournitures de bureau et de services de restauration – ainsi que de nombreuses autres choses. Les compagnies nationales peuvent jouer un rôle important en veillant à ce que les fournisseurs de services locaux légitimes aient la préférence. Par exemple, de travailler avec des prestataires de services locaux pour acheter des produits cultivés dans la communauté doit devenir une pratique courante au lieu d'importer toute la nourriture vendue dans les cafétérias de leurs employés d'Europe ou d'Amérique. Cette simple étape d'achat au sein de la base agricole locale donne du pouvoir à tout le monde, et tout le monde en profite.

Mais le potentiel des CPN à bénéficier des pays africains ne s'arrête pas là. Un analyste d'Ernst & Young a décrit les CPN comme des « gardiens du développement des ressources et de la sécurité énergétique du pays ».[220] J'aime ça. Les CPN jouent un rôle essentiel dans la génération de revenus pour leur pays, des revenus utilisés idéalement à des fins stratégiques pour fournir les infrastructures indispensables et promouvoir la stabilité, la création d'emplois viables et la diversification. Pour ce faire, les CPN doivent eux-mêmes faire preuve de stratégie afin de pouvoir s'adapter à la volatilité des marchés, aux avancées technologiques et aux défis posés par leurs concurrents.

En Afrique, les CPN peuvent jouer un rôle important dans le soutien d'une économie pétrolière et gazière dynamique – mais le degré d'aide fournie variera d'un pays à l'autre. L'impact de la CPN dépend de sa capacité à mobiliser des ressources, que ce soit individuellement ou par le biais de co-entreprises stratégiques avec des partenaires de son choix.

Malheureusement, avoir un gouvernement central fort ne nous a pas beaucoup aidés dans cet aspect. Mais un gouvernement fort n'est-il pas bon pour la stabilité ? Un gouvernement fort ne permet-il pas d'avoir des entreprises solides ? Eh bien, la triste réalité est que cette force a en fait freiné le développement, notamment dans la création de valeur et la construction d'infrastructures au niveau local.

Bien sûr, je comprends que le fait d'être une entreprise publique peut être un défi.

D'une part, le gouvernement considère les CPN comme une source de revenus importante pour le pays. Il est donc difficile pour ces entreprises de conserver leurs propres liquidités pour prendre certaines mesures nécessaires pour rester compétitives et contribuer à la vigueur des économies nationales. Un autre défi auquel les CPN sont confrontées est la réduction des coûts. Dans l'économie mondiale, des chaînes d'approvisionnement multinationales extrêmement sophistiquées peuvent désavantager les CPN. Les multinationales peuvent faire appel à des ressources financières et logistiques que les CPN n'ont pas parce qu'elles sont limitées à l'environnement national.

Mais les CPN qui réussissent trouvent des moyens de surmonter ces restrictions.

Le regroupement économique, qui rassemble des groupes d'entreprises liés à un secteur particulier, constitue une stratégie forte dans de nombreux secteurs et dans de nombreuses régions du monde. Les compagnies nationales qui travaillent avec leur gouvernement pour encourager ce regroupement font un meilleur travail en stimulant toutes les parties de l'économie. Pensez, par exemple, à l'industrie du tourisme : un bel hôtel haut de gamme n'attirera pas beaucoup de clients s'il n'y a pas de restaurants appétissants avec de bonnes sources de nourriture, d'options de transport faciles avec des agents disponibles pour faciliter les arrangements, de possibilités de shopping avec un personnel suffisant, ou même des installations médicales pour aider le malheureux voyageur. Les pays africains producteurs de pétrole et de gaz bénéficieraient du même type d'approche.

Les partenariats avec les CPI sont un autre moyen d'améliorer la rentabilité et la compétitivité, ce qui aide les CPN à acquérir des compétences spécialisées, l'expertise, les technologies et l'accès à l'infrastructure – et à partager les risques avec leurs partenaires. Pendant ce temps, les CPI ont accès aux réserves de pétrole de la CPN.

Victor Eromosele, ancien directeur général des finances de Nigéria LNG et actuellement président du Center for Petroleum Information, a déclaré en

2012 que les partenariats CPN-CPI ont un sens lorsqu'il existe un programme commun et un respect mutuel.

« Les CPI apportent de la technologie et des finances à la table. Les CPN ont les réserves d'hydrocarbures... Si nous pouvons nous fier aux enseignements de l'histoire, la relation « pousser-tirer » entre les CPN et les CPI se maintiendra dans un avenir prévisible. »[221]

J'espère que le partenariat récemment annoncé entre la National Oil Corporation of Kenya (NOCK) et la société mondiale de services pétroliers et gaziers Schlumberger sera un bel exemple du type de coopération et de respect décrit par Eromosele. NOCK a engagé Schlumberger en avril 2018 pour soutenir le renforcement des capacités nationales en matière de planification du développement sur le terrain et d'optimisation de la production.

Ce qui est encore plus intéressant, c'est que l'accord entre les entreprises inclut un exercice complet de transfert de compétences – une occasion d'apprentissage basée sur un projet – pour 25 jeunes employés de NOCK et du ministère du Pétrole et des Mines du Kenya. En plus de l'apprentissage en classe et sur le terrain, le projet inclut un mentorat individuel avec des membres du personnel de National Oil et des experts en la matière de Schlumberger.

Un autre nouveau partenariat prometteur CPN-CPI, un accord entre la société d'État angolaise Sonangol et la multinationale française Total, sera axé sur la distribution de carburant et la vente de lubrifiants en Angola. Si cela se passe bien, dit Total, elle souhaiterait élargir son partenariat à la logistique et à l'approvisionnement en produits pétroliers, y compris les importations et le stockage primaire de produits raffinés. Bien entendu, c'est loin d'être le premier accord entre Sonangol et Total ; c'est plutôt le résultat d'une longue et fructueuse histoire de partenariats d'activités en amont.[222] Espérons que le résultat final de ce nouvel accord offrira des occasions d'emplois et d'affaires durables pour les Angolais.

Les CPN africaines peuvent également se tourner vers d'autres régions du monde où les compagnies pétrolières et gazières détenues par l'État sont progressivement devenues des concurrents viables sur le marché mondial de l'énergie. Avec leur force croissante, ces entreprises ont commencé à dynamiser leurs marchés nationaux en embauchant davantage d'exploitants locaux, en faisant appel à davantage de fournisseurs locaux et en favorisant l'entrepreneuriat. Non seulement cela, elles ont commencé à influencer les efforts à l'étranger.

À cet égard, nous observons des actions impressionnantes au Brésil, en Malaisie et en Norvège. Les CPN de ces trois pays ont élevé la barre.

- Petrobras, la plus grande entreprise du Brésil, est l'une des plus grandes compagnies énergétiques du monde. Elle a mis au point des technologies de pointe pour l'exploration, le développement et la production de champs de pétrole pré-salins en eaux ultra-profondes, que les exploitants d'autres pays tentent désespérément d'imiter.
- Malgré une production en baisse, la CPN norvégienne Statoil a atteint un niveau de compétitivité mondial grâce à ses partenariats avec des universités et des instituts de recherche. En fait, les sociétés qui ont noué des partenariats plus étroits avec des chercheurs norvégiens au sein d'institutions norvégiennes ont bénéficié d'un accès préférentiel à de nouveaux blocs de concessions et d'un accroissement d'investissements de Statoil pour améliorer leurs capacités de R et D.
- PETRONAS, de Malaisie, est allée bien au-delà de son intention initiale de gestion et de réglementation du secteur pétrolier national en amont. Grâce à son partenariat avec ExxonMobil et Shell, le groupe a appris à étendre ses capacités au-delà de ses frontières et opère désormais dans plus de 30 pays.

Il n'y a aucune raison pour que les CPN africaines ne puissent pas suivre leurs exemples.

Le ministre des Mines et des Hydrocarbures de la Guinée équatoriale, Gabriel Mbaga Obiang Lima, a récemment accepté de participer à une courte entrevue sur les CPN avec moi.

Lima a déclaré qu'il espérait que les CPN d'Afrique ne suivraient pas le même chemin que celles d'Asie et du Moyen-Orient, qui ressemblent de plus en plus à des compagnies énergétiques nationales (CEN).

« Les CEN sont une erreur, car le rôle des CPN est le pétrole et le gaz, et non l'énergie éolienne, solaire ou autre », a-t-il déclaré. « Les CPN africaines ont manqué cette partie sur laquelle elles devraient se concentrer. Mon point de vue est qu'elles étaient censées être celles qui apportaient une solution concernant la gestion de nos ressources, et elles ne l'ont pas fait. Leurs ministères ont dû se tourner vers les CPI, et négocier de nouveaux accords pour tenter de faire avancer les choses. Le problème est que ces CPN ont fini par agir plus comme des ministères et des fonctionnaires ayant des emplois sécurisés. Quoi qu'il arrive, elles ne seront pas blâmées et elles recevront quand même leurs chèques de paie. Pendant ce temps, les ministres sont accusés de tout ce qui s'est passé. Les ministères ne sont pas responsables des échanges ni de la constitution d'actifs, mais ils y ont gaspillé leurs ressources, car les CPN ne se sont pas acquittées de leurs responsabilités opérationnelles. »

Lima a également commenté les secrets du succès de son pays – et l'importance du soutien mutuel des pays africains.

« La Guinée équatoriale a parlé à tous les producteurs africains, en écoutant les idées du Nigéria et du Ghana sur la structuration de l'industrie et la production de contenu local, puis les mettant en œuvre dans leur pays d'origine. Nous ne sommes pas stricts sur la planification, parce que l'industrie change chaque année. L'industrie se transforme rapidement. Les nations africaines (et les CPN) doivent apprendre à se parler et à partager les leçons, puis à les mettre en œuvre. »

13

Suivre l'exemple du Nigéria quant aux champs marginaux

La plupart des nouvelles concernant le secteur pétrolier et gazier africain sont centrées sur des événements majeurs et dramatiques: le lancement de la production sur les champs pétrolifères off-shore ultra-profonds de l'Angola, l'annonce par Royal Dutch Shell des arrêts au terminal d'exportation de Bonny à la suite de troubles civils dans le delta du Niger, le plan de la Tanzanie pour investir 30 milliards d'USD dans une nouvelle grande usine de GNL, les manifestations contre les projets de fracturation hydraulique dans le bassin de schistes du Karoo en Afrique du Sud.

C'est malheureux. Cela renforce l'habitude journalistique de mettre en lumière les sujets les plus spectaculaires et d'ignorer les réussites à plus petite échelle.

Dans ce chapitre, je vais cibler de plus près l'un de ces exemples de réussite : l'effort délibéré du gouvernement nigérian pour développer des champs de pétrole et de gaz marginaux.

Tout d'abord, un peu de contexte : le Nigéria a commencé à s'intéresser au développement de champs marginaux dans les années 90, après le refus par plusieurs grandes sociétés internationales de développer certains des sites qui leur avaient été attribués, affirmant que les réserves en question étaient trop limitées pour mériter leur attention. En 1996, le gouvernement a modifié la législation en vigueur pour identifier ces sites comme des champs marginaux et encourager leur développement par des entreprises nigérianes. Il a passé les quelques années suivantes à élaborer des directives pour l'octroi de licences, puis a lancé le premier appel d'offres pour 24 champs en 2003. Depuis lors, il a cédé quelques sites supplémentaires à des investisseurs locaux, portant à 30 le nombre total de champs marginaux en cours de développement.[223]

Le programme a suscité des critiques, en partie parce qu'il s'est déroulé très lentement. À la fin de 2018, moins de la moitié des sites attribués aux investisseurs avaient commencé la production, et le gouvernement nigérian ne disait toujours pas quand il pourrait organiser le deuxième appel d'offres, initialement prévu pour 2013.[224] Les attributions du premier tour ont suscité des questions sur la corruption, car de nombreux attributaires semblent avoir été choisis pour leurs liens avec de puissants responsables gouvernementaux et non pour leur capacité à faire le travail.[225] Ils ont également joué un rôle dans la crise de la gestion des risques et de la gouvernance d'entreprise qui a conduit la Banque centrale du Nigéria à prendre le contrôle de Skye Bank, l'une des plus grandes banques commerciales du pays. [226]

Néanmoins, l'initiative des terrains marginaux du Nigéria doit être considérée comme un succès. Il a donné à plus de 30 entreprises locales la possibilité de s'implanter et de développer leurs capacités en tant qu'exploitant en amont. En outre, cela leur a permis de le faire sans assumer de risques (ou de coûts) d'exploration, puisque tous les champs désignés comme marginaux étaient des découvertes confirmées, examinées et testées par des sociétés étrangères et contenant, sans aucun doute, des hydrocarbures.

Des tremplins

Les champs de pétrole marginaux peuvent servir de base à de plus grandes choses. Ils peuvent aider les entreprises africaines à se forger une réputation et à acquérir suffisamment de prestige pour être prises en considération pour des projets plus importants et pour travailler avec des partenaires plus importants, en particulier si elles trouvent le moyen de démontrer qu'elles peuvent utiliser les technologies modernes pour rentabiliser des sites marginaux.

Cela n'a pas toujours été facile à faire. En fait, certaines des sociétés nigérianes qui avaient obtenu des droits sur des champs marginaux lors du premier appel d'offres ont trébuché au début parce qu'elles n'avaient pas suffisamment d'expertise technique pour faire le travail correctement. Mais d'autres ont réussi, car elles ont embauché des jeunes ambitieux dotés de compétences utiles, tels que des Nigérians qui avaient déjà acquis de l'expérience en travaillant sur des projets de haute technologie pour de grandes sociétés étrangères telles que Royal Dutch Shell. Elles se sont également appuyées sur des entrepreneurs nigérians qui ont pu utiliser les réseaux locaux pour optimiser leur accès aux biens et aux services.

Dans certains cas, cela incluait les services financiers fournis par les banques nigérianes. L'infortunée Skye Bank, en faisait partie, mais elle n'était pas la seule banque à contribuer au financement des travaux de développement des champs de pétrole et de gaz marginaux. Par exemple, la Intercontinental Bank a prêté 6 millions d'USD à Niger Delta Petroleum pour couvrir les coûts de forage pour le puits reconditionné, Ogbele-1, qui a permis la mise en production du champ Ogbele. Entre temps, l'Union Bank a prêté un total de 50 millions d'USD à Britannia-U pour des travaux à Ajapa, en commençant par un crédit de 23 millions d'USD lui permettant de livrer ses premiers barils de pétrole.[227]

Dans d'autres cas, ces relations ont facilité la création de partenariats avec des sociétés nigérianes mieux placées pour financer leurs opérations en amont. Platform Petroleum, par exemple, a fait équipe avec un partenaire plus riche en espèces, Newcross, pour couvrir ses frais des champs Asuokpu/Umutu. Cette alliance a permis à Platform de devenir le premier à commencer la production dans une zone de licence marginale.

L'imitation est la meilleure forme de flatterie

Les succès du Nigéria sur ce front ont été suffisamment importants pour inciter d'autres États africains à promouvoir le développement de sites marginaux dans le cadre d'un effort plus vaste de réforme du secteur pétrolier et gazier. En juin 2018, par exemple, Thierry Moungalla, ministre de la Communication de la République du Congo, a déclaré qu'il espérait que la décision du pays de rejoindre l'OPEP entraînerait des progrès sur ce front.

La participation à l'OPEP « nous aidera à mieux libéraliser le secteur et à attirer de nouveaux acteurs disposés à investir même dans des champs marginaux », a-t-il déclaré à l'agence de presse Bloomberg.[228]

Les champs marginaux ont également attiré l'attention en Angola, l'une des stars du secteur pétrolier et gazier africain. À la fin de 2018, le pays avait conservé sa position de deuxième producteur de brut en Afrique subsaharienne et s'employait également à accroître les rendements de gaz naturel. Mais également, il voulait absolument compenser les pertes subies ces dernières années. La production de pétrole de l'Angola avait diminué d'environ 20% entre 2014 et 2018, notamment parce que la baisse des prix du brut a rendu moins rentables ses champs en eaux profondes et ultra-profondes situés au large de la province de Cabinda.[229] À son tour, cette baisse a eu un impact négatif sur l'économie – pas surprenant, étant donné que le pétrole, le gaz et les activités connexes représentent environ 50% du PIB de l'Angola et plus de 90% de ses exportations.[230]

Le président João Lourenço, qui a succédé début 2017 au président angolais de longue date José Eduardo dos Santos, espère que les réformes contribueront à inverser la tendance. Sonangol, l'exploitant national de pétrole et de gaz, est l'une de ses principales cibles. Le gouvernement de Lourenço veut restructurer la société et la déloger de sa position au sommet de l'industrie, en partie en accordant ses pouvoirs de réglementation et de licence à une nouvelle agence d'État et en limitant son droit de revendiquer des gisements d'hydrocarbures.

Mais le président ne pense pas seulement en termes d'institutions à l'échelle nationale. En mai 2018, il a signé un décret réduisant de moitié les taux de production et d'impôt sur le revenu des champs marginaux.[231] Son gouvernement a également annoncé son intention d'offrir un certain nombre de champs marginaux dans les bassins du Congo, de Cunene et du Namibe, lors d'un prochain cycle d'octroi de licences en 2019.

Guillaume Doane, PDG d'Africa Oil & Power, a salué ce plan, déclarant en décembre 2018 que les champs marginaux pourraient être la meilleure voie pour intégrer de nouveaux acteurs locaux dans le secteur des hydrocarbures du pays. « Il existe une perception désuète que l'Angola, en tant que marché du pétrole et du gaz, est réservé aux gros bonnets », a-t-il déclaré au groupe APO. « Grâce aux champs marginaux, l'Angola attire une plus grande diversité d'acteurs E&P capables d'exploiter de plus petites zones de ressources en eaux côtières et peu profondes. Au cours de la prochaine décennie, l'Angola pourra réaliser des développements historiques grâce à ses champs marginaux, semblables à ceux que le Nigéria [a] réalisé ces dernières années. »[232]

Un trou prêt à être rempli

Les remarques de Doane sur les possibilités qui s'offrent aux plus petites entreprises angolaises mettent en évidence le potentiel réel des champs marginaux. Comme le montre l'exemple du Nigéria, ce sont les projets qui peuvent promouvoir le développement de partenariats locaux, de réseaux d'entreprises et d'autres arrangements pouvant ouvrir la voie au succès des entreprises africaines.

Si la République du Congo, l'Angola et d'autres pays africains mettent en œuvre ces programmes de développement en amont, ils ne créeront pas uniquement des occasions pour les petites entreprises locales prêtes à travailler sur de petits sites. Ils créeront également des débouchés pour les fournisseurs de services locaux. Les compagnies pétrolières opèrent rarement seules ; elles font généralement équipe avec des entrepreneurs pour effectuer des travaux spécifiques, tels que le forage, l'entretien de puits, la réparation et la maintenance d'équipements, le transport de plates-formes, les services maritimes et la cartographie souterraine.

En d'autres termes, les investisseurs locaux auront besoin de partenaires capables de les aider à accomplir leur travail. Ils devront établir des relations avec des entreprises capables de fournir, d'exploiter et de déplacer le type de plate-forme le mieux adapté au forage dans de petits champs. S'ils entreprennent des projets complexes, ils devront trouver des entrepreneurs en forage qui possèdent les compétences et les technologies spécifiques nécessaires au forage dirigé dans des champs non conventionnels ou à des opérations de récupération secondaire sur des sites matures. S'ils acceptent de développer des champs off-shore, ils devront travailler avec des sociétés spécialisées dans les services maritimes.

Historiquement, la plupart des entreprises qui ont fourni des services de ce type n'étaient pas africaines. Elles sont venues d'ailleurs et ont principalement travaillé pour de grandes multinationales telles qu'ExxonMobil et non pour des investisseurs locaux axés sur des actifs plus petits.

Cela signifie qu'il y a un trou dans le marché prêt à remplir. Les entreprises locales auront besoin de partenaires capables de fournir des services à une échelle adaptée aux champs marginaux. L'Angola, par exemple, aura besoin de sociétés de services maritimes capables de fournir des navires et des équipements destinés à être utilisés sur des champs off-shore de plusieurs ordres de grandeur inférieurs au Bloc 0, par exemple, où un consortium dirigé par Chevron a vu sa production atteindre un niveau record de plus de 400 000 b/j.[233] Dans ces conditions, les entrepreneurs africains pouvant répondre à ces besoins seront probablement très demandés.

Ils auront également l'occasion de se bâtir une réputation – de devenir des partenaires fiables, capables d'évoluer et d'assumer progressivement des projets de plus en plus importants. Cela leur permettra ensuite d'accroître encore plus leurs capacités avec le temps. Cela les placera dans une meilleure position pour soumissionner pour des champs marginaux dans les pays voisins et à proximité et les incitera à investir dans des programmes de recherche et développement axés sur des solutions africaines aux problèmes de l'Afrique. Cela leur donnera également un poids supplémentaire dans les négociations avec les entreprises étrangères, ce qui pourrait donner accès à de nouvelles technologies qui ont permis de renforcer le développement en amont dans d'autres régions.

Mieux encore, une activité accrue dans le secteur des services de champs de pétrole créera des emplois et stimulera la croissance dans d'autres secteurs de l'économie locale. Cela stimulera l'industrie de la construction et le commerce de détail, car les travailleurs auront besoin de logement, de nourriture et de vêtements. Cela donnera un élan aux fabricants locaux et aux services d'impression 3D capables de produire des équipements et des pièces destinés aux champs de pétrole et de gaz. Cela soutiendra la demande de services bancaires, financiers et juridiques, dans la mesure où toutes les personnes impliquées auront besoin de moyens pour gérer leur argent et assurer la conformité avec les réglementations et les exigences locales. Cela encouragera le commerce des produits de base en Afrique, puisque les exploitants locaux devront trouver des moyens pour mettre en marché leurs produits, pour financer les opérations, et pour établir une plate-forme de communication avec des tiers. En outre, cela renforcera l'attrait de la technologie, en créant des occasions pour les travailleurs qualifiés pouvant utiliser les ordinateurs, les logiciels et les périphériques intelligents offrant les solutions les plus économiques et les plus fiables en matière de gestion des finances, de transactions sur produits de base, d'archivage et de logistique.

En bref, les programmes de développement de champs marginaux ne représentent rien de moins qu'une occasion en or pour l'Afrique. Ils préparent le terrain pour la vague qui emportera de nombreux bateaux à long terme ; les gouvernements offrant aux investisseurs locaux la possibilité de prendre pied dans le développement en amont des hydrocarbures, des investisseurs accordant plus d'affaires aux fournisseurs de services locaux, des fournisseurs de services créant une demande dans des secteurs connexes de l'industrie et les travailleurs des secteurs connexes acquérant des compétences dans les domaines de la technologie, du commerce, des finances, etc., qui demeureront utiles même après l'épuisement des champs de pétrole et de gaz.

Le gouvernement doit préparer le terrain

Les gouvernements ont un rôle crucial à jouer dans la promotion du développement des champs de pétrole et de gaz marginaux – et pas seulement dans l'exercice de leurs prérogatives en tant que source des politiques officielles régissant les licences, la fiscalité, les opérations, etc. Les gouvernements africains devraient également travailler pour créer un environnement qui soutient les entrepreneurs et décourage la corruption.

Jusqu'à présent, le Nigéria a réalisé le plus dans ce domaine. À ce jour, il a fait plus pour promouvoir le développement de champs marginaux que tout autre pays africain. Son bilan est loin d'être parfait, mais c'est le plus complet. Il a également généré de véritables succès.

Prenons l'exemple du Sahara Group – cette société nigériane a utilisé sa participation au programme de développement de champs marginaux comme tremplin pour poursuivre d'autres développements. Il a été créé en tant que négociant en produits pétroliers en 1996 et a passé les quelques années suivantes à développer son activité. En 2003, il a construit et lancé l'un des premiers dépôts de stockage de carburant indépendants au Nigéria. Puis, en 2004, il a saisi la chance d'élargir ses activités et de participer au premier cycle d'octroi de licences pour les champs marginaux. Il a obtenu le droit de développer l'OML 148, également connu sous le nom de champ Oki-Oziengbe, et l'a mis en service en 2014.

Le Sahara Group a toutefois fait plus que s'établir en tant que petit exploitant en amont. Pendant les années où il préparait l'OML 148 pour le développement, il a également développé d'autres liens dans la chaîne de valeur. Plus précisément, il a conclu des marchés pour la fourniture de carburéacteur aux compagnies aériennes nigérianes et internationales; il a établi ses propres filiales de distribution, de stockage et de commercialisation de carburant pour gérer les opérations en aval dans près de 30 pays africains; il a fourni des solutions marines sur mesure pour les projets de GNL offshore; commandé deux pétroliers GPL; est devenu actionnaire de plusieurs raffineries et centrales électriques; et il a accumulé un vaste portefeuille d'immobilier commercial. En outre, il a considérablement développé ses opérations commerciales en Afrique et à l'étranger, en créant des filiales à Dar es-Salaam et à Conakry, ainsi qu'à Singapour et à Dubaï.[234]

Le Sahara Group n'est guère en mesure de concurrencer Shell ou les autres grandes sociétés internationales qui ont dirigé le développement pétrolier et gazier au Nigéria. Néanmoins, il a réussi à se développer bien au-delà de sa portée initiale. Il génère maintenant des revenus de plus de 10 milliards d'USD par an et est capable de produire jusqu'à 10 000 b/j de pétrole. Il a élargi son portefeuille en amont pour inclure huit autres champs en Afrique et espère voir sa production atteindre 100 000 b/j.[235]

L'initiative de développement des champs marginaux du Nigéria semble avoir été à l'origine de toutes ces avancées. Le Sahara Group a fait ses débuts en tant que négociant en carburant à échelle relativement faible, et n'a commencé à se développer bien au-delà de sa portée initiale qu'après l'acquisition d'OML 148. Au cours des 15 dernières années, il s'est transformé en une société diversifiée et intégrée verticalement, active dans les secteurs en amont, intermédiaires et en aval – ainsi que dans les secteurs des services et de la production d'énergie. Il a créé plus de 1 400 emplois permanents dans au moins 38 pays.[236]

L'expansion et les avancées du Sahara Group sont une victoire pour le Nigéria. Elles montrent que les programmes parrainés par le gouvernement peuvent donner un coup de pouce aux entreprises locales désireuses de se faire mieux connaître. Elles montrent que les champs marginaux méritent d'être développés, non seulement à cause du pétrole et du gaz qu'ils produisent, mais aussi parce qu'ils contribuent à la croissance d'autres industries. Elles démontrent également que les entrepreneurs africains sont prêts, disposés et capables de tirer le meilleur parti des ressources disponibles.

Bien entendu, l'initiative des champs marginaux du Nigéria a ses défauts, comme en témoignent les rumeurs de corruption lors du premier cycle d'octroi de licences et les plaintes des dirigeants locaux du secteur pétrolier concernant le report constant du second cycle d'octroi de licences.

Mais dans l'ensemble, c'est un bon modèle à suivre pour les autres pays africains, et j'espère voir les entreprises angolaises et congolaises suivre l'exemple du Sahara Group.

14

L'art de la négociation d'accords critiques : il est temps de négocier un meilleur avenir

Bien avant de commencer ma carrière juridique, j'ai compris qu'un grand nombre de problèmes africains étaient liés au gaspillage de nos ressources pétrolières. Encore plus évident était le fait que les Africains ne faisaient partie d'aucune sorte de structure de négociation d'ententes : lorsque des négociations concernant l'exploration, la production et le partage des revenus d'investisseurs étrangers ont eu lieu, les Africains n'étaient pas à la table, ni même dans la salle.

Je me suis demandé – pourquoi les Africains ne font-ils pas partie de cette autonomisation économique ? Pourquoi les accords africains sont-ils dirigés par les Occidentaux ?

Ces préoccupations m'ont finalement poussé dans le domaine du droit de l'énergie et à travailler pour changer la dynamique que j'avais observée. Dès le début, j'ai été influencée par les leçons de mes parents, qui m'ont appris à ne pas rester les bras croisés face à l'injustice. Plus tard, j'ai eu la chance d'être encadré par le regretté Ron Walters, directeur adjoint de la campagne de Jesse Jackson. Le Dr Walters a mis l'accent sur les enseignements de Charles Hamilton Houston, l'avocat américain Noir qui a aidé à démanteler les lois américaines de Jim Crow. Houston disait souvent qu'un avocat est soit un ingénieur social ou un parasite de la société. Je suis déterminé à être le premier : mes expériences depuis la faculté de droit ont été une expression en évolution de mes convictions les plus profondes et de mon désir de voir une Afrique meilleure.

Construire une carrière juridique en Afrique, et plus tard, mon propre cabinet, a nécessité beaucoup de travail, de ténacité et un extérieur en téflon face aux critiques. J'étais là, un jeune de moins de 30 ans avec un plan d'affaires, du courage et un ordinateur portable qui croyait pouvoir jouer avec les gros bonnets. Les grandes entreprises et les acteurs du secteur n'allaient pas céder leur place à un jeunot, même si j'avais les qualifications nécessaires pour réussir. N'ayant pas encore fait mes preuves en Afrique, pourquoi un avocat général ou un PDG d'une compagnie pétrolière me donnerait-il une chance ?

Comme Dieu est toujours bon avec moi, des entreprises telles que Schlumberger, Kosmos, Heritage, Chevron, Lukoil, Afex Global, Vanco (maintenant PanAtlantic), Gazprom, DHL, Suncor, Gunvor, IFD Kapital, et de nombreuses compagnies pétrolières et ministères africains ont traité de plus en plus avec moi. J'ai bien réussi parce que j'étais sur le terrain en me concentrant sur l'obtention de résultats et de gains pour ces clients qui m'ont fait confiance. Je répondais à tous les appels, je restais éveillé tard le soir, j'avais éliminé les camarades fous et les personnes négatives, et utilisé le meilleur de mes études de droit pour faire en sorte que l'Afrique travaille pour moi.

En tant que PDG de Centurion Law Group, nous représentons à la fois les entreprises et les gouvernements dans les négociations des accords sur le pétrole et le gaz en Afrique. À l'époque où je commençais ce livre, nous avons conseillé la société nigériane Oranto Petroleum sur l'acquisition de quatre blocs pétroliers stratégiques en République du Niger, et le Strategic Fuel Fund, un fonds appartenant à l'État sud-africain, sur l'acquisition de l'un des avoirs pétroliers les plus recherchés en Afrique, c.-à-d. le Bloc B2 au Soudan du Sud.

Mes expériences m'ont montré maintes et maintes fois qu'en l'absence de bonne négociation d'accords, les ressources pétrolières et gazières perdent une grande partie de leur pouvoir pour créer un meilleur avenir pour les Africains. La bonne négociation d'accords est d'une importance vitale. Les gouvernements doivent non seulement négocier des accords générateurs d'avantages à long terme pour leurs populations, mais également les entreprises africaines doivent négocier des accords qui leur permettent de se maintenir sur un pied d'égalité avec leurs concurrents et qui leur donnent les moyens de se développer, de créer et de maintenir des emplois et de soutenir les communautés où elles sont basées.

Pour que l'Afrique réalise réellement tous les avantages des exploitations pétrolières et gazières, nous devons assister à une bonne négociation d'accords à tous les niveaux.

Je peux aider. Bien que mes conseils ne puissent remplacer une solide formation et une solide expérience en matière de négociation d'accords, je peux partager quelques principes utiles qui espérons-le, permettront à d'autres d'éviter certaines des erreurs que j'ai observées.

Fondements de la négociation

Tout d'abord, peu importe le côté de la table où vous vous trouvez, préparez-vous, préparez-vous et préparez-vous encore. Trop souvent, je me suis retrouvé dans des négociations au cours desquelles l'autre partie n'avait même pas lu le contrat, ou examiné l'actif en discussion ! Et pourtant, ils ont le pouvoir de prendre de très grandes décisions difficiles. En gros, ils courent droit au désastre. Au mieux, ils gâchent les occasions économiques. Mais ils pourraient aussi ouvrir la porte à des accords susceptibles de nuire à leur entreprise ou à leur pays, sans parler de l'environnement ou même de la stabilité locale.

Vous avez probablement entendu la phrase, « Vous obtenez ce que vous payez ». Cette vérité s'applique au temps et aux efforts consacrés à la négociation de bonnes affaires. Ce n'est pas sans raison que les grandes entreprises engagent 20 à 30 avocats, un comptable, un expert en négociation et bien plus pour les représenter à la table de négociation. Ils veulent obtenir le meilleur accord possible pour eux-mêmes. Même si votre entreprise ou votre gouvernement ne peut pas vous offrir une « équipe de rêve » pour représenter vos intérêts, vous devez faire tout ce qui est humainement possible pour que vos négociations soient fructueuses. Cela signifie que nous devons nous charger de collecter des informations, de nous informer sur la ressource à discuter et sur les intérêts de ceux qui se présentent à la table, et de nous assurer que les principaux décideurs renforcent nos conditions.

De plus, lorsqu'une assistance fiable et pratique est accessible, nous devrions l'accepter, que ce soit sous forme de représentation légale, de conseils d'ONG, de programmes de formation à la négociation ou de consultants bénévoles. Le Nouveau partenariat pour le développement de l'Afrique (NEPAD), agence de l'Union africaine, par exemple, fournit une assistance technique pour aider les pays à négocier de bonnes affaires et propose des programmes de formation régionaux sur la négociation de contrats.[237] Le Natural Resource Governance Institute, basé à Washington, est une autre ressource. En 2017, l'institut a publié le Natural Resource Charter Benchmarking Framework [cadre d'analyse comparative de la charte des ressources], qui fournit 170 questions que les gouvernements africains devraient poser aux investisseurs sur la gouvernance des ressources naturelles.[238]

Il est également essentiel de prendre en compte les perspectives des deux parties. En tant que négociateur, en particulier du côté privé de la négociation d'accords, vous devez faire de votre mieux pour vous assurer que tout le monde à la table considère que l'accord résultant est dans leur intérêt, et qu'il s'agit d'une situation gagnant-gagnant. C'est ainsi que vous entretenez des relations saines et à long terme et avec des concessions réciproques qui aboutissent réellement à des accords équitables, maintenant et à l'avenir. J'adopte une approche à très long terme ; je veux m'assurer de pouvoir travailler longtemps avec ces personnes. Et si elles ne se voient pas gagner, si elles ne se voient pas offrir quelque chose qui reflète leurs attentes, nous avons perdu dans l'ensemble.

Comme le dit Richard Harroch, directeur général et responsable mondial des fusions et acquisitions chez VantagePoint Capital Partners, basé à San Francisco, ne sous-estimez jamais la valeur d'être un bon auditeur.

« Certains des pires négociateurs que j'ai vus sont ceux qui font toute la conversation, semblant vouloir contrôler la conversation et exposer sans cesse les mérites de leur position », a écrit Harroch pour *Forbes* en 2016. « Les meilleurs négociateurs ont tendance à être ceux qui écoutent vraiment le camp adverse, comprennent ses problèmes clés et ses points sensibles, puis formulent une réponse appropriée. Essayez de comprendre ce qui est important pour le camp adverse, quelles sont ses limites et où il peut y avoir de la flexibilité. »[239]

Et qu'est-ce qui est important pour les parties dans un accord sur le pétrole et le gaz en Afrique ? Globalement, les compagnies pétrolières étrangères ont tendance à viser un juste retour sur leurs investissements, tandis que les gouvernements sont plus préoccupés par l'impact des activités pétrolières et gazières sur eux et leur pays.

Les gouvernements veulent développer leur pays. Ils veulent créer des emplois. Ils veulent générer une assiette fiscale.

Si je représente une entreprise, par exemple, je m'assure que j'ai bien examiné le programme de développement national du gouvernement avec lequel l'entreprise souhaite passer un accord. Je dois savoir si le gouvernement a fait de la protection de l'environnement une priorité ou si son objectif est l'autonomisation locale. Supposons que le gouvernement se préoccupe du contenu local, je veux être prêt à montrer des données sur la création d'emplois à court et à long terme, ainsi que sur l'engagement de la société en matière de formation, d'embauche de personnel local et de partenariat avec des fournisseurs locaux.

Un autre facteur clé : Lorsque vous négociez, demandez-vous ce qui se passera après l'accord. Les termes sur lesquels les parties s'accordent sont-ils réalistes ? Quelles mesures ont été prises pour garantir que tout ce qui a été convenu se produira réellement – et dans un délai raisonnable ? Avons-nous abordé les obstacles potentiels ? Avons-nous exposé les conséquences d'un défaut d'action ? À quoi sert un accord, même avec des conditions avantageuses pour votre entreprise ou votre pays, s'il ne peut être exécuté de manière réaliste ? J'examine toujours la manière dont un accord sera mis en œuvre et sa viabilité à long terme.

Dans son article de 2004 pour la *Harvard Business Review*, « Getting Past Yes : Negotiating As If Implementation Mattered »,[240] Danny Ertel, négociateur expérimenté, a cité l'exemple de la co-entreprise créée en 1998 par AT&T et BT dans le but de fournir une inter-connectivité mondiale aux clients multinationaux. Il était prévu que Concert, la start-up de 10 milliards d'USD, génèrerait 1 milliard d'USD en bénéfices dès le premier jour. Au lieu de cela, Concert s'effondra et cessa ses activités trois ans plus tard.

« Certes, la faiblesse du marché a joué un rôle dans la disparition de Concert, mais la manière dont l'accord a été conclu a certainement enfoncé quelques clous dans le cercueil », a écrit Ertel. « Les négociateurs d'AT&T ont obtenu ce qu'ils considéraient probablement comme une victoire importante lorsqu'ils ont négocié le moyen pour AT&T Solutions de conserver ses clients multinationaux clés. En conséquence, AT&T et BT se sont retrouvés en concurrence directe dans le même secteur – exactement ce que la co-entreprise Concert était censée aider à prévenir. Pour sa part, BT semblait avoir gagné dans la négociation avec AT&T en refusant de contribuer à l'achat du réseau mondial IBM par AT&T. Cette décision a permis à BT d'économiser de l'argent, mais elle a brouillé la stratégie de Concert, laissant la nouvelle entreprise aux prises avec des produits semblables. »

Négocier avec la mise en œuvre en tête représente beaucoup de travail – et nécessite une collaboration et une communication accrues entre les parties à la table des négociations – mais cela augmente également la probabilité de succès partagés. Quelques points à considérer :

- Tenez toutes les parties au courant : essayez d'aborder ensemble la collecte et l'analyse des faits avant le début des négociations. Ne surprenez pas les autres avec des informations ou des décisions de dernière minute. Si vous prenez conscience de problèmes pouvant nuire au succès du projet proposé, soulevez-les rapidement et encouragez les efforts communs pour les résoudre ou élaborer d'autres solutions.
- Posez les questions difficiles : testez le caractère pratique des engagements pris par les deux parties. Tout le monde peut-il livrer ? Comment ? Travaillez ensemble pour développer des systèmes d'alerte rapide et des plans d'urgence.
- Impliquez les parties prenantes clés : assurez-vous de savoir qui doit donner les approbations requises pour les conditions énoncées dans votre proposition. Identifiez qui pourrait interférer avec la mise en œuvre et ce que vous ferez si cela se produit.

Gouvernements : Vous devez exiger plus

Les gouvernements ont beaucoup à perdre et à gagner du succès de leurs négociations. Les accords qu'ils concluent ont non seulement un impact sur leur avenir politique, mais également sur la vie de millions de personnes.

Une des choses les plus importantes que les gouvernements puissent faire, bien avant les pourparlers préalables aux négociations, est de se limiter aux bons types d'investisseurs. J'aimerais que les gouvernements agissent comme John F. Kennedy avec les investisseurs potentiels en leur demandant : « Que pouvez-vous faire pour notre pays ? » L'investisseur soutiendra-t-il les objectifs économiques du pays ? Sont-ils seulement intéressés par les profits ou sont-ils prêts à prendre en compte les besoins du pays ?

Pensez-y, chefs de gouvernement : il n'y a aucune raison d'accepter un projet de GNL qui enverrait 100% du produit créé avec les ressources de votre pays en Europe, en Asie ou en Amérique, en particulier lorsque vous avez besoin de GNL pour alimenter votre propre pays. Votre priorité devrait être de toujours utiliser les ressources naturelles de votre pays de manière stratégique pour améliorer son avenir.

En même temps, les gouvernements africains doivent être réalistes quant aux défis auxquels ils sont confrontés. Il y a un grand nombre de problèmes qui compliquent les rapports avec les gouvernements africains : les politiques fiscales lourdes, les formalités administratives excessives, les exigences de contenu local irréalistes, le manque de protection judiciaire pour les contrats, le manque de transparence – et la liste continue.

Les investisseurs étrangers sont prêts à laisser passer un bon nombre de choses pour la chance de tirer profit des importantes ressources pétrolières et gazières de l'Afrique, mais il est plus difficile de demander à un investisseur étranger de lancer une initiative de renforcement des capacités de grande envergure dans un pays, par exemple lorsque ses opérations sont onéreuses et peu rentables en raison de la politique du pays en question. Les entreprises doivent voir que le gouvernement déploie des efforts constants et sérieux pour protéger leurs intérêts et leur permettre de réaliser un bénéfice raisonnable. Je sais que la résolution de ces problèmes de politique peut prendre beaucoup de temps, mais leur résolution doit être une priorité pour les gouvernements soucieux de tirer pleinement parti de leurs ressources naturelles.

Bien entendu, il n'y a aucune raison pour que les gouvernements africains se replient et se soumettent entièrement aux souhaits des investisseurs étrangers. En fait, j'aimerais que ceux qui négocient pour le compte des gouvernements africains s'affirment beaucoup plus face aux investisseurs étrangers. Par exemple, j'ai vu trop d'avocats accepter passivement des contrats types que des sociétés étrangères leur ont remis. Avocats, vous pouvez décliner poliment. Ne donnez pas à l'autre partie un contrôle excessif.

C'est comme quand vous faites du jogging ou de la marche avec quelqu'un – vous n'y pensez pas, mais dans la plupart des cas, l'un de vous va ajuster son rythme pour correspondre à celui de l'autre. Une fois que vous avez accepté le contrat de l'autre partie, vous marchez selon son rythme. Je pense que ce sont les pays africains qui devraient fixer le rythme. Ils devraient diriger les conditions des accords et engager les négociations en position de force. Ils devraient intégrer des initiatives qui leur permettent de créer des emplois et des occasions de formation, de développer des infrastructures et de monétiser leurs ressources aux contrats qu'ils rédigent. (Voir le Chapitre 6 pour en savoir plus sur la monétisation des ressources naturelles.)

Il ne s'agit pas de demandes déraisonnables. Encore une fois, il est important de prendre en compte les besoins des deux côtés. Les gouvernements doivent donner aux investisseurs la possibilité de générer des revenus à partir des ressources qui les intéressent et de récupérer leurs investissements. En même temps, les gouvernements doivent chercher à créer de la valeur pour leur pays et ses habitants. C'est un acte d'équilibre. C'est difficile, mais c'est faisable.

Promesse pour l'Afrique

Si vous avez des doutes quant à la puissance de la négociation d'accord bien menée, regardez la Mauritanie et le Sénégal.

Depuis que Kosmos Energy a découvert des réserves massives de gaz naturel, atteignant 50 Tpi³ au large des côtes de ces pays en 2015, il y a eu toute une série d'annonces excitantes, a la suite de l'investissement dans les entreprises et les communautés locales par Kosmos et puis son partenaire BP. Des programmes de formation dans le domaine de l'industrie pétrolière ont été lancés. Les jeunes ont commencé à prendre des cours d'anglais gratuits. Certaines régions ont même eu l'électricité pour la première fois, leur donnant accès à des choses que beaucoup d'entre nous prennent pour acquises.

C'est excitant tout ça, en particulier pour les personnes vivant en Mauritanie et au Sénégal. C'est également encourageant pour quiconque qui s'intéresse à l'avenir du pétrole et du gaz en Afrique. Des histoires comme celles-ci prouvent que le développement pétrolier et gazier peut apporter des occasions, de l'espoir et de la prospérité aux pays historiquement désavantagés.

Voici quelques exemples de la manière dont Kosmos et BP ont apporté des changements positifs aux communautés dans lesquelles ils travaillent et font des affaires :

- Depuis sa découverte, Kosmos a investi dans des programmes de formation en matière de santé et de sécurité au travail destinés aux fournisseurs locaux de l'industrie pétrolière et gazière en Mauritanie. La multinationale a également organisé des cours d'anglais pour les jeunes de Nouakchott.[241]
- Kosmos a conclu un partenariat pluriannuel avec le programme

international de maîtrise « Gérer les impacts des activités extractives » (GAED), un programme conjoint de maîtrise sur la gestion des impacts du secteur des activités extractives, organisé à l'Université de Nouakchott et à l'Université Gaston Berger de Saint-Louis, au Sénégal. Kosmos soutient le programme de maîtrise GAED en fournissant des employés en tant que conférenciers invités, en organisant des visites sur le terrain et des stages, et en apportant un soutien financier. Les étudiants du programme de GAED ont également rejoint les équipes de Kosmos sur le terrain pour des évaluations d'impact environnemental et social (EIES) sur les effets de forage et de travaux de prospection géo-sismique en Mauritanie et au Sénégal.

- Kosmos s'est également donné comme priorité de soutenir la région de Ndiago, située directement sur la région côtière des zones de licence de la société situées près de la frontière avec le Sénégal. Par exemple, les autorités locales ont suggéré que les projets d'électrification pourraient bénéficier à l'économie locale. Kosmos a donc mis au point un projet d'électrification rurale qui alimente désormais plus de 2 100 personnes en électricité.

- Au Sénégal, Kosmos a consulté plus de 1 000 résidents des communautés côtières avant de réaliser une EIES sur les activités d'exploration en eaux profondes dans la région. Les préoccupations des membres de la communauté ont donc été enregistrées – et espérons qu'elles auront un impact sur les activités d'exploration. Kosmos a également animé des ateliers sur le pétrole et le gaz pour des organisations de la société civile à Dakar.

- BP, qui s'est associé à Kosmos Energy pour lancer des programmes d'exploration de puits multiples en Mauritanie et au Sénégal, a dévoilé les plans d'un centre de formation à distance basé à Nouakchott pour des programmes de formation dans le secteur pétrolier et gazier. Le centre sera conçu en partenariat étroit avec le ministère mauritanien du Pétrole, de l'Énergie et des Mines.

- Dans le cadre d'un accord de coopération conclu avec le ministère mauritanien du Pétrole, de l'Énergie et des Mines, BP fournit des équipements de laboratoire spécialisés et des bourses d'études supérieures à l'École supérieure polytechnique de Nouakchott.

- Au Sénégal, BP a investi des millions de dollars pour soutenir le

Nouvel Institut national du pétrole et du gaz (INPG), créé dans le but de renforcer les capacités nationales de l'industrie pétrolière et gazière du Sénégal. La société a également sponsorisé des milliers d'heures de cours d'anglais professionnel pour les employés du gouvernement et propose des ateliers « LNG 101 » afin d'améliorer la compréhension technique et commerciale des résidents sénégalais.[242]

- En 2018, BP a annoncé le développement d'une usine de GNL flottante au large de la Mauritanie et du Sénégal. L'installation est conçue pour fournir environ 2,5 millions de tonnes de GNL par an. Le projet rendra le gaz disponible pour un usage domestique dans les deux pays ; cela signifie que la Mauritanie et le Sénégal seront mieux placés pour fournir à leur population un accès indispensable à l'électricité, essentielle à la croissance économique et à la stabilité dans la région.[243]

Il serait exact de dire que cette activité a été rendue possible par les énormes réserves de gaz naturel de la Mauritanie et du Sénégal ainsi que par les engagements généreux des investisseurs étrangers.

Mais ne vous y trompez pas : l'histoire ne s'arrête pas là. Je suis convaincu que dans les coulisses, les gouvernements mauritanien et sénégalais ont joué un rôle crucial dans la réalisation de ces développements positifs. Ils l'ont fait par le biais d'accords qu'ils ont négociés avec BP et Kosmos, sans oublier l'accord de coopération inter-gouvernementale (ACI) qu'ils ont négocié et signé au début de 2018 pour permettre le développement d'un champ naturel transfrontalier.

Il est clair que la négociation d'accords bien menée a eu de profondes implications pour les populations, les communautés et les entreprises africaines.

Un autre accord qui représente un modèle réussi est l'accord historique conclu en 2018 entre Noble Energy et le ministère des Mines et des Hydrocarbures de la Guinée équatoriale, que j'ai décrit au Chapitre 6. Je suis très reconnaissant d'avoir joué un rôle dans les négociations. L'accord, auquel participe également l'entreprise étatique GEPetrol et d'autres tiers, permet à Noble de pomper 600 Gpi³ de gaz naturel du champ d'Alen off-shore vers le complexe gazier intégré de Punta Europa, situé près de la capitale, Malabo.[244]

Avant l'accord, la seule installation de GNL de Guinée équatoriale recevait du gaz naturel provenant du champ vieillissant d'Alba, où la production devrait diminuer dans les deux ou trois prochaines années. En vertu de l'accord, un gazoduc de 65 km sera construit pour relier les opérations de Noble à celles de Punta Europa. Le gazoduc sera conçu avec la capacité de recevoir non seulement la production d'Alen, mais également celle des champs environnants. Cela répond non seulement à la nécessité de disposer de charges d'alimentation supplémentaires, mais limite également la dépendance du pays vis-à-vis d'un seul projet en aval.

Également passionnant, au moment de la signature de cet accord, Gabriel Mbaga Obiang Lima, ministre des Mines et des Hydrocarbures de la Guinée équatoriale, a annoncé son intention de construire un méga-hub de gaz naturel à Punta Europa. Le méga-hub regroupera la production de tout gaz existant et une nouvelle découverte de gaz naturel en Guinée équatoriale. Il n'est pas exagéré de dire que le pays est au début d'une révolution gazière qui offrira des possibilités de diversification économique, de création de contenu local et d'emplois, et offrira à Sonagas, une société gazière détenue par l'État, le moyen de jouer un rôle de premier plan dans le développement et la commercialisation du GNL.[245]

Un autre accord qui représente une négociation d'accord bien menée est l'accord-cadre de projet signé en avril 2018 que le gouvernement ougandais, par l'intermédiaire du ministère de l'Énergie et du Développement des minéraux et de la compagnie publique Uganda National Oil Company, a conclu avec le Consortium de raffinerie Albertine Graben (AGRC). Cet accord a permis au consortium de développer, concevoir, financer, construire, exploiter et entretenir une raffinerie de 4 milliards d'USD à Kabaale.[246]

Cet accord n'a pas été facile, mais il représente une victoire pour l'Ouganda. L'Ouganda aura accès à une infrastructure vitale, créatrice de valeur, sans avoir à s'endetter davantage étant donné que l'AGRC finance des projets.[247]

La vie continue

Si la négociation était une science, les accords seraient disposés comme des molécules, toutes bien rangées et donnant le même résultat, indéfiniment. Tout comme assembler deux hydrogènes et un oxygène produirait toujours de l'eau, et avoir les bonnes parties et les conditions en place engendrerait le succès à chaque fois.

Mais la négociation n'est pas une science. Au mieux, c'est un projet d'art en désordre, plus proche de la peinture au doigt que du photoréalisme. Vous ne pouvez tout simplement pas prédire avec une certitude absolue à quoi ressemblera l'avenir. Parfois, vous perdez une molécule d'oxygène et au lieu d'eau, vous avez du poison. Et parfois, il se passe quelque chose à l'autre bout du monde qui contrarie votre accord. Ce qui signifie qu'il est extrêmement important de trouver un moyen de protéger vos intérêts en tenant compte de diverses circonstances éventuelles. Je suis toujours en train de négocier avec cette idée en tête.

Malheureusement, il était impossible pour la Guinée équatoriale d'anticiper la révolution du schiste américain lorsqu'elle a signé l'accord de 2004 relatif à la vente de GNL – environ 3,4 millions de tonnes par an – à BG Group. Et, en toute justice, BG ne pouvait pas l'anticiper non plus, ni aucune autre personne.

L'accord prévoyait que BG achèterait du gaz de Guinée équatoriale pendant 17 ans, de 2007 à 2024, et l'enverrait aux États-Unis pour transformation et vente sur le marché intérieur. Le prix du produit était au rabais par rapport à Henry Hub – la référence des contrats à terme sur le gaz – ce qui est courant. Cela signifiait que la nation africaine recevait environ 6 USD par million d'unités thermiques britanniques (mmbtu) en 2004 et encore mieux, 15 USD par mmbtu l'année suivante.[248] Pas mal du tout.

Ensuite, le marché mondial du gaz s'est effondré. Avec l'arrivée imminente de schistes américains, les prix sont tombés sous la barre de 4 USD par mmbtu, ce qui a érodé les bénéfices de la Guinée équatoriale.

C'est déjà grave. Parce que BG avait négocié des conditions lui permettant de vendre le GNL acheté à la Guinée équatoriale partout dans le monde, le produit précédemment destiné aux côtes américaines a été détourné vers l'Asie, où un marché surchauffé avait entraîné une hausse des prix pouvant atteindre 15 USD par mmbtu. Cela signifiait que BG réalisait d'énormes profits avec le GNL qu'il avait acheté pour une bouchée de pain.

De toute évidence, la Guinée équatoriale était contrariée : vous le seriez aussi. Mais elle a été entravée par le fait qu'elle avait omis de négocier un accord de partage des profits avec BG pour tout gaz vendu à des acheteurs non américains. Le pays n'avait pas non plus de clause de renégociation.

Après une nouvelle série de négociations (processus dans lequel j'ai eu la chance de faire partie), BG a accepté de donner au gouvernement 12,5% de bénéfices en Asie, soit 20 millions d'USD par trimestre.

BG a également accepté de mettre en place des programmes sociaux en faveur de la santé maternelle et infantile, de la prévention du paludisme et des projets d'assainissement.

Depuis lors, BG Group a été vendu à Royal Dutch Shell, qui a hérité de l'accord de 12,5%.

Heureusement, avec l'accord maintenant conclu avec Shell venant à terme dans quelques années, le ministre des Mines et des Hydrocarbures, Gabriel Mbaga Obiang Lima, aura la possibilité de retourner à la table des négociations. Il a déclaré à *Reuters* qu'il souhaitait davantage de redevances et des durées plus courtes – 50% sur trois à cinq ans à compter de 2020.[249] Et même s'il n'a toujours pas de boule de cristal pour voir le futur, au moins cela ouvre une perspective préférable.

Cet accord d'exploitation de GNL était l'accord le plus sexy d'Afrique jusqu'à présent pour un négociant, et il continue d'être présenté comme un exemple de la manière de ne pas conclure un accord dans les cours de formation dans le domaine du pétrole et du gaz.

Assez juste. Mais je suggère un autre enseignement à tirer : vous pouvez toujours corriger les mauvais accords tout en respectant l'inviolabilité des contrats. Bien que le résultat final ne soit toujours pas parfait, la Guinée équatoriale a été en mesure de récupérer des revenus importants de BG.

Avenir prometteur

Nous avons toutes les raisons de croire que l'Afrique verra de plus en plus d'accords historiques d'O&G, des accords susceptibles d'avoir un impact significatif sur les entreprises, les communautés et les citoyens africains.

De plus en plus d'Africains sont éduqués. Et de plus en plus d'Africains veulent et espèrent pouvoir aider le continent.

Qu'elle s'aligne sur des entreprises africaines, des gouvernements ou la société civile, je suis convaincu que cette nouvelle génération jouera un rôle dans la négociation de contrats avantageux pour les Africains ordinaires.

Quelques réflexions pour cette génération

J'ai quelques conseils à donner à cette génération, aux jeunes avocats et négociateurs africains : ne perdez jamais de vue l'importance de votre travail. En négociant efficacement pour les entreprises et les gouvernements africains, vous pouvez jouer un rôle majeur dans la transformation de la vie de centaines de milliers d'Africains. Peu de choses dans la vie sont plus satisfaisantes. Je suis fier du groupe de droit que j'ai constitué, mais je considère que le travail que j'ai accompli pour obtenir justice pour les personnes, les entreprises et les communautés africaines et pour les autonomiser compte parmi mes plus grands succès.

Je suis le premier à conseiller à beaucoup de jeunes d'éviter de croire avoir droit à quoi que ce soit. Personne ne nous doit rien. Nous devons le gagner. Notre approche et notre succès dans les négociations sur le pétrole et le gaz découlent de notre préparation profonde et de notre état d'esprit.

J'ai souvent répété : vous réussissez lorsque vous tentez de trouver un mentor et que vous lui permettez de vous guider. C'est important d'avoir quelqu'un qui vous promeut quand vous n'êtes pas dans la salle. Ensuite, soyez obstinément fidèle. N'essayez pas de jouer un mauvais tour parce que vous en savez plus que les autres ! En outre, acceptez vos épreuves et vos faiblesses : elles vous apprennent à être une personne et un avocat meilleurs.

J'ai vu trop de jeunes avocats qui ont eu la chance de monter sur leur « podium » et qui par la suite passent plus de temps à agir comme des vedettes et à côtoyer les collègues et les hauts cadres. Vous n'avez pas remporté de contrats et n'avez pas signé de contrats, évitez donc d'avoir une grosse tête. Il est essentiel de vous concentrer sur l'acquisition de compétences, car les clients veulent vraiment que vous soyez doué dans ce que vous faites. Vos compétences de rédaction, de pensée critique et votre expertise sur le secteur ne peuvent vous nuire. La plupart des clients veulent savoir qui travaille sur leurs accords, et ils ne se soucient pas de votre race ou nationalité. Ils veulent savoir que vous êtes qualifié et que vous pouvez faire le travail.

Engagez-vous à travailler. Débarrassez-vous de la GM. Faites votre part, car vous aurez votre tour de briller. Demandez-vous toujours : « Est-ce que j'ajoute de la valeur au cabinet ou à l'entreprise ? » Ne pensez pas que vous êtes dans l'entreprise pour être le représentant du syndicat ou le responsable de la diversité.

Ne vous promenez pas dans l'entreprise ou lors d'une négociation avec arrogance, en donnant l'impression que tout vous est dû, ou que votre opinion doit compter pour chaque sujet. On ne vous doit rien. Il est important de ne pas évoquer la discrimination sans cesse, que ce soit le sexisme, le racisme ou la xénophobie. Vous vous battez contre eux en utilisant l'excellence et le succès. Je le vois tous les jours. Je travaille plus fort et le succès suit.

Vous devez comprendre que mettre un cabinet juridique fructueux sur pied nécessite une chose qui n'est pas enseignée à la faculté de droit : la capacité de se débrouiller et d'agir conformément aux accords. J'ai souvent des accrochages avec de jeunes avocats parce que je peux être un chef dur et axé sur les objectifs. J'ai un sens aigu de l'urgence que beaucoup d'autres ne partagent pas. Travailler pour Centurion n'est pas pour les naïfs ni pour les âmes sensibles – je ne tolère pas que les jeunes avocats considèrent leur poste chez Centurion comme un simple emploi. Tout le monde doit donner le maximum d'effort tout le temps. La vérité est que je suis plus dur avec moi-même. Je ne suis jamais satisfait et je crois que je peux gagner plus gros et négocier mieux. Le résultat le plus important pour moi est de faire en sorte que les gens autour de moi obtiennent plus que ce qu'ils ne pensaient pouvoir obtenir.

La sagesse et les conseils que Ron Walters a partagés avec moi sont valables pour vous aujourd'hui : chacun de nous a pour mandat d'utiliser notre éducation pour avoir un impact sur les communautés et pour promouvoir la croissance économique et l'autonomisation.

Alors, oui, recherchez le succès de carrière et la prospérité. Mais en fin de compte, choisissez de faire le bien : utilisez vos compétences pour vous assurer que les Africains ordinaires reçoivent leur juste part des avantages que les ressources naturelles du continent peuvent apporter.

15

Le lien entre la sécurité énergétique et la sécurité sociale

Imaginez le scénario suivant : la bataille fait rage dans une ville poussiéreuse, jadis un port de mer animé. Les ouvriers se dispersent dans toutes les directions, cherchant à se protéger des éruptions d'armes automatiques. D'un côté, une brigade armée d'hommes en colère est sous le commandement de puissants commandants hors-la-loi qui cherchent à s'implanter dans une province agitée. De l'autre côté se trouve une phalange de soldats au visage sévère, travaillant avec acharnement à la reprise de contrôle de ce site crucial. À l'arrière-plan, le bruit des avions de combat est encore faiblement audible malgré le rugissement de l'incendie qui consomme maintenant les installations de stockage qui contenaient autrefois des biens de valeur destinés au marché d'exportation.

Cela ressemble à une séquence d'action d'un film hollywoodien, n'est-ce pas ?

Non. Il s'agit en fait d'une description légèrement mélodramatique de quelque chose qui s'est passé à Ras Lanuf, l'un des plus grands terminaux d'exportation de pétrole brut de Libye. À la mi-juin 2018, des affrontements opposant les forces rebelles présumées sous le commandement d'Ibrahim Jadhran, chef d'un groupe de milices qui ont aidé à renverser l'ancien dirigeant du pays, Mouammar Gaddafi, et des membres de l'armée nationale libyenne (LNA) sous le commandement du maréchal Khalifa Haftar contrôlant la majeure partie de l'est de la Libye ont secoué l'installation. L'événement a mis Ras Lanuf, déjà ébranlé par les combats précédents, en ruine.

Les conséquences de cet événement sont allées au-delà des dégâts infligés sur le champ de bataille. Les combats ont amené la National Oil Corporation

(NOC) de Libye à déclarer une situation de force majeure sur les chargements de Ras Lanouf et d'Es Sider, un autre terminal situé sur la côte est du pays. Mustafa Sanalla, président de la NOC a déclaré aux journalistes le 19 juin 2018, que les rebelles avaient mis le feu à plusieurs grands réservoirs de stockage de pétrole, puis bloqué les efforts de la NOC visant à éteindre l'incendie. Il a déclaré que cela a causé des « dommages catastrophiques » au terminal et réduit effectivement la production de pétrole de la Libye de 400 000 b/j.[250]

Pendant ce temps, d'autres observateurs étaient encore plus pessimistes que Sanalla. Une source a déclaré à Reuters que les affrontements à Ras Lanouf et Es Sider avaient réduit la capacité de production de la Libye de 425 000 b/j, tandis qu'une autre source a dit que ce chiffre était plus proche de 450 000 b/j. Ce ne sont pas des chiffres modestes, d'autant plus que la Libye produisait à l'époque un peu plus de 1 million de b/j.[251]

Certes, la LNA a repris les ports relativement rapidement. Elle a également rapidement remis en service les installations du terminal afin que la production de brut de la Libye puisse retrouver son niveau antérieur.[252] Mais elle a perdu une somme d'argent substantielle au cours de la semaine où les chargements ont été suspendus et où le pétrole n'a pas pu être vendu au taux habituel. Elle a également perdu un peu de crédibilité, car les attaques ont soulevé des questions sur sa capacité à conserver le contrôle des infrastructures qui jouent un rôle crucial dans les exportations de pétrole libyen. Elle a également attiré l'attention sur sa position particulière, à savoir celle de conserver le contrôle de la majorité du territoire libyen sans jamais obtenir de reconnaissance internationale.

Et cela m'amène au point de ce chapitre : la sécurité. Je crois fermement que si les Africains veulent tirer le meilleur parti des ressources naturelles de ce continent, ils devront faire de la stabilité et de la sécurité une priorité absolue.

Je ne saurais trop insister sur ce point : les pays africains doivent simplement faire plus pour remédier au mécontentement politique et civil dans les zones où les producteurs de pétrole et de gaz sont actifs. S'ils ne le font pas, ils risquent d'aliéner les investisseurs et de perdre l'accès aux fonds. Ils pourraient être amenés à reporter ou à annuler des travaux sur des infrastructures vitales telles que les pipelines et des initiatives intersectorielles telles que des projets de conversion de gaz en électricité. Pire encore, ils pourraient entraver les efforts visant à renforcer les capacités des acteurs locaux, y compris les sociétés basées en Afrique actives dans l'extraction de pétrole et de gaz, les services sur le terrain, le commerce, les transports, la construction et d'autres industries connexes.

Je sais que ces préoccupations sont valables parce que j'ai vu de telles choses se reproduire maintes et maintes fois. Il en va de même pour C. Derek Campbell, PDG d'Energy & Natural Resource Security, Inc., une société basée aux États-Unis qui propose des solutions de sécurité aux exploitants pétroliers et gaziers. Lorsque j'ai informé M. Campbell de mon projet d'écrire ce livre, il avait beaucoup à dire sur la nécessité de se préparer à une crise.

« Les systèmes énergétiques appartenant au gouvernement et aux entreprises deviennent rapidement la principale cible des terroristes, des organisations rebelles et des États hostiles, tout en étant exposés à des catastrophes naturelles », m'a-t-il écrit dans un courriel de mars 2019. « La protection et l'amélioration de la résilience des systèmes énergétiques imposent une vigilance, une planification d'urgence et une formation – nécessitant en fin de compte que les parties prenantes de l'énergie s'impliquent activement dans la protection de leurs infrastructures énergétiques critiques et de leurs ressources naturelles. »

Campbell a également souligné que les producteurs africains de pétrole et de gaz ne pouvaient pas s'isoler de l'impact des troubles civils ou des conflits, d'autant plus que les problèmes de sécurité futurs risquent de s'entremêler avec les efforts visant à développer l'utilisation des nouvelles technologies dans l'industrie.

« Les menaces à la sécurité, physiques et informatiques, représentent une menace immense pour tous les principaux secteurs de la chaîne de valeur du pétrole et du gaz. Cela est dû en grande partie au fait que les secteurs ne sont pas des secteurs verticaux indépendants. Ils se chevauchent et sont interdépendants. Une attaque physique ou une cyber-attaque sur un actif en amont peut poser des problèmes opérationnels [dans le] [secteur] intermédiaire pouvant entraîner des catastrophes financières en aval », a-t-il écrit. « Il en va de même en sens inverse : une attaque physique ou une cyber-attaque en aval peuvent perturber les opérations intermédiaires et arrêter l'activité en amont d'un producteur. Le même scénario peut être appliqué aux actifs électriques – production, transmission et distribution. »

Campbell parlait en termes généraux, mais j'aimerais examiner de plus près les problèmes de sécurité que nous rencontrons sur tout le continent – et commencer à chercher des moyens de les résoudre.

La guerre sur les ressources pétrolières et gazières – et sur la qualité de la vie

Pour Bubaraye Dakolo, les quintes de toux font partie de la vie dans le delta du Niger. C'est ce qu'il a dit à DW en 2017, lorsqu'il a décrit l'impact du torchage au gaz près de son petit village situé à proximité de Yenagoa, dans le delta du Niger, qui représente la plus grande part de la production de pétrole brut du Nigéria. « Tout à coup, ça sent le gaz partout », a déclaré Dakolo, chef du clan Ekpetiama. Parfois, lui et ses voisins peuvent à peine respirer, a-t-il ajouté.[253]

Le torchage de gaz, qui peut causer des flammes aussi hautes que des bâtiments de 10 étages, est une pratique courante dans les champs de pétrole de la région du Delta. Les producteurs le font parce que c'est facile – et parce qu'ils préfèrent éviter la peine de s'occuper du gaz qu'ils trouvent dans leurs puits. Mais le torchage a parfois rendu difficile, voire impossible, la culture de la terre par les agriculteurs locaux. Et cela a clairement eu un impact sur la qualité de vie et la santé des résidents.[254]

Les dirigeants gouvernementaux ont à plusieurs reprises promis de s'attaquer au problème. Néanmoins, le torchage continue. C'est l'une des nombreuses raisons pour lesquelles certains habitants de zones productrices de pétrole ont l'impression qu'ils n'ont pas d'autres choix – ils volent du pétrole brut (pratique connue sous le nom de « bunkering » ou « détournement de pétrole brut ») et endommagent les actifs de l'industrie pétrolière tels que les pipelines. Ces vols ont de lourdes conséquences. En 2017, Maikanti Baru, directeur général du groupe de Nigeria National Petroleum Corporation (NNPC), a déclaré que le vandalisme des oléoducs du pays avait réduit la quantité de pétrole acheminée sur le marché de 700 000 barils/j l'année précédente.[255] À leur tour, ces incidents ont favorisé la corruption généralisée et le vol dans l'ensemble du secteur.[256]

Mais il ne s'agit pas seulement de vol et de la perte de rendement. Après tout, le vol de pétrole n'est pas propre au Nigéria ; cela est également un problème au Ghana, en Ouganda, au Maroc, en Thaïlande, en Russie et au Mexique, entre autres pays. C'est parfois une question de vie ou de mort. Les habitants du Delta indignés ont parfois eu recours à des actions plus violentes à l'encontre du personnel de l'industrie pétrolière. Quelques groupes militants ont même enlevé et tué des employés de compagnies pétrolières.[257]

De tels actes désespérés découlent de la frustration qui se manifeste parfois lorsque quelques élites choisies bénéficient des revenus du pétrole, tandis que les individus et les communautés doivent faire face aux dommages causés par la production pétrolière.

Et le torchage n'est pas le seul type d'agression environnementale à avoir provoqué la colère dans la région du delta du Niger. Il y a eu plus de 12 000 déversements dans la région entre 1976 et 2014. Ces incidents ont dévasté le secteur de la pêche dans la région et ont posé de nouveaux problèmes de santé et de qualité de vie.

Yamaabana Legborsi, 32 ans, a récemment raconté à CNN comment les déversements avaient affecté son enfance dans la communauté de Gokana. « Nous ne pouvions pas jouer dans le sable comme les autres enfants [parce que nous étions] recouverts de brut noir. Ma mère était particulièrement inquiète que ça ne soit pas sain, et d'autres parents aussi. On ne pouvait pas manger les poissons emportés par la rivière. Il y avait du pétrole brut partout sur l'eau », a-t-il déclaré.[258]

Je ne dis pas du tout que le vol, le vandalisme et la violence sont des réponses acceptables aux difficultés rencontrées par les habitants du Delta. En fait, dans certains cas, ces actes ont aggravé la situation. Alors que plus de la moitié des déversements signalés entre 1976 et 2014 étaient dus à la corrosion de l'oléoduc et aux accidents de pétroliers, le reste était dû à une erreur mécanique et à un sabotage, a rapporté le Journal of Health and Pollution de l'année dernière.[259]

L'Afrique a besoin de solutions locales

Comment pouvons-nous commencer à renverser cette situation ? Comme la plupart des problèmes complexes, il faudra une solution complexe à plusieurs volets. Une partie de cette solution devrait inclure des efforts de diversification économique.

Le ministre d'État chargé des Ressources pétrolières du Nigéria, M. Emmanuel Ibe Kachikwu, a récemment déclaré que le ministère des Ressources pétrolières avait pour objectif d'élaborer une politique visant à encourager les habitants des zones productrices de pétrole à constituer des coopératives, qui seraient ensuite en mesure d'établir et de détenir des raffineries modulaires.[260] C'est un début, mais les habitants du Delta ont déjà entendu le gouvernement faire des promesses. Il faudra prendre des mesures concrètes et mettre en place des programmes susceptibles d'avoir une incidence sur une grande partie de la population de faire une différence.

Les Africains devront également associer leurs efforts afin de créer des possibilités d'emploi et générer une croissance économique à des mesures pratiques pour prévenir et atténuer les dommages environnementaux dans le Delta. C'est pourquoi je suis enthousiasmé par le travail d'Eucharia Oluchi Nwaichi, qui cherche des moyens durables de réparer les dommages causés par les déversements de pétrole. En mars 2019, Chemistry World a déclaré que Nwaichi, biochimiste de l'environnement à l'Université de Port Harcourt, menait des recherches sur la phytoremédiation, une méthode qui utilise des plantes et des microbes pour décomposer et éliminer les contaminants environnementaux.

Chemistry World a également indiqué qu'elle et ses étudiants cherchaient à établir des relations étroites avec les habitants des communautés du Delta qui étaient les premières victimes des agressions environnementales dans la région. Sans cet effort, a-t-elle ajouté, les chercheurs et les responsables gouvernementaux ne peuvent pas compter sur un soutien local pour les interventions, même si les nouvelles méthodes permettent de restaurer les terres pour l'agriculture.[261]

Nous pouvons également suivre l'exemple créatif de Sustainability International (SI), une organisation américaine à but non lucratif qui travaille en collaboration avec le village de K-Dere, dans l'Ogoniland, pour nettoyer un déversement de pétrole dans une ferme piscicole et utilise des crypto-devises pour payer les travailleurs. En 2017, l'ONG a engagé des femmes locales ainsi que d'anciens membres de groupes militants pour nettoyer un déversement de pétrole dans une ferme piscicole du golfe de Guinée. Le projet financé par une entreprise a été un succès, non seulement parce qu'il avait atteint son objectif de nettoyage de la ferme piscicole, mais aussi parce qu'il avait formé les travailleurs à l'utilisation des technologies nécessaires à la collecte de données opérationnelles.[262]

Chinyere Nnadi, cofondateur et directeur général de SI, a déclaré au *Huffington Post* en 2017 que le nettoyage avait été conçu pour que les participants se sentent autonomes et en contrôle de leur vie économique. « Les membres de la communauté n'avaient auparavant aucun moyen de rompre le cycle de la corruption au sein du gouvernement et des entreprises qui emprisonnaient leurs citoyens dans leurs terres tribales polluées », a-t-il expliqué. « Avec SI, nous donnons à chaque citoyen le choix de poser son arme, de prendre son téléphone portable, de donner ses balles et de récupérer des Bitcoins. Un prisonnier économique est ainsi transformé en un entrepreneur qui gagne sa vie en faisant du bien à sa communauté et à son environnement. »[263]

Bien sûr, nous ne pouvons pas – et ne devrions pas – nous attendre à ce que les ONG assument toute la charge. Les compagnies pétrolières, les autres entreprises et les autorités locales doivent jouer un rôle important dans la réduction des dommages environnementaux et dans la lutte contre les autres facteurs contribuant au vol de pétrole et au vandalisme. Et il y a eu des actions sur ce front. J'étais heureux d'apprendre en mars 2019 qu'Henry Seriake Dickson, gouverneur de Bayelsa, avait fondé une commission chargée d'enquêter sur les déversements de pétrole dans le delta du Niger. John Sentamu, l'archevêque de York, a promis que l'enquête se pencherait sur les « dommages environnementaux et humains » affectant les régions productrices de pétrole.[264]

Nous devons également veiller à ce que les gouvernements nationaux s'entraident pour lutter contre le vol et, heureusement, il existe quelques exemples de coopération positive. Par exemple, lorsque le pétrolier panaméen MT *Maximus* a été détourné par des Nigérians au large des côtes de la Côte d'Ivoire en février 2016, les forces navales du Ghana, du Togo et du Nigéria, ainsi que celles des États-Unis et de la France, ont suivi le navire jusqu'aux eaux de São Tomé e Príncipe et l'a intercepté.

« Avec la bénédiction du gouvernement de São Tomé, les forces spéciales de la marine nigériane ont arraisonné *Maximus*. Les pirates ont été arrêtés (bien qu'un seul ait été tué), l'équipe de *Maximus* a été libérée et la cargaison a été récupérée », indique le rapport du Conseil de l'Atlantique.[265]

N'oubliez pas la technologie

La technologie devrait également faire partie de la solution. Comme je l'ai mentionné, il existe des technologies innovantes susceptibles de répondre aux préoccupations environnementales.

La technologie peut également être utilisée pour décourager le vol. Nous voyons déjà cela dans le système de marquage de produits pétroliers du Ghana. Ce programme rend obligatoire l'utilisation de marqueurs d'identification dans les carburants raffinés afin de lutter contre le vol, qui était devenu un problème complexe.

En 2017, un représentant de l'Autorité pétrolière nationale du pays a décrit le système :

« Le moyen le plus prometteur de lutter contre le vol et les détournements de carburant … est le « marquage » du carburant. Le marquage de carburant existe sous une forme ou une autre depuis un certain temps, mais ces dernières années, des marqueurs de carburant moléculaires dissimulés ont été mis au point et sont pratiquement impossibles à détecter par les voleurs. Ces marqueurs permettent d'identifier et de récupérer le carburant volé ou détourné et, peut-être plus important encore, de l'utiliser comme preuve scientifique admissible pour poursuivre les voleurs de carburant et les contrebandiers devant les tribunaux. L'un des programmes les plus réussis à ce jour est le programme de marquage de produits pétroliers du Ghana, mis en place par l'autorité pétrolière nationale du pays en 2013. Le programme permet aux inspecteurs de déterminer si l'essence ou le diesel vendu lors du remplissage est légal et les contrevenants sont passibles d'une amende ou d'une peine d'emprisonnement. »[266]

Nous devons également encourager les locaux à faire partie de la solution dans les zones de vol et de vandalisme. Un exemple prometteur est le plan de NNPC pour la commercialisation de gaz associé des puits du delta du Niger qui, autrement, pourrait être torché. Le directeur général du groupe, Maikanti Baru, a déclaré en avril 2019 que NNPC avait l'intention de mettre en place des partenariats permettant aux communautés locales de bénéficier de l'utilisation du gaz pour des projets de développement économique.

« Nous en tant qu'exploitants, continuerons à dialoguer avec les organismes afin de créer [un] environnement opérationnel favorable pour [les compagnies pétrolières] et pour les communautés », a-t-il déclaré lors d'une cérémonie marquant le début de l'occupation de son poste de chef national de l'Host Communities of Nigeria (HOSTCOM).[267]

Les groupes, les gangs et la violence

En janvier 2010, les coups de feu tirés sur une équipe de football du Togo par des hommes armés angolais en visite étaient un rappel tragique pour les dirigeants africains de la nécessité de prêter attention aux problèmes de sécurité. Quelques jours plus tard, un avion a ramené les morts et les vivants dans leur pays d'origine. Un groupe de femmes, les proches des victimes, se sont jetées à terre avec angoisse. Elles n'étaient pas les seules à ressentir la douleur et la dévastation causées par les groupes séparatistes en Angola.

« Nos garçons sont allés en Angola pour fêter le meilleur du football africain, mais ils sont revenus avec des corps morts et des blessures par balle », a déclaré Togbe Aklassou, chef traditionnel de la capitale togolaise, Lomé, peu après l'attaque.[268]

C'était l'un des nombreux exemples troublants de violence en Angola depuis 2000, et un des nombreux actes commis par des groupes séparatistes demandant l'indépendance de Cabinda, une province riche en pétrole séparée du reste de l'Angola par une mince bande de territoire appartenant à la République Démocratique du Congo.

Plus récemment, en mai 2016, cinq hommes revendiquant leur appartenance au Front pour la libération de l'enclave de Cabinda (FLEC) auraient grimpé à bord d'une plate-forme gazière off-shore gérée par Chevron et exigé aux travailleurs étrangers de quitter les lieux sous peine de représailles.[269] Aucune autre incursion sur la plate-forme n'a été signalée, mais des groupes séparatistes ont intensifié leurs efforts contre les forces armées angolaises au cours des mois suivants.[270]

Les événements de ce type sont une épine au pied pour le gouvernement angolais. À ce jour, sa stratégie visant à limiter l'activité des rebelles a consisté à maintenir un contrôle strict sur Cabinda tout en imposant quelques contraintes aux activités des investisseurs dans les réserves de pétrole et de gaz off-shore.[271] La province de Cabinda restreint également l'accès aux visiteurs en exigeant des permis spéciaux et elle charge également les soldats de protéger les chantiers de construction le long de la côte et les enceintes clôturées où vivent les employés étrangers de compagnies pétrolières. Cette stratégie a permis de maintenir les conflits à des niveaux relativement bas, mais a également mis à rude épreuve les capacités des forces armées.

L'Angola n'est pas le seul État africain à avoir dû décider comment réagir à la violence menaçant la production de pétrole et de gaz.

Regardez le Mozambique, par exemple. Plusieurs années après la découverte d'importantes réserves de gaz dans le bassin de Rovuma au large des côtes de la province septentrionale de Cabo Delgado en 2010, le pays a connu une accélération du conflit civil. À la fin de 2017, un groupe islamiste militant connu sous le nom d'Al Sunnah wa Jama'ah avait commencé à lancer des assauts contre des villages situés à proximité des installations et des campements occupés par des hommes travaillant pour Anadarko, la société américaine qui fut la première à investir dans le bassin de Rovuma, et des entrepreneurs.[272]

En juin 2018, Anadarko a réagi à la détérioration de la situation en imposant un confinement des travailleurs sur le site d'une usine de liquéfaction de gaz à Palma. Les attaques se sont poursuivies depuis et un employé d'Anadarko, Gabriel Couto, a été décapité en mars 2019.[273]

Le gouvernement mozambicain a réagi à de tels incidents en adoptant une approche sévère envers Al Sunnah wa Jama'ah. Au milieu de 2018, le commandant d'une unité militaire a déclaré que ses soldats étaient prêts à tuer à vue les militants présumés. Simultanément, Anadarko et d'autres investisseurs, comme Eni de l'Italie, ont renforcé les mesures de sécurité prises pour leur personnel. En fait, Anadarko a indiqué dans une annonce publicitaire de 2019 qu'il cherchait à acheter des véhicules blindés capables de résister aux coups des fusils automatiques AK-47. Bien sûr, maintenant que Chevron a acheté Anadarko, il a hérité des occasions et des défis du Mozambique.[274]

Ensuite, il y a le Nigéria. Outre la succession de vols de ressources pétrolières et de vandalismes mentionnés ci-dessus, le pays abrite ce qui a été décrit comme le groupe de militants le plus meurtrier au monde : Boko Haram. Le groupe a lancé une insurrection qui, selon les estimations des Nations Unies, aurait entraîné le déplacement de 1,7 million de personnes à l'intérieur du pays et la mort de plus de 15 200 personnes depuis 2011.[275]

Les Nigérians vivent également avec le danger constant d'assassinats et d'enlèvements par des bandes de voleurs tels que les bandits de Zamfara. Ce groupe cible souvent et kidnappe les agriculteurs pauvres – et les assassines si leurs proches ne peuvent pas payer la rançon. En avril 2019, des experts en sécurité ont indiqué que ce groupe avait tué 200 personnes en quelques semaines seulement.[276]

Je me rends compte que la lutte contre les groupes violents et les gangs va probablement se poursuivre pendant un certain temps. Mais les chances de succès des Africains seront bien meilleures s'ils cherchent en premier lieu à résoudre les problèmes qui les rendent vulnérables à ces groupes. Les gouvernements doivent redoubler d'efforts pour résoudre les problèmes qui contribuent au recrutement de nouveaux membres par ces groupes violents, car, après tout, ce sont les raisons pour lesquelles les gens se sentent désespérés et privés de leurs droits. Ils doivent également examiner honnêtement l'écart entre la richesse générée par leurs ressources pétrolières et la population appauvrie des régions productrices de pétrole et de gaz.

Guerre civile et instabilité

En 2017, mon entreprise, Centurion Law Group, a facilité avec succès l'un des accords les plus importants et les plus difficiles à ce jour dans le secteur pétrolier et gazier africain. Il s'agissait d'un projet au Soudan du Sud, où nous travaillions avec le gouvernement de ce pays et le Nigerian Oranto Petroleum pour ouvrir la porte à des travaux d'exploration au bloc B3.

Le contrat d'exploration et de partage de la production (CPEP) issu de ces négociations a permis à Oranto d'entamer une exploration approfondie et un développement à long terme. Il s'agissait d'un développement important, non seulement parce que le CPEP était le premier de ce type à être signé au Soudan du Sud depuis 2012, mais également parce qu'il signalait un regain d'espoir. L'idée qui a été créée : si nous pouvons réussir ici, nous pouvons réussir n'importe où sur le continent.

Vous vous souviendrez qu'à ce moment-là, le Soudan du Sud avait déjà connu des années de conflit civil. Les tensions ont commencé à se manifester bien avant que le pays obtienne son indépendance du Soudan. Elles remontaient aux années 1970, lorsque de vastes réserves de pétrole avaient été découvertes dans le sud du Soudan. Tout le pétrole extrait a été acheminé vers les oléoducs et les raffineries construits par Khartoum dans le nord du pays, peut-être pour tenter d'empêcher la sécession.[277] Les régions du nord et du sud du pays n'ont pas pu se mettre d'accord sur le partage des revenus pétroliers, ce qui a conduit à des combats. Finalement, en 2011, le Soudan s'est scindé en deux nations distinctes.

La partie sud, maintenant appelée le Soudan du Sud, reste l'un des pays les moins développés d'Afrique.[278] Mais en 2017, le gouvernement du nouveau pays avait renouvelé son engagement en faveur de la relance économique en investissant dans les services publics et les infrastructures, en particulier dans le secteur pétrolier et gazier.

Depuis lors, j'ai continué à soutenir le Soudan du Sud en tant que président directeur de la Chambre africaine de l'énergie. Au début de 2019, la chambre a conclu un accord de coopération en matière d'assistance technique avec le ministère du Pétrole du Soudan du Sud dans le but de renforcer la capacité du pays à gérer son secteur des hydrocarbures et ses richesses. Et plus tard, en 2019, la chambre a lancé une initiative d'investissement global pour le Soudan du Sud, exprimant sa confiance en la capacité du pays à instaurer une paix durable.[279]

Malgré tout, je crois comprendre qu'il reste encore beaucoup à faire pour instaurer une stabilité durable au Soudan du Sud.

Lorsque ce jeune pays a accédé à l'indépendance à la mi- 2011, il avait de grands espoirs de transformer les gisements de pétrole qui remplissaient auparavant les coffres de Khartoum en une source de revenus fiable. Jusqu'à présent, cependant, il n'a pas été en mesure de maintenir la paix. En conséquence, le secteur des hydrocarbures n'a pas atteint son plein potentiel. Les conflits ont entraîné l'arrêt de la production de plusieurs champs de pétrole, réduit le volume de pétrole disponible pour l'exportation par oléoduc, stoppé le plus important flux d'argent vers le trésor de l'État et compliqué les négociations sur la construction de nouvelles infrastructures.[280] Ils ont également découragé les nouveaux investisseurs de s'engager dans des efforts visant à stabiliser la production de pétrole brut[281] et ont ralenti le processus d'élaboration et d'application d'un nouveau cadre juridique couvrant les ressources souterraines.[282]

Il y a eu des signes d'espoir depuis la signature d'un accord de paix entre le président Salva Kiir et le chef de guerre rebelle Riek Machar en septembre

2018. Cette évolution a conduit les investisseurs sérieux de poser un nouveau regard sur le pays, qui possède les troisièmes plus grandes réserves de pétrole en Afrique subsaharienne. En décembre 2018, Djouba a promis d'investir plus de 2 milliards d'USD. Petronas de Malaisie et Oranto Petroleum du Nigeria (la même société que je viens de mentionner) ont fait équipe avec un acteur local, Trinity Energy, pour dépenser 1,15 milliard d'USD pour un bloc de pétrole et le Strategic Fuel Fund of South Africa soutenu par le gouvernement, a offert un milliard d'USD pour la construction d'une nouvelle raffinerie et de nouveaux oléoducs.

Malgré ces signes positifs, la route à parcourir risque d'être longue et cahoteuse. Le régime juridique en vigueur au Soudan du Sud est en vigueur depuis 2013 et pourrait nécessiter des ajustements afin de garantir la sécurité, la transparence et la stabilité des opérations de l'industrie pétrolière sous le nouveau gouvernement. En même temps, le pays est toujours fortement dépendant des investissements de la China National Petroleum Corporation (CNPC), dont l'équipe de direction à Beijing risque de rechigner face à des réformes ne défendent pas les intérêts de l'entreprise.[283]

Pendant ce temps, les efforts de stabilisation du nouveau gouvernement devront prendre en compte le fait qu'une partie importante de l'infrastructure pétrolière du pays a subi des dommages pendant la guerre civile. Non seulement ces pertes ont compromis la sécurité et la sûreté de la population civile dans les zones de production de pétrole brut, mais elles ont également provoqué de nombreux déversements, fuites et autres risques environnementaux. Le ministère du Pétrole a fait de ces efforts de stabilisation une priorité essentielle.[284]

Aussi pénalisante que soit cette situation, je suis encore plus consterné d'entendre parler des violations des droits de l'homme qui ont été rapportées au Soudan du Sud, notamment des meurtres et des viols.[285]

Même si mettre fin à de telles atrocités nécessitera un effort concerté du gouvernement et des chefs militaires, je suis convaincu que la stabilité économique doit être au centre des efforts de paix et de redressement du Soudan du Sud. C'est pourquoi je souhaite voir le leadership du Soudan du Sud ouvrir de nouveaux blocs à l'exploration, en particulier pour les investisseurs africains. Il est temps de construire des raffineries, des oléoducs, des usines d'urée, d'ammoniac et d'engrais, des centrales électriques et de grands champs agricoles. Il est également temps de mettre en place des pôles technologiques !

En fin de compte, ce sont les entreprises qui créent des emplois et de l'espoir. Le Soudan du Sud et d'autres pays africains n'ont pas besoin d'aide ; ils ont besoin de relance économique et d'entreprises. Nos dirigeants doivent comprendre cela. Nous ne pouvons pas nous permettre de penser petit dans nos démarches de paix, d'investissement et de stabilité lorsque ce dont nous avons vraiment besoin, ce sont de grandes solutions pragmatiques et sensées.

Je crois sincèrement que les revenus du pétrole et des industries connexes pourraient apporter une contribution précieuse à la relance économique dans de nombreux pays africains aux prises avec une instabilité.

Cela pourrait être vrai pour le Soudan aussi. Au moment où j'ai écrit ce livre, l'avenir du pays demeure très incertain. L'incertitude découle des événements d'avril 2019, lorsque le président Omar al-Bashir a été démis de ses fonctions et que le Conseil militaire de transition a pris le contrôle. Des manifestations de masse ont suivi avec le peuple soudanais exigeant un gouvernement civil.

En raison de ce bouleversement, l'industrie pétrolière soudanaise aura probablement du mal à attirer rapidement des investissements étrangers, au moins jusqu'à ce que l'instabilité dans le pays soit résolue. C'est un problème, étant donné que Khartoum est encore sous le choc de la perte de champs de pétrole au Soudan du Sud en 2011.

Idéalement, la destitution de Bashir conduira à la mise en place d'un gouvernement permanent. Une fois qu'un nouveau régime stable aura été mis en place, le Soudan sera, nous l'espérons, en mesure d'utiliser ses ressources naturelles pour contribuer à la paix et à la croissance économique à long terme.

Regard vers l'avenir

J'aimerais pouvoir proposer une formule pour éliminer les différentes formes de violence qui frappent les pays africains ayant des ressources pétrolières. De toute évidence, il n'existe pas de solution unique.

Mais sur un plan général, je suis convaincu que les solutions doivent combiner plusieurs facteurs : une meilleure gouvernance et une meilleure application de la loi, une plus grande responsabilisation des compagnies pétrolières et gazières, une innovation technologique novatrice et originale, le développement économique et, surtout, des réponses constructives aux doléances qui donnent aux gens le sentiment d'être négligés et sans espoir.

Donner aux gens plus de contrôle sur une partie des énormes revenus générés par le pétrole et le gaz serait extrêmement utile à cet égard. Nous devons veiller à ce que les gens tirent des avantages importants de l'industrie pétrolière et gazière et qu'ils ne subissent pas seulement les inconvénients de la production.

16

Gestion des revenus pétroliers et gaziers

À Shreveport, en Louisiane, Laura Fitzgerald est connue sous le nom de « Belle of the Wells » [la belle des puits].[286]

Après avoir appris le fonctionnement de l'industrie des droits fonciers et pétroliers, FitzGerald, une ancienne employée d'une compagnie pétrolière, a volait de ses propres ailes. Elle a fondé Illios Resources en 2004 et a commencé à amasser de droits pétroliers et à les vendre à des compagnies pétrolières. Depuis, elle a accumulé plus de 18 000 acres de droits miniers et gagné des millions de dollars.[287]

Elle a ensuite écrit sur ses succès, particulièrement remarquables pour une femme dans ce domaine, sur un blogue d'entreprise :

« En grandissant, mon grand frère m'a toujours dit que je pouvais faire tout ce qu'un gars pouvait faire. Je pense que cela a eu un effet sur moi. Je le crois encore aujourd'hui et je crois que c'est vrai pour toutes les femmes qui se consacrent à la tâche. Le fait est que c'est l'Amérique. L'indépendance financière est le droit de chaque Américain et Américaine. Si nous exécutons sans relâche notre vision, si nous changeons de direction quand c'est nécessaire et si nous franchisons la résistance, nous gagnerons. »

Quelle déclaration! La tentative de FitzGerald d'encourager d'autres femmes entrepreneurs repose sur l'idée que si vous vivez aux États-Unis, vous avez déjà une longueur d'avance pour atteindre vos objectifs financiers.

Je ne sais pas si cela est vrai dans l'ensemble, mais comme le montre l'histoire de FitzGerald, le fait d'être aux États-Unis ouvre certainement la porte aux occasions en matière de ressources pétrolières et gazières. Même les propriétaires fonciers qui n'ont jamais travaillé dans l'industrie pétrolière ont une chance très réelle de tirer profit de la vente des droits miniers de leur propriété. Vers 2012, les États ont versé plus de 54 milliards d'USD de redevances à des propriétaires terriens dont la propriété était le site de fracturation de pétrole et de gaz, selon les données de la National Association of Royalty Owners (NARO). « Des personnes deviennent millionnaires chaque du Dakota du Nord à la Pennsylvanie », a déclaré Jerry Simmons, directeur de la NARO à Business Insider à l'époque.[288]

Lors du boom pétrolier de 2012, certaines villes du Dakota du Nord semblaient être remplies de gens qui avaient gagné beaucoup d'argent en vendant les droits miniers sur leur propriété, a écrit *Reuters*. « Le revenu moyen dans le comté de Mountrail, le pôle du boom de la production pétrolière dans le Dakota du Nord, a presque doublé en cinq ans pour atteindre 52 027 USD par personne en 2010, ce qui le place parmi les 100 plus riches comtés américains, y compris New York et Marin en Californie. Le boom pourrait créer jusqu'à 2 000 millionnaires par an dans le Dakota du Nord. »[289]

Certes, les villes pétrolières du Dakota du Nord ont connu leur part de difficultés quelques années plus tard, lorsque le boom pétrolier s'est effondré. Mais le fait est que la vie des gens ordinaires a été changée à cause des ressources naturelles de leur propriété.

Imaginez la transformation des vies et des communautés africaines si les femmes ici pouvaient réaliser leurs objectifs comme FitzGerald l'a fait. Ou si les propriétaires au Cameroun ou au Nigéria, par exemple, pouvaient bénéficier de la découverte de pétrole sur leur propriété.

Malheureusement, ce n'est pas comme cela que les choses fonctionnent dans l'Afrique d'aujourd'hui. Si vous découvrez du pétrole sur votre propriété, c'est un non-événement – vous n'avez rien. Que les ressources naturelles se trouvent sur des propriétés privées ou communautaires, elles appartiennent à l'État. Point final.

Pour aggraver les choses, les Africains ont souvent le sentiment d'être tenus à l'écart lorsque l'État décide comment dépenser l'argent généré par ces ressources naturelles. Ce sentiment d'être tenu à l'écart est l'un des principaux moteurs de la violence à laquelle nous assistons sur le continent. Les gens ressentent les effets peu agréables des activités pétrolières et gazières, des déversements de pétrole qui ont un impact sur l'environnement et de la baisse des revenus dans d'autres secteurs. Et ils ne voient que peu ou aucun des innombrables avantages que les revenus pétroliers pourraient et devraient générer, allant des avantages financiers et économiques aux programmes d'infrastructures, d'éducation et de soins de santé. Au lieu de cela, les revenus pétroliers soutiennent les gouvernements centraux, volumineux et difficiles à manier, et remplissent les poches de quelques privilégiés.

C'est la malédiction des ressources en deux mots.

Nous ne devrions pas attendre que des gouvernements étrangers ou des organisations humanitaires interviennent pour résoudre ce problème. Il est de notre devoir de trouver des moyens de changer cette dynamique. Nous devrions examiner les exemples de pays qui gèrent efficacement les ressources pétrolières. Nous devrions envisager la création de fiducies qui gèrent et protègent les ressources surtout pour les communautés. Nous devons trouver un moyen de faire en sorte que plus d'histoires sur le pétrole et le gaz qui changent la vie des gens ordinaires se déroulent en Afrique.

Injuste et déséquilibré

Pour les habitants du delta du Niger, la vie quotidienne peut être au plus pénible, avec des actes de violence, des enlèvements et une pauvreté extrême bien trop répandue. Les causes profondes des troubles sont complexes : des tensions religieuses et ethno-régionales de longue date aux conflits sur l'utilisation des terres, en passant par les attaques en cours de groupes militants, qui parviennent à obtenir le soutien de la population mécontente vivant dans la pauvreté. Mais sans aucun doute, la mauvaise gestion des revenus pétroliers – et l'absence d'utilisation de ces revenus pour améliorer la vie de la population autochtone – mettent de l'huile sur le feu. Les habitants locaux ont perdu patience face aux compagnies pétrolières étrangères qui récoltent les fruits de la production pétrolière, alors que leur niveau de vie reste non amélioré et inacceptable. De fréquents déversements de pétrole dans la région, plus de 7 000 entre 1970 et 2000, qui n'ont fait que soulever davantage la colère des habitants et ont conduit à la formation de groupes militants qui ont attaqué les travailleurs du secteur pétrolier et les oléoducs.[290]

Il y a plus de dix ans, Sebastian Spio-Garbrah, analyste africain du groupe Eurasia, avait dit il y a une dizaine d'années que des milliards de dollars de recettes pétrolières générées dans le Delta avaient tout simplement disparu. « Le Delta du Niger reçoit plus d'argent par habitant que n'importe où ailleurs au Nigéria », a-t-il déclaré à PBS. « Le problème est que cet argent a été principalement détourné, mal dépensé et gaspillé. »[291]

La Constitution du Nigéria de 1999 visait à résoudre ce problème. Selon la constitution, au moins 13% de tous les revenus générés par des contrats avec des producteurs de pétrole étrangers doivent être reversés aux États producteurs de pétrole. Les États, à leur tour, sont censés consacrer ces recettes aux activités bénéficiant la population des États.

Clairement, cela n'a pas été le cas. Au Nigéria, la Banque mondiale a estimé qu'en raison de la corruption, 80% des recettes énergétiques du pays ne profitent qu'à 1% de la population. Comme le disait le Nigérian Folabi Olagbaju d'Amnesty International en 2007 : « L'exploration pétrolière n'a pas conduit au développement social et économique des peuples des États producteurs de pétrole. Cela a profité à la classe dirigeante nigériane. »

Plus d'une décennie plus tard, peu de choses ont été faites pour améliorer la situation. Et malheureusement, le Nigéria n'est pas une exception parmi les nations africaines disposant de réserves de pétrole.

Le Cameroun, par exemple, a également eu un cas de « disparition » des revenus pétroliers. Depuis que le pétrole a été découvert au Cameroun en 1977, environ 20 milliards d'USD de recettes pétrolières ont été versés – mais seulement 54% de cet argent figurait dans le budget du gouvernement.[292]

Comment la richesse en ressources du Cameroun s'est-elle déroulée pour les Camerounais ? Il y a eu de bonnes nouvelles sur le front économique : au cours de la dernière décennie, le produit intérieur brut par habitant du pays a augmenté de 4% par an, soit un taux supérieur à la moyenne mondiale de 2,6%. [293]

D'autres chiffres, cependant, montrent que les revenus pétroliers n'ont pas d'impact sur la vie des personnes qui ont le plus besoin d'aide : 48% de la population continue à vivre sous le seuil de pauvreté. Les soins de santé sont rares et l'espérance de vie au Cameroun n'est que de 57 ans pour les hommes et de 59 ans pour les femmes.

Certains pourraient soutenir que la pauvreté et la privation du droit de vote, en particulier dans la région du sud-ouest du Cameroun, ont contribué à la crise anglophone en cours. Depuis fin 2017, des affrontements violents ont eu lieu, entraînant la mort de dizaines de personnes et le déplacement de dizaines de milliers de personnes.

La crise a ses racines dans le colonialisme africain et la division de colonie allemande de « Kamerun » par la Société des Nations entre la France et l'Angleterre après la défaite de l'Allemagne lors de la Première Guerre mondiale. En 1960, lorsque le Cameroun obtint son indépendance, les habitants anglophones ont eu le choix entre rejoindre la partie francophone du Cameroun ou devenir citoyens du Nigéria voisin. Ils ont voté pour rester, mais depuis lors, ils parlent de traitement injuste en matière d'éducation, de routes et de soins de santé dans l'ouest du pays, malgré la production de dizaines de milliers de barils de pétrole par jour dans le Sud-Ouest, une région anglophone.[294]

Certains anglophones souhaitent que leurs griefs soient pris en compte, tandis que d'autres demandent une solution extrême : la création d'un État indépendant qu'ils appellent « Ambazonia ». Les anglophones se sont plaints de la répartition déséquilibrée des revenus provenant des ressources naturelles.

Leurs contrariétés me préoccupent beaucoup : je viens de la division Manyu dans la région du Sud-Ouest. Ces griefs sont valables. Nous ne produisons pas des emplois au rythme que nous devrions, et le secteur privé souffre de taxes élevées, de la corruption et de tracasseries administratives. Des millions de jeunes Camerounais n'ont pas de soins de santé. Des enfants et des adolescents sont assassinés de manière insensée. Je crois que la seule issue est une conversation qui inclut toutes les personnes impliquées, toutes les parties prenantes. Tous les résidents du pays doivent être traités avec dignité, justice et équité.

L'aggravation de la situation en Libye est un autre cas troublant. Il serait juste de dire que le pays est dans un état d'agitation depuis le soulèvement de 2011 qui a mis fin au règne de Mouammar Kadhafi, qui a duré 42 ans, et que diverses forces ont commencé à se battre pour le contrôle des réserves pétrolières du pays.

Mustafa Sanalla, président de la National Oil Corporation (NOC) de la Libye, a tout fait pour maintenir le flux de pétrole brut pendant que les milices se disputaient les installations pétrolières. Ses collaborateurs ont été assassinés et kidnappés. Il a failli être tué lorsque le siège de la NOC a été attaqué par ISIS. À une certaine époque, la Petroleum Facilities Guard, les forces armées chargées de protéger les installations pétrolières libyennes, a dû fermer le plus grand champ pétrolifère du pays. Les interruptions de la production pétrolière ont coûté au pays 100 milliards d'USD de pertes de recettes au cours des cinq dernières années, a estimé Sanalla au début de 2019.

Les coupes de production sont un problème majeur en Libye, qui dépend fortement de ses revenus pétroliers. Les services publics, en particulier les soins de santé, se sont effondrés.[295] Près d'un tiers de la population vit dans la pauvreté et n'a pas accès à de l'eau potable ni à un réseau d'assainissement.[296]

Bien que ces exemples soient extrêmement troublants, je crois toujours qu'il est possible d'en tirer des enseignements et de mettre un terme à la mauvaise gestion des revenus tirés des ressources. Et ce processus devrait commencer par un examen sérieux de ceux qui gèrent bien leurs revenus.

Un regard sur la Norvège

Dans les années 1960, Stavanger était une petite ville de pêche norvégienne avec une économie en déclin et une population décroissante. Aujourd'hui, Stavanger est la quatrième plus grande ville de Norvège et une destination touristique prisée. Elle compte une université, une salle de concert, plusieurs musées, dont le populaire musée norvégien du pétrole. D'énormes navires font chaque jour la navette entre le port de la ville et les plates-formes pétrolières off-shore. Et Stavanger n'est pas unique en Norvège ; c'est une image des transformations survenues à l'échelle nationale après la découverte des réserves de pétrole et de gaz naturel en 1969.

Les réserves de pétrole ont été la clé du changement, mais ce qui a vraiment fait la différence est la stratégie de la Norvège pour gérer les énormes revenus générés. Grâce à cette approche, la Norvège a été en mesure d'utiliser ses 40 milliards d'USD de revenus annuels pour assurer la prospérité dans tout le pays.

Cela ne veut pas dire qu'il n'y a pas eu quelques faux pas en cours de route. Presque immédiatement après que le pays a commencé à exporter du pétrole et du gaz, les recettes ont été directement versées au budget du gouvernement. En quelques années, toutefois, les exportations florissantes en pétrole et en gaz de la Norvège ont commencé à mettre le pays à risque de passer d'une économie diversifiée à une économie fortement dépendante du pétrole.

« La Norvège a eu quatre années de maladie hollandaise, où les salaires ont augmenté, les usines ont perdu leur meilleur personnel au profit du secteur pétrolier, et les étrangers venus investir dans le boom pétrolier ont fait grimper la valeur de la devise à un niveau tel que les clients d'autres pays ne pouvaient plus se permettre les autres produits d'exportation de la Norvège », a déclaré Farouk al-Kasim, qui travaillait pour le ministère norvégien du Pétrole à l'époque. « Au départ, le gouvernement a réagi en distribuant des subventions et nous nous sommes enfoncés plus profondément dans la boue ».[297]

Craignant pour l'économie norvégienne, le gouvernement a cherché une solution. Au milieu des années 1970, sur la recommandation d'Al-Kasim, la Norvège a commencé à investir les profits des compagnies pétrolières appartenant à l'État dans la recherche technologique, ce qui a renforcé les capacités d'extraction du pays et a aussi aidé d'autres industries norvégiennes – y compris la construction, les transports, la fabrication et même le tourisme – à se développer et à s'agrandir.

Et en 1995, la Norvège a pris une mesure plus dramatique : elle a commencé à limiter les dépenses publiques de revenus pétroliers à 4%. Cet argent devait être utilisé pour des projets d'infrastructure et publics, ainsi que pour des investissements sur les marchés financiers étrangers. Les revenus restants ont été versés à un fonds souverain qui, en 2014, avait atteint 890 milliards d'USD.

La Norvège reste fortement attachée à la gestion transparente des fonds. Le public a accès à tous les investissements réalisés, ainsi qu'à l'exposition au risque et à la performance. Les gestionnaires de fonds rencontrent régulièrement des législateurs et des journalistes.

Le Premier ministre norvégien, Jens Stoltenberg, a résumé l'approche de son pays en matière de revenus des ressources dans un discours prononcé en 2013 à la Kennedy School of Government de l'Université Harvard. La Norvège est devenue l'un des pays les plus riches du monde, a-t-il déclaré, en refusant de dépenser ses énormes revenus, en les plaçant dans un fonds et en n'utilisant que ses rendements annuels. « Ainsi, le fonds dure pour toujours. Le problème en Europe avec ces déficits et la crise de la dette est que beaucoup de pays européens ont dépensé de l'argent qu'ils n'ont pas. Le problème en Norvège est que nous ne dépensons pas l'argent que nous avons. Cela nécessite une sorte de courage politique », a-t-il déclaré. [298]

Il serait juste de dire que beaucoup de pays africains sont coupables d'avoir dépensé de l'argent provenant du pétrole qu'ils n'ont pas encore. D'autres sont coupables d'avoir mal dépensé l'argent qu'ils ont, l'argent qui pourrait ouvrir la voie à un avenir meilleur.

Le modèle de la Norvège ne convient peut-être pas parfaitement aux pays africains, mais certains de ses éléments pourraient bien fonctionner. Ils comprennent :

- Utiliser seulement un pourcentage des recettes pétrolières pour les dépenses en capital. Ce pourcentage ne doit pas nécessairement être aussi bas que 4% : les pays africains ont besoin d'investissements dans les infrastructures, l'éducation, les soins de santé et autres services sociaux pour améliorer la qualité de la vie des citoyens et faire croître l'économie.
- Investir de manière prudente dans des projets d'immobilisations, sachant que les prix du pétrole et du gaz sont volatils et que les revenus vont fluctuer.
- Affecter des recettes aux projets et aux initiatives qui profitent non seulement au secteur pétrolier, mais peuvent se propager à d'autres industries et favoriser la diversification économique.
- Mettre de côté une large proportion des revenus. Économisez-la. Investissez-la. Affectez-la aux citoyens et aux communautés.

Il ne faudra pas longtemps avant de voir une variante du fonds souverain norvégien en Afrique. En février 2019, le gouvernement du Kenya a publié un projet de loi visant à en créer un.[299] Si la loi entre en vigueur, les revenus du pétrole et des minéraux seraient dirigés vers l'une des trois directions suivantes : l'épargne, le fonds de stabilisation budgétaire ou le fonds de dépenses et d'investissements intérieurs. Le Kenya ne dépend pas de l'argent du pétrole, il ne représente qu'un faible pourcentage des recettes fiscales, mais un fonds comme celui-ci constitue une avancée prometteuse en termes de gestion transparente des recettes tirées des ressources naturelles. La loi comprend des objectifs de fonds, des règles de dépôt claires, des obligations de divulgation au public et une sélection transparente et compétitive de gestionnaires externes.

Le Natural Resource Governance Institute (NRGI) a toutefois souligné que la loi présenterait également des risques pour les fonds publics. D'une part, les membres du conseil d'administration seraient nommés par le cabinet du Président, qui serait également l'unique acteur responsable du contrôle. Le NRGI recommande de prendre des mesures pour veiller à ce qu'au moins trois membres du conseil d'administration soient nommés par des parties autres que le président et que le Parlement, le bureau parlementaire du budget, et un auditeur externe indépendant soient chargés d'examiner la performance du fonds régulièrement. Je suis entièrement d'accord.

Accroître le contrôle local

Larry Diamond et Jack Mosbacher ont fait une suggestion radicale dans leur article intitulé « Petroleum to the People, Africa's Coming Resource Curse – And How to Avoid It » : les pays africains doivent remettre les nouveaux revenus directement à la population sous forme de revenu imposable. « En retirant le contrôle de ces revenus des mains de l'élite politique et en rétablissant le lien entre les citoyens et leurs agents publics, cette stratégie de « pétrole contre argent » offre le meilleur espoir pour les nations africaines riches en pétrole de demain d'éviter le sort des nations précédentes », ont-ils écrit.[300]

Si un pays africain adoptait sa proposition, il s'engagerait à verser un pourcentage prédéterminé de ses revenus pétroliers directement sur les comptes bancaires des citoyens, un peu comme le font les gouvernements américains avec les paiements de la sécurité sociale. Et tout comme la sécurité sociale, ces paiements seraient taxés – à un taux que les familles pauvres pourraient gérer, ont noté Diamond et Mosbacher.

Ils estiment que la partie fiscale est essentielle, car elle rétablirait la responsabilité qui existe lorsque les gouvernements comptent sur leurs citoyens pour obtenir des revenus. Cette approche « pétrole contre argent » a déjà été présentée par des spécialistes du Center for Global Development. Ils font valoir qu'en payant des impôts sur l'argent qu'ils recevaient, les citoyens passeraient de la passivité à une collaboration active avec leur gouvernement.

Diamond et Mosbacher ne sont pas les seuls à plaider en faveur de l'affectation directe des recettes pétrolières aux citoyens. Shanta Devarajan, directeur principal de l'économie du développement à la Banque mondiale, a présenté des arguments similaires.

« Si, au lieu de prendre des décisions [sans reddition de comptes] en matière de dépenses publiques avec leurs revenus pétroliers, les gouvernements devaient les distribuer directement aux citoyens [à parts égales pour tous les citoyens], puis les imposer pour financer des biens publics, il y aurait au moins deux effets. Premièrement, les citoyens auraient une meilleure idée du montant des recettes. Deuxièmement, les citoyens pourraient être davantage incités à examiner attentivement ces dépenses étant donné que les dépenses seraient financées par le paiement de leurs impôts », a-t-il écrit en 2017. « Même sans examen supplémentaire, le transfert forfaitaire de seulement 20% des revenus pétroliers est suffisant pour éliminer l'extrême pauvreté en Angola, en République du Congo, en Guinée équatoriale, au Gabon et au Nigéria. »[301]

Pour être franc, je suis indécis concernant cette stratégie. Je suis d'accord avec les avantages que présenteraient les taxes des citoyens pour les gouvernements, mais les dépôts directs reposeraient largement sur un niveau de transparence et de coopération du gouvernement fédéral qu'on observe. Qu'est-ce qui empêcherait les gouvernements de « raser » une partie des revenus qu'ils perçoivent avant de partager les pourcentages des citoyens ?

J'aime beaucoup certains points soulevés par Diamond et Mosbacher, à commencer par l'idée que les Africains n'ont pas besoin que leur gouvernement décide de ce qui est le mieux pour eux quand il s'agit de dépenser des revenus.

« L'argument selon lequel les pauvres ne comprennent pas leurs meilleurs intérêts aussi bien que les bureaucrates et les fonctionnaires est un mythe paternaliste », ont-ils écrit. Excellent point, messieurs.

Au lieu de déposer des recettes directement dans des comptes individuels ou de les affecter à un fonds souverain, comme le fait la Norvège, je pense que l'idée que les revenus tirés des ressources naturelles iraient à des fonds fiduciaires qui seraient créés et gérés par les communautés africaines a un réel potentiel.

Un pourcentage convenu des recettes serait ajouté au fonds régulièrement. Les dépôts ne seraient pas faits par les gouvernements fédéraux, mais par les compagnies pétrolières et gazières. Les membres de la communauté siégeraient à un conseil d'administration chargé de gérer le fonds et d'investir les dépôts, avec des administrateurs ou des conseillers extérieurs au pays, qui pourraient fournir des conseils techniques impartiaux sur la gestion du fonds. Les revenus générés par le fonds d'affectation spéciale seraient utilisés au profit de la population locale et les membres de la communauté auraient le pouvoir de décider de la manière dont cet argent sera utilisé. L'argent transféré dans et hors du compte serait rendu public, éventuellement sur un site Web. Bien entendu, la mise en place de ce type de système nécessiterait des lois ou des politiques, ce qui nécessiterait une coopération au niveau fédéral.

Dans un article paru en 2004 sur les fonds d'affectation spéciale à base communautaires dans la revue North Carolina Journal of International Law and Commercial Regulation, Emeka Duruigbo a souligné que les fonds d'affectation spéciale sont loin d'être un concept étranger en Afrique subsaharienne :

Dans l'affaire Amodu Tjani c. Secrétaire du sud du Nigéria, le vicomte Haldane a déclaré : « La notion de propriété individuelle est relativement inconnue des autochtones », a écrit Duruigbo. « La terre appartient à la communauté, au village ou à la famille, jamais à l'individu. Tous les membres de la communauté, du village ou de la famille ont un droit égal à la terre, mais dans tous les cas, c'est le chef ou le chef de la communauté ou du village, ou le chef de famille qui le contrôle et qui est appelé « propriétaire » au sens large. Il occupe dans une certaine mesure le rôle de fiduciaire et, à ce titre, détient le terrain et le met à la disposition de la communauté ou de la famille. »[302]

L'article cite l'exemple du Alaska Permanent Fund (APF), créé par un amendement à la constitution de l'Alaska en 1976. Aujourd'hui, 25 à 50% des recettes minières versées à l'État sont versées dans le fonds destiné aux Alaskiens actuels et futurs. Le fonds est géré par l'Alaska Permanent Fund Corporation, qui reçoit des conseils d'un conseil d'administration indépendant. Alaska a mis en place une surveillance supplémentaire en donnant à son organe législatif l'approbation finale des investissements du fonds. Et le public est également impliqué dans la surveillance, étant donné que la destitution des membres du conseil d'administration n'est effective que si elle est accompagnée d'une déclaration divulguée au public contenant les motifs de la destitution. Les citoyens ont également accès à des informations sur les revenus du fonds et la répartition des revenus.

En 1982, le fonds a commencé à verser des dividendes annuels aux résidents. Entre 2015 et 2015, le fonds a émis un total de 22,4 milliards d'USD aux citoyens éligibles sous forme de paiements allant de 330 USD à 2 000 USD par personne. Il importe de noter que le fonds distribue des dividendes ; cela n'implique pas le transfert direct par le gouvernement d'une partie de leurs revenus pétroliers aux citoyens.

L'approche de l'Alaska conviendrait parfaitement à l'Afrique, écrit Landry Signé, membre du programme David M. Rubenstein sur l'économie mondiale et le développement avec le Brookings Institute. « Le succès d'un tel fonds réside non seulement dans la redistribution des bénéfices tirés des ressources naturelles, mais également dans la transparence qu'une telle distribution exigera et dans l'amélioration des processus de gouvernance associés. En fait, la réduction du pouvoir discrétionnaire des dirigeants dans l'affectation des revenus tirés des ressources naturelles réduira la gouvernance sans reddition de comptes, les pratiques de recherche de rente et la corruption », a-t-il écrit.[303]

Les Africains devraient également consulter le Nunavut Trust of Canada, un fonds géré par la communauté créé dans le cadre de l'accord sur les revendications territoriales du Nunavut en 1999. L'accord a conduit à la création du territoire du Nunavut et a prévu le paiement aux populations autochtones du Nunavut de 1,2 milliard d'USD à titre d'indemnisation sur une période de 14 ans. L'argent a été acheminé par l'intermédiaire du Nunavut Trust, chargé de protéger et de valoriser les fonds au profit de la population.

Svetlana Tsalik, directrice de Caspian Revenue Watch, dans son rapport « Caspian Oil Windfalls : Who Will Benefit » a décrit le fonds comme un exemple prometteur pour les autres pays producteurs de pétrole sous-développés. « Contrairement aux fonds pétroliers gérés par le gouvernement, le Nunavut Trust est un fonds géré par la communauté. Il a généré de solides rendements tout en continuant à rendre des comptes à ses parties prenantes. Le Nunavut Trust montre également comment ces communautés peuvent être indemnisées pour les conséquences externes négatives du développement pétrolier et comment elles peuvent transformer ces indemnisations en une source de revenus durable »[304]

Je suis convaincu que la création de fonds d'affectation spéciale pour les communautés nous aiderait à surmonter une multitude de problèmes de mauvaise gestion des revenus pétroliers.

- Au lieu de regarder une petite élite mettre les revenus du pétrole dans ses poches tandis que les autres doivent faire face aux conséquences de l'extraction, les Africains ordinaires verraient des avantages tangibles dans leurs propres communautés.

- Les individus auraient enfin leur mot à dire sur la manière dont les revenus pétroliers seraient investis et les bénéfices seraient dépensés. Leurs voix et leurs idées seraient valorisées et capitalisées.

- Les communautés ne seraient pas obligées de compter sur les gouvernements pour être des « intermédiaires ». Les entreprises effectueraient les paiements directement dans le fonds.

- Les communautés pourraient investir les revenus des fonds dans des programmes qui se traduiraient par une amélioration de la qualité de vie et des occasions d'emploi. En conséquence, la perte du droit de vote, le désespoir et la violence diminueraient.

- Les communautés, si elles le voulaient, pourraient investir dans des projets qui protègent leur environnement, ce qui pourrait réduire le nombre de groupes de militants tentant de mettre fin aux activités d'E&P.

Leçons apprises : le projet d'oléoduc entre le Tchad et le Cameroun

À première vue, le programme de gestion des revenus proposé pour le projet d'oléoduc entre le Tchad et le Cameroun avait tout pour plaire : l'adhésion des parties prenantes, des mécanismes de surveillance et la possibilité d'améliorer la vie des Africains. Une fois qu'il a été mis en pratique, cependant, il n'a tout simplement pas marché.

Un petit historique : En 1988, plus de dix ans après la découverte de pétrole au Tchad, les gouvernements du Tchad et du Cameroun et un consortium de compagnies pétrolières étrangères ont décidé de construire 300 puits de pétrole et un oléoduc de 1 070 km partant du littoral camerounais au nord-est jusqu'aux champs de pétrole de Doba dans le sud du Tchad.[305]

Le Tchad étant un pays à faible revenu et en guerre civile, les banques commerciales et les membres du consortium ont insisté pour qu'une agence de développement multilatérale soit désignée comme partenaire afin de contribuer à la réduction des risques. La Banque mondiale a accepté de jouer ce rôle ainsi que le rôle de garant principal du projet. De plus, ils ont décidé d'utiliser le projet comme une occasion d'apporter des changements positifs au Tchad. La Banque mondiale a convaincu le président tchadien, Idriss Déby, d'affecter 85% des recettes pétrolières du Tchad à des programmes socio-économiques tels que l'éducation, les soins de santé et le développement rural. Ils ont également fait pression sur le Parlement tchadien pour qu'il adopte une loi sur la gestion des recettes qui appelle à un suivi cohérent et à la création d'un comité de surveillance composé de quatre représentants de la société civile.

En 2003, l'oléoduc était achevé et le Tchad a commencé à exporter du pétrole. À la fin de 2006, plus de 440 millions d'USD avaient été transférés sur un compte séquestre londonien pour le gouvernement tchadien.[306]

Malheureusement, des problèmes ont commencé à apparaître dès 2004, lorsque le gouvernement tchadien n'a pas pleinement respecté certains aspects de l'accord. En 2005, Déby a annoncé son intention de se représenter aux élections, suscitant une rébellion de successeurs éventuels. Vers la fin de cette année, le parlement tchadien a approuvé les réformes de l'accord proposé par Déby. Le gouvernement avait désormais un meilleur accès aux revenus pétroliers à des fins discrétionnaires et la sécurité a été inscrite sur la liste des priorités, ouvrant ainsi la porte à une augmentation des dépenses militaires. La Banque mondiale a suspendu tous les paiements et a gelé le compte des recettes pétrolières.

Après une attaque rebelle en 2006 qui a presque renversé Déby de ses fonctions et où un effondrement de l'État semblait probable, la Banque mondiale a cédé et accepté la plupart des modifications apportées par le gouvernement au programme de gestion des recettes. Mais en 2008, après une autre attaque de rebelles, la Banque mondiale a déterminé que le modèle qu'il avait en tête pour la gestion des recettes n'allait tout simplement pas se concrétiser et a mis fin à son implication.[307]

Que pouvons-nous apprendre de cela ? D'une part, les activités de production et d'exportation du Tchad ont été mises en service trop rapidement, avant que le Tchad ait eu le temps de se doter du type de capacités institutionnelles nécessaires pour absorber, gérer et distribuer d'importants volumes d'argent pétrolier.

Mais la plus grande faiblesse du programme est qu'il a été créé et géré par une organisation externe. Je l'ai déjà dit : il appartient aux Africains de relever les défis de l'Afrique. La Banque mondiale était bien intentionnée, mais le programme mis en place ne correspondait pas à la réalité sur le terrain au Tchad.

En fin de compte, l'idée de la Banque mondiale de mettre les revenus du pétrole dans un fonds qui aiderait le peuple tchadien était judicieuse. Nous avons maintenant besoin de voir les actionnaires africains lancer leur propre initiative.

17

L'ingéniosité américaine et le potentiel pétrolier et gazier pour l'Afrique

Shawn Simmons a été encouragé à envisager une carrière en génie pour la première fois lorsqu'elle était une collégienne à Houston, au Texas.

« Notre professeur extraordinaire, Mme Moore, a suggéré au cours d'un de nos entretiens fréquents en dehors de l'enseignement en classe que je me renseigne sur l'ingénierie », a écrit Simmons dans un article 2016 sur le mentorat pour le magazine *STEAM*. « Étant donné que j'admire et respecte Mme Moore, j'ai écouté attentivement ce qu'elle avait à dire et j'ai ensuite décidé de m'inscrire à l'école secondaire de Houston spécialisée en ingénierie, la Booker T. Washington High School for the Engineering Professions. »[308]

Quelques décennies plus tard, Simmons vit et travaille à Lagos, au Nigéria, en sa qualité de superviseur en matière d'environnement et de réglementation pour ExxonMobil Development Company.

« J'ai eu la chance de faire partie de l'équipe qui a lancé un réseau de femmes et sa journée inaugurale 'Introduce a Girl to Engineering and Science Day' au Nigéria », a écrit Simmons, ingénieur du pétrole et de l'environnement titulaire d'un doctorat en toxicologie environnementale.

Aujourd'hui, Simmons est de retour dans la région de Houston où elle continue d'encourager les filles et d'agir comme mentor auprès de femmes. Cependant, elle retourne au Nigéria trois ou quatre fois par an en tant que responsable environnementale et des autorisations pour le Gulf Coast Growth Ventures d'ExxonMobil. L'une de ses nombreuses responsabilités consiste à aider ExxonMobil à rester en conformité avec les réglementations environnementales du Nigéria.[309]

« Je profite de l'Afrique et des projets là-bas », a récemment déclaré Simmons à Diversity/Careers in Engineering & Information Technology. « Tout est si grand et excitant, et j'aime ça. »[310]

On pourrait dire que Simmons est une sorte d'ambassadrice : pour les Nigérians qu'elle a rencontrés, elle a donné un aperçu de la culture et des perspectives américaines tout en ayant un impact positif sur la vie des membres de la communauté. Parallèlement, elle joue un rôle important en aidant une grande multinationale du secteur pétrolier et gazier à poursuivre ses activités avec succès au Nigéria.

Cette dynamique est une petite image des relations positives que les professionnels américains du pétrole et du gaz, ainsi que les entreprises, développent sur l'ensemble du continent africain. C'est une image de respect mutuel et de coopération, et c'est quelque chose que nous devons voir davantage.

J'ai eu la grande chance de travailler avec de grands pétroliers américains qui se sont intéressés à moi et m'ont encadré, notamment :

- Jeff Mitchell, vice-président principal et chef de l'exploitation, Vanco Energy Company
- Gilbert Yougoubare, vice-président pour l'Afrique, Vanco Energy Company
- Bob Erlich, associé et directeur général, en amont, Cayo Energy LP
- Mark Romanchock, actuellement géologue principal, Samsara Geosciences
- Todd Mullen – PDG par intérim, vice-président directeur et avocat général, PanAtlantic Exploration Company
- Bill Drennen, président et PDG de WTD Resources, LLC
- H. Daniel (Danny) Hogan, directeur général, LUKOIL International Upstream West
- Ronald Wallace, spécialiste en exploration et développement
- Bruce Falkenstein, directeur, gestion des licences – opérations conjointes et conformité, LUKOIL Overseas Off-shore
- et l'irremplaçable Gene van Dyke, un véritable pionnier et précurseur.

Même quand je suis devenu rebelle, ils ont toujours su comment me maîtriser et me guider pour trouver mon meilleur moi-même. Ils ont façonné ma réflexion sur le pétrole et le gaz. J'espère que beaucoup de jeunes Africains auront le privilège de travailler avec des hommes comme eux. Des types sensés, difficiles à satisfaire, et quand je portais des bottes de cow-boy et que je faisais du « country », ils n'avaient jamais rien à redire. Ils couvraient mes arrières et étaient toujours là pour me soutenir pendant les moments les plus difficiles.

Les compagnies pétrolières et gazières américaines doivent poursuivre leurs activités au sein des communautés africaines et continuer à embaucher des Africains, à s'approvisionner auprès de fournisseurs africains et à nouer des partenariats avec des entreprises africaines. Et nous avons besoin d'entreprises prêtes à partager leurs connaissances, leurs technologies et leurs meilleures pratiques, des entreprises prêtes à jouer le rôle de bons joueurs et à établir des relations positives dans les régions dans lesquelles elles travaillent.

De faire ainsi est clairement dans l'intérêt des entreprises américaines. Ici, elles peuvent récolter d'énormes bénéfices financiers.

Il nous appartient, en tant que membres de la communauté, dirigeants et représentants d'entreprises africains, de faire le maximum pour encourager les compagnies pétrolières et gazières américaines à lancer, poursuivre et développer leurs activités en Afrique.

La révolution du schiste et la nouvelle normalité

En 2005, la production de pétrole aux États-Unis était en déclin depuis trois décennies et ne représentait qu'environ 5,2 Mb/j et les importations, quant à elles, qu'environ 10,1 Mb/j. La production de gaz naturel du pays avait culminé à 22,6 Tpi^3 en 1973 et à 18,1 Tpi^3 en 2005. L'alarme au sujet d'une « crise du gaz naturel » imminente sonnait.

Puis la fracturation hydraulique est entrée. Depuis environ 15 ans, le pétrolier texan George Mitchell essaie de tirer profit de ce processus, une technique vieille de plusieurs décennies, également connue sous le nom de « fracing » [fracturation]. Elle comprend l'envoi d'une injection à haute pression d'eau, de produits chimiques et de sable dans les gisements de schiste pour libérer le pétrole et le gaz piégés. À la fin des années 90, sa société, Mitchell Energy, a commencé à connaître du succès dans le domaine de la fracturation du gaz naturel. Peu à peu, d'autres entreprises ont commencé à suivre son exemple. La fracturation, combinée au forage dirigé horizontal (FDH) et à d'autres technologies, permettait aux producteurs d'avoir accès à des ressources pétrolières et gazières qui étaient autrefois considérées comme difficiles à exploiter.[311]

Cela a changé les règles du jeu. Entre 2005 et 2015, la production de gaz naturel aux États-Unis a augmenté de 50%, faisant de ce pays le premier producteur mondial de gaz naturel.[312]

La production de pétrole brut aux États-Unis a augmenté au cours de la même période pour atteindre 9,43 Mb/j en 2015. En 2018, elle a atteint un niveau record de 11 Mb/j. [313] [314]

Tandis que l'industrie pétrolière et gazière américaine a pris un coup vers 2014, lorsque les prix du pétrole ont commencé à chuter, les producteurs de pétrole et de gaz de schiste sont restés résilients. Après avoir dépassé la Russie en octobre 2018 en tant que premier producteur mondial de pétrole brut, les États-Unis sont désormais exportateurs d'énergie pour la première fois depuis 65 ans.

Bien que je sois heureux pour mes amis américains de l'industrie pétrolière, le boom du schiste ne constitue pas nécessairement une bonne nouvelle pour les exportateurs de pétrole africains. Au cours des années qui ont précédé le boom du schiste, les États-Unis avaient été l'un des trois principaux marchés du pétrole brut africain, aux côtés de la Chine et de l'Inde. En fait, les raffineries américaines le long de la côte Est ont été configurées pour traiter le Bonny Light non corrosif d'Afrique de l'Ouest, avec des rendements d'essence relativement élevés, le rendant important pour les Américains autocentrés. Mais entre 2004 et 2013, le volume de pétrole brut africain envoyé aux États-Unis a chuté de près de 70%. Si le pétrole américain continue d'inonder le marché, les exportations de pétrole d'Afrique vers les États-Unis pourraient cesser complètement. Cela susciterait de graves préoccupations pour les pays africains comme l'Angola et le Nigéria, qui dépendent fortement des exportations de pétrole pour leurs revenus. Cette tendance souligne l'importance cruciale de tirer profit des recettes pétrolières et gazières tout au long de la chaîne d'approvisionnement pour diversifier les économies des pays africains.

Le boom du schiste a également affecté la présence de compagnies pétrolières et gazières américaines en Afrique : de nombreux grands acteurs américains, notamment Hess, Conoco, Anadarko, Apache, Devon et Pioneer, ont quitté l'Afrique ou ont considérablement réduit leur empreinte pour devenir d'importants joueurs de schiste aux États-Unis. Il y a eu à la fois un facteur d'attraction et un facteur d'incitation pour les entreprises énergétiques américaines qui se retiraient de l'Afrique : une combinaison d'occasions de plus en plus intéressantes dans le schiste on-shore américain et de la perception d'un risque plus élevé en Afrique. Les gisements de schiste américains sont perçus comme une énorme ressource prouvée, présentant un risque géologique et un risque politique moindres.

Pendant ce temps, en Afrique, les taux de réussite de l'exploration ont fluctué et les grandes promesses des champs de pétrole africains, comme Jubilee au Ghana, ne se sont pas pleinement réalisées. Plusieurs développements, y compris des usines de GNL en Angola, au Mozambique et en Tanzanie et le champ pétrolifère d'Egina off-shore au Nigéria, ont subi d'importants dépassements de coûts et des retards importants. Quelques pays, dont l'Ouganda et le Mozambique ont introduit des impôts sur les gains en capital pour les transactions. Des troubles ont également eu lieu en Libye, ce qui a eu un impact sur certains producteurs de ce pays et les exploitants pétroliers du Soudan du Sud qui ont été frappés par les sanctions imposées par les États-Unis. La baisse des prix du pétrole et la diminution des crédits par les banques ont également eu un impact négatif.

Les compagnies pétrolières américaines ont une longue histoire en Afrique, notamment les deux supergrands, ExxonMobil et Chevron. Bien que ces acteurs soient restés, au cours des cinq à dix dernières années des sociétés américaines indépendantes d'E&P ont continué à quitter l'Afrique et à se tourner vers les gisements de schiste nationaux. Cette période a également vu un certain nombre d'indépendants et de CPI américaines choisir d'assigner des capitaux à des régions telles que le Brésil, la Guyana, le golfe du Mexique et le Mexique – des régions caractérisées par une politique plus transparente, des conditions fiscales meilleures, une géologie de meilleure qualité ou un volume de récupération par puits supérieur.

Les petits explorateurs ont également disparu parce qu'ils n'avaient pas réussi à l'exploration ou qu'ils avaient eu du mal à obtenir des fonds. Erin Energy (qui avait changé de nom de Camac Energy en 2015) et PanAtlantic (anciennement Vanco) en sont des exemples. En revanche, VAALCO Energy a continué de poursuivre ses efforts en Afrique en recrutant Thor Pruckl, vice-président directeur chargé des activités internationales. L'entreprise, qui se concentre sur l'Etame Marin au Gabon et le Bloc P en Guinée équatoriale, a toujours un fort appétit pour l'Afrique et un talent pour trouver les bons actifs marginaux. Noble et Marathon sont vraiment les dernières entreprises d'E&P américaines de taille moyenne encore présentes en Afrique.

Cette tendance à abandonner les projets E&P étrangers ne se limite toutefois pas à l'Afrique. Les entreprises américaines se sont retirées d'autres régions où elles jouaient un rôle important historiquement, notamment de la mer du Nord. Conoco, Marathon, Chevron, ExxonMobil, EOG Resources et Hess ont toutes étaient l'objet de vente partielle ou entière de leurs actifs au cours des dernières années.

Comme je l'ai mentionné plus tôt, la perception commune est que le schiste américain est moins risqué et présente de meilleures performances économiques qu'un développement pétrolier et gazier en Afrique. Cependant, comme pour toute comparaison, ce n'est souvent pas si simple.

Essentiellement, extraire le pétrole du schiste coûte plus cher que de l'extraire des réservoirs classiques, principalement parce qu'il faut stimuler le réservoir de schiste par la fracturation pour permettre au pétrole de s'écouler. Par conséquent, la production on-shore conventionnelle à partir de réservoirs de haute qualité devrait être plus économique. La production off-shore est une autre histoire, cependant. Le coût de forage d'un puits off-shore est plusieurs fois supérieur à celui d'un puits on-shore, même en cas de fracturation. Il est donc évident que la productivité du puits off-shore doit être meilleure pour pouvoir correspondre aux facteurs économiques.

On peut en conclure que si le schiste américain était le Saint Graal, les sociétés américaines du schiste auraient régulièrement obtenu de bons résultats, en particulier à la suite du ralentissement du prix du pétrole. Ce n'était pas toujours le cas. Bien que l'économie de la production soit fondamentalement solide aux États-Unis, le schiste a été miné par des problèmes tels que les goulots d'étranglement dus au niveau élevé de production, ainsi que par des problèmes de qualité et par des déceptions liées à la productibilité des gisements.

Bien que la production américaine ait connu une reprise ces dernières années, pas toutes les sociétés axées sur le schiste ont enregistré de bons résultats et les investisseurs ont contesté le manque de génération de trésorerie. La rémunération et les objectifs des membres de la haute direction ont également été soumis à des pressions accrues, et de nombreuses entreprises ont connu des coûts généraux et administratifs élevés. Depuis 2007, les sociétés énergétiques ont dépensé 280 milliards d'USD de plus qu'elles ont générés par les opérations sur des investissements de schiste, selon une étude. Un certain nombre d'entreprises ont fait faillite, mais ensuite elles ont réapparu. Les entreprises explorent d'abord leurs perspectives de moindre coût/meilleure rentabilité, ce qui signifie qu'elles s'attendent à une détérioration de la qualité des résultats des puits au fil du temps, ainsi qu'à une baisse de l'efficacité du capital à long terme. Certains pensent également que la fracturation est nocive, qu'elle utilise trop d'eau, contamine les eaux souterraines, émet des produits chimiques cancérigènes et provoque des tremblements de terre.

Les risques

Il est indéniable que le fait de travailler en Afrique présente un certain nombre de risques très réels pour les sociétés américaines. Nous devons être conscients de ces risques afin d'être mieux placés pour les atténuer (lorsque cela est possible) et être plus disposés à avoir des conversations honnêtes avec des sociétés américaines souhaitant travailler ici.

En général, les entreprises d'E&P peuvent s'attendre, entre autres, à faire face aux risques géologiques, fiscaux, gouvernementaux, opérationnels, économiques et politiques, d'infrastructure, de monétisation du gaz, de financement et liés aux sociétés de services.

Examinons de plus près le risque géologique, qui peut être divisé en catégories d'exploration, d'estimation, de développement et de production.

Le risque d'exploration : Pour les gisements de schiste, le risque d'exploration est limité : la plupart d'entre eux ont déjà été découverts. Beaucoup de puits conventionnels ont des données historiques qui permettent d'atténuer les risques.

Le risque d'exploration est beaucoup plus un facteur dans les nouvelles zones frontalières ou les régions sous-forées : autrement dit, la majeure partie de l'Afrique. La comparaison des chances de succès avant forage avec les taux de réussite de l'exploration au cours des dernières années montre que les entreprises ont généralement surestimé leurs chances de succès en n'analysant pas correctement le risque avant forage.

Les entreprises semblent également surestimer les chances de trouver du pétrole et trouvent du gaz à la place, ce qui représente une proposition de valeur très différente. Avec une plus grande vigilance des investisseurs et de l'industrie et un budget plus serré, on s'attend à ce que les taux de réussite augmentent, car les entreprises ne font qu'explorer leurs meilleures perspectives.

Le risque d'évaluation : Là encore, le risque d'évaluation est davantage un problème pour les nouvelles découvertes que pour les gisements de schiste. Et les investisseurs ont tendance à se concentrer davantage sur le risque d'exploration que sur cet important domaine.

Il s'agit de deux problèmes :

Premièrement, une fois qu'une découverte est faite, il faut l'évaluer. Et cette évaluation doit être financée. Certaines entreprises n'ont peut-être pas pensé aussi loin. Si la taille de la découverte nécessite des forages, disons cinq puits de test, l'entreprise sera immédiatement confrontée à un besoin de financement important.

Un exemple de la réponse du marché à cela a été lorsque LEKOIL a fait la découverte potentielle de plus de 500 Mbep appelée Ogo au Nigéria. Les actions de la société ont chuté le jour de l'annonce, car elle aurait besoin de lever des fonds pour une évaluation ultérieure.

Deuxièmement, un risque important peut subsister même après la découverte initiale. Certaines découvertes qui semblaient être commercialement viables après le premier puits, ont été remises en cause après que des centaines de millions aient été dépensées. Paon/Saphir au large des côtes de la Côte d'Ivoire et Chissonga en Angola en sont des exemples.

Risque de développement : Ceci concerne à la fois les projets de schiste et conventionnels

Aux États-Unis, le risque de développement est plus susceptible d'être lié aux goulets d'étranglement et à l'inflation imprévue des coûts. Au large des côtes, il y a eu d'innombrables projets au cours de la dernière décennie qui ont été mis en service plus tard et ont coûté plus cher que prévu. Les entreprises peuvent prévoir des imprévus, mais dans la plupart des cas, leurs coûts de développement ont quand même dépassé de loin les coûts auxquels ils étaient préparés.

Toutefois, des développements plus récents ont entraîné de meilleures performances, car les entreprises ont compris et résolu certains des problèmes auxquels elles étaient confrontées par le passé, et le marché des services s'est relâché. De nombreux développements plus récents sont en fait survenus à l'avance et en deçà du budget.

Le risque de production : Un autre risque sous-estimé est qu'une fois qu'un champ commence sa production, il ne produit pas aux taux prévus. La production décevante est un problème qui a affecté les développements off-shore. Le risque est considéré comme plus faible pour le schiste, mais il y a eu un certain nombre de cas où la production n'a pas été à la hauteur des attentes également.

Selon une étude de Westwood Energy, la moitié des champs de pétrole et de gaz en production ne produisent pas les résultats escomptés. Environ 70% des champs dont l'évaluation était limitée ont eu un rendement inférieur par rapport au plan de développement.

Le schiste présente également un risque géologique : la production peut être insuffisante pour des raisons telles que la hausse des ratios gaz/pétrole (la production de gaz augmente par rapport à la production de pétrole au fil du temps) et les interférences entre puits forés trop près les uns des autres, ce qui signifie que moins de pétrole par puits est récupéré. Combinés à de nombreux goulots d'étranglement potentiels et les coûts croissants, cela signifie – malgré tout le battage publicitaire entourant le schiste, que des rendements acceptables ne sont pas nécessairement générés, et il semblerait qu'un certain nombre de gisements de schiste atteignent un plateau en termes de productivité et de gains d'efficacité.

Peut-être plus que le risque géologique, il s'agit d'un risque politique qui éloigne les investisseurs et les compagnies pétrolières et gazières de nombreux pays africains. Cela peut inclure l'expropriation, les troubles civils, la révolution, l'imposition unilatérale de nouvelles taxes et redevances, l'imposition de contrôles à l'exportation ou le retrait de licences d'exportation ou d'importation, les restrictions de contrôle des changes et d'autres facteurs réduisant la valeur de l'entreprise pétrolière et gazière. Les investisseurs s'inquiètent beaucoup du risque politique, qui est franchement l'un des plus difficiles à quantifier, car il s'agit souvent d'un élément imprévisible.

Dans de nombreux pays, il existe un risque d'événements de cygne noir, tels qu'un coup d'État, qui pourrait complètement le paysage. Cela, à son tour, pourrait avoir un impact sur le contrat d'une entreprise – ou créer le besoin d'un nouveau. Bien que les sociétés puissent être rassurées par le fait que la plupart des contrats sont régis par le droit international et que l'arbitrage soit une option, les années nécessaires pour mener à bien l'arbitrage pourraient bien effacer la valeur des fonds propres d'une entreprise (tel était le cas de l'entreprise d'E&P de Houston, Cobalt International Energy Inc. en Angola).[315]

Les entreprises courent également le risque de faire face à une bureaucratie, en particulier dans les régions frontalières, qui provoque souvent des retards, notamment l'obtention des approbations officielles nécessaires à la réalisation des projets. L'approbation du gouvernement est également nécessaire, dans la plupart des cas, pour un transfert d'actifs. C'est le veto du gouvernement sur une vente d'actifs qui a empêché ExxonMobil d'acheter les actifs de Kosmos au Ghana.

Les pays qui imposent arbitrairement des impôts sur les gains en capital pour la vente d'actifs, ce qui efface la capacité de la société à tirer profit de la transaction, constituent un autre risque qui a fait surface récemment. Avec un contrat de partage de production, les conditions sont définies et généralement applicables par le biais d'un arbitrage international, de sorte que ces contrats sont rarement rompus par les gouvernements d'accueil. Les contrats d'impôt et de redevances peuvent être exposés aux modifications des taux d'imposition des sociétés.

Les entreprises américaines sont particulièrement préoccupées par le risque de se faire prendre, directement ou indirectement, dans des affaires de corruption. Parfois, les entreprises ne veulent simplement pas prendre de risque, quelle que soit la récompense face aux dommages à la réputation et les amendes potentiels. Plusieurs sociétés opérant en Afrique, notamment Cobalt et Weatherford International, ont fait l'objet d'une enquête en vertu de la loi américaine relative aux manœuvres frauduleuses à l'étranger (FCPA).[316] Le groupe Och-Ziff Capital Management, basé aux États-Unis, et deux membres de la haute direction ont réglé en 2018 les accusations liées à l'utilisation d'intermédiaires, d'agents et de partenaires commerciaux pour le versement de pots-de-vin à de hauts fonctionnaires africains pour leurs investissements énergétiques. Och-Ziff a accepté de payer 412 millions d'USD en matière civile et pénale et le PDG, Daniel Och a accepté de payer 2,2 millions d'USD pour régler les accusations portées à son encontre.[317] BP a récemment fait l'objet d'un documentaire de la BBC sur les « paiements suspects » au frère du président sénégalais.[318]

Les autres facteurs importants pour l'équation du risque sont le sentiment des investisseurs à l'égard d'une région ou d'un pays. Les investisseurs peuvent également avoir des raisons spécifiques de demeurer sceptiques à propos d'un pays donné, des échecs récents en matière d'exploration aux opérations de fusion et acquisition manquées.

Les risques pour la production de schiste sont très différents des défis posés par un développement en eau profonde. Bien qu'il existe quand même des risques d'exploration et d'évaluation, comme je l'ai dit, la plupart des principaux gisements américains ont maintenant été découverts et l'accent est mis davantage sur la délimitation et la production des gisements existants. Le coût de l'évaluation est beaucoup plus bas, ce qui permet aux entreprises de réduire le risque géologique par rapport à un gisement off-shore. La production décevante est un risque, mais provient de différents problèmes : le risque d'interférence entre les puits dû à un espacement trop serré, la sous-estimation des taux de diminution (facteur b) ou la sous-estimation de l'augmentation du ratio gaz/pétrole dans le temps.

Le risque politique existe toujours aux États-Unis, mais est beaucoup moins un problème du point de vue des investisseurs américains. Les déversements constituent un risque, en particulier compte tenu des pénalités sévères imposées par les États-Unis, mais le risque d'incident majeur est plus faible à terre. Un grand nombre de services et de consommables sont nécessaires à la production de schiste et, avec une grande quantité de production concentré dans une région, il existe un risque que des contraintes entravent la production ou augmentent les coûts. Les domaines de préoccupation comprennent :

- Le traitement des eaux
- La capacité de traitement des liquides de gaz naturel
- La disponibilité de plate-forme
- L'équipement de finition

- Le sable
- Les personnes

Encouragées par le boom de la société en commandite principale (SCP), la plupart des entreprises externalisent leurs besoins dans le segment intermédiaire, ce qui signifie que les actifs du segment intermédiaire se négocient à des multiples de prix beaucoup plus élevés. Cela comporte deux risques principaux. Premièrement, si les entreprises ont conclu des contrats de prise ferme dans un environnement où les prix sont bas et que la production est réduite, elles pourraient se voir imposer des frais de pipeline. Deuxièmement, les entreprises qui concluent ces contrats dans un environnement où les prix sont élevés risquent de ne pas avoir accès à une capacité de pipeline.

Réalités sur le terrain

L'Afrique détient une quantité énorme de ressources pétrolières et gazières découvertes. Au cours de la dernière décennie, une quantité phénoménale de gaz a été découverte au Mozambique, en Tanzanie, au Sénégal, en Mauritanie et en Égypte.

Les nouvelles découvertes de pétrole ont été beaucoup plus difficiles à trouver. Les grandes découvertes de pétrole en Afrique de l'Ouest font défaut depuis la découverte du champ de Jubilee en 2007. Jubilee, la première découverte de pétrole commerciale au Ghana, avait initialement une valeur estimée à 3 Gb représentant 400 millions d'USD de recettes pour sa première année de production et un milliard d'USD par la suite. Les entreprises ont pris le train en marche, ciblant des dizaines de champs ressemblant à celui de Jubilee, allant du Maroc à l'Afrique du Sud. Depuis lors, au moins 50 puits sauvages ont été forés, le seul succès notable étant celui du champ pétrolier SNE en eau profonde au Sénégal (cependant, ConocoPhillips, la société américaine impliquée dans cette découverte, a choisi de se retirer). Il ne s'agit pas uniquement d'un phénomène africain : les taux de réussite en matière d'exploration, en particulier de pétrole, ont été très médiocres au cours des cinq dernières années, entraînant un faible taux de réussite en matière d'exploration des frontières commerciales et des coûts de recherche élevés.

Le champ pétrolier SNE en eau profonde

Le projet SNE au Sénégal était entièrement axé sur le potentiel. Quant aux retours, ils sont toujours à l'horizon.

On estime que le champ pétrolier contient à la fois du pétrole et du gaz naturel, soit environ 2,7 milliards de barils de réserves de pétrole récupérables. Cependant, la création de valeur réelle a été décevante jusqu'à présent.[319]

Sénégal Hunt Oil a obtenu le permis d'exploration pour SNE en 2005. FAR Limited a effectué des tirs sismiques en 2007 et en 2009, 21 millions d'USD avaient été dépensés. Cairn/Conoco a acquis une participation et le champ a été découvert en 2014.

À la fin de 2018, Cairn, disposant d'une participation de 40% dans le champ, avait capitalisé l'équivalent de 460 millions d'USD de dépenses brutes ; avec les dépenses en capital de 2019, Cairn aura dépensé 500 millions d'USD pour parvenir à la décision d'investissement finale sur 200 Mbep nets 2C ou 2,5 USD bep (non actualisé). La première production de pétrole est attendue pour 2022 et la production maximale est estimée à 100 000 b/j.[320]

Woodside a versé à Conoco 430 millions d'USD pour une participation de 35% dans ce champ en 2016, soit environ 2,2 USD/baril sur la base des 560 Mb cités à l'époque par Woodside. Conoco n'a réalisé qu'un gain de 138 millions d'USD sur la vente. On peut l'interpréter différemment ; dans l'hypothèse d'un taux de réussite optimiste de 1/5 pour l'exploration globale de Conoco, Conoco aura investi 1,4 milliard d'USD en exploration pour un gain de 138 millions d'USD - soit un retour de seulement 10%. Cependant, il s'agissait d'un marché d'acheteurs à un prix de pétrole bas.[321]

Néanmoins, les exploitants intégrés réalisent qu'ils doivent reconstituer leurs stocks, ce qui signifie que les transactions vont probablement augmenter. Et les taux de réussite de l'exploration devraient s'améliorer, car les exploitants sont désormais plus disciplinés en matière de capital et plus susceptibles de forer que leurs meilleurs puits.

De plus, les coûts d'exploration ont considérablement chuté au cours des dernières années, car le coût de la fourniture de services, tel que les taux des appareils de forage ont diminué, l'efficacité du forage s'est améliorée (appareils de forage à spécifications plus élevées et de meilleures équipes), et des travaux de forage se fond dans des conditions plus favorables (par ex., en évitant les zones de haute pression, de haute température ou en mer ultra-profonde). Alors que, il y a quelques années, il n'était pas rare qu'un puits d'exploration coûte plus de 250 millions d'USD en Angola, des puits d'exploration en eau profonde en Afrique de l'Ouest sont actuellement forés pour moins de 50 millions d'USD. Par exemple, le puits Ayame d'Ophir en Côte d'Ivoire a coûté 20 millions d'USD.

Il est toujours possible, sur la base de récents accords/évaluations boursières, d'acheter des ressources pétrolières à un prix inférieur aux coûts des dernières années.

Selon Drillinginfo.com, 247 puits d'exploration ont été amorcés en Afrique en 2018, soit 19% du total mondial de l'année, comme l'année précédente.[322] Cependant, les forages on-shore en Algérie et en Égypte représentaient 78% de cette activité, avec la CPN algérienne Sonatrach amorçant 76 puits.

En 2014, 67 puits sauvages de nouveau champ en eau profonde ont été amorcés au large de l'Afrique, représentant 33% du total mondial. En 2016, toutefois, ce nombre est tombé à 12, soit 14%, chiffres qui sont restés relativement stables au cours de 2017 et 2018.

Cependant, les nouvelles commencent à être plus prometteuses : neuf découvertes en eaux profondes ont été faites depuis le début de 2018. Il s'agit notamment des découvertes d'Eni en Angola (Kalimba, Afoxé et Agogo)[323] et de Total au Congo (Ndouma) et au large de l'Afrique du Sud (Brulpadda).[324] Également au cours de cette période, selon Westwood Global Energy Group, il y a eu des échecs retentissants en Afrique de l'Ouest, notamment Requin Tigre-1 au large de la Mauritanie de Kosmos, Samo-1 au large de la Gambie de FAR, et deux découvertes présalifères probablement non commerciales à Boudji-1 (Petronas) et Ivela-1 (Repsol) au large du Gabon.[325]

Les forages de zones frontalières devraient augmenter d'ici 2019 et 2020, et Total devrait forer ses premiers puits en Mauritanie/au Sénégal, respectivement aux puits Jamm-1 et Yaboy-1 au large du Sénégal et de la Mauritanie respectivement. Kosmos, soutenue par BP, forera dans la grosse prospection Orca, qui aurait un potentiel en place de 13 000 Tpi[3]. Ailleurs en marge, Svenska devrait forer la prospection Atum-1 au large de la Guinée Bissau et Eni devrait poursuivre sa campagne d'exploration dans le bloc 15/06 au large de l'Angola.[326]

Selon Rystad, les prévisions de dépenses en capital d'exploration en Afrique sont également à la hausse après une chute de 71% entre 2014 et 2017. Une reprise initialement lente puis robuste, avec un taux de croissance annuel composé (TCAC) de 18% au cours des 12 prochaines années, est attendue.

Le nombre d'octrois de permis pour des superficies d'exploration en Afrique a considérablement augmenté au cours des dernières années. En 2017, 840 000 kilomètres carrés ont été attribués, suivis de 490 000 kilomètres carrés en 2018 et de 340 000 kilomètres carrés au premier trimestre 2019. Cela fait de l'Afrique la région la plus populaire au monde pour l'acquisition de nouvelles superficies par les exploitants.[327]

Perspectives en matière d'exploration en Afrique

- Jusqu'à récemment, l'Angola était considéré comme une destination d'investissement relativement peu attrayante. Ses conditions fiscales ont été parmi les plus sévères d'Afrique, et les coûts sont élevés en raison des exigences en matière de contenu local. L'exploration dans le bassin ante-salifère très médiatisé s'est avérée être un échec coûteux et les nouveaux développements sont au point mort. Cependant, les réformes du président João Lourenço – destinées à accroître la transparence et à faciliter l'exploration – ont suscité l'intérêt des sociétés d'E&P du monde entier.
- Le Cameroun est une province pétrolière établie, mais encore sous-explorée. La perception est que le Cameroun a un grand potentiel d'E&P du gaz naturel, bien que l'exploration plus récente de cibles pétrolières plus importantes ait échoué. Il y a eu des activités d'exploration off-shore au cours des cinq dernières années, mais les résultats ont été relativement décevants et, dans les cas de réussite, du gaz humide a été trouvé.
- La République du Congo est une province mature, elle n'offre donc pas beaucoup de potentiel d'exploration. Cependant,

la découverte off-shore de Nene d'Eni est l'une des plus importantes d'Afrique de l'Ouest de ces dernières années. Le Congo est maintenant un producteur établi de plus de 300 000 b/j avec une production importante on-shore et off-shore. En octobre 2016, le Congo a ratifié un nouveau code des hydrocarbures, restructurant son industrie pétrolière et gazière.

- Le Ghana est la figure emblématique de l'exploration et de développement frontaliers réussis, avec une production actuelle d'environ 214 000 b/j.[328] Kosmos Energy a découvert des quantités commerciales de pétrole et de gaz au Ghana en 2007. Le champ Jubilee a été développé en moins de 3,5 ans avec sa première production de pétrole en décembre 2010. Le Ghana a également développé avec succès du gaz pour le marché intérieur. Bien que l'exploration ait échoué au cours de son différend frontalier maritime de trois ans avec la Côte d'Ivoire, qui a été résolu en 2017[329] – la situation est prometteuse. Des sociétés telles que Tullow et Kosmos voient encore du potentiel en matière de champ proche et d'exploration pour étendre les plateaux de production et augmenter les réserves, et de nouvelles entreprises sont venues l'explorer. Le Ghana est l'un des pays les plus stables de la région, avec une bonne réputation de changement de pouvoir pacifique.

- Compte tenu du grand nombre de puits infructueux et de l'impossibilité d'exploiter la découverte de Paon, le sentiment du marché à l'égard du potentiel d'exploration de la Côte d'Ivoire n'est pas favorable. La Côte d'Ivoire possède une petite industrie pétrolière avec une production d'environ 33 000 b/j.[330] L'absence de succès de l'exploration en eaux profondes, représentée par un certain nombre de découvertes non commerciales, a entraîné la sortie d'acteurs notables tels qu'Anadarko, African Petroleum, Exxon, Ophir, Lukoil et Oranto, mais il est encourageant de constater les récentes entrées d'Eni et BP/Kosmos et le retour de Tullow.

- En Mauritanie, le potentiel tertiaire du pays avait été marqué par la découverte compartimentée de l'âge de Chinguetti, datant du Miocène, où la production a maintenant cessé. Kosmos a fait d'énormes découvertes de gaz, malgré son objet de trouver du pétrole, confirmant l'opinion du marché selon laquelle la Mauritanie est davantage une province gazière. Compte tenu de la quantité de gaz trouvée jusqu'à présent, il est peu probable que du gaz supplémentaire soit commercialisé. L'histoire sur le pétrole doit donc marcher pour ramener l'intérêt.

- Le Maroc était perçu comme une région très prometteuse par un certain nombre de sociétés et d'investisseurs, mais après une série de puits improductifs (tout récemment Eni/Chariot), avec peu d'encouragement, les niveaux d'intérêt ont chuté et de nombreuses entreprises sont sorties. Le Maroc a toujours certaines des meilleures conditions fiscales du monde. Les principaux atouts sont le potentiel d'un marché gazier domestique et l'acheminement aisé du gaz vers l'Europe. Il existe différents types de zones, notamment le cône crétacé off-shore, les carbonates du Jurassique et les zones de diapir de sel du type golfe du Mexique.

- Le Nigéria est le plus grand producteur de pétrole d'Afrique. L'incapacité du gouvernement nigérian à adopter une nouvelle loi sur les hydrocarbures et les incertitudes réglementaires qui en résultent continuent de freiner les investissements dans de nouveaux projets de développement à forte intensité de capital et ont réduit l'appétit pour l'exploration en eau profonde. Les autres problèmes sont la perturbation des pipelines/ravitaillement, les retards et l'inefficacité des exploitants d'État, les retards dans les chargements/paiements et les risques pour les partenaires. Au Nigéria, les efforts d'exploration on-shore et off-shore ont été orientés vers le système pétrolier tertiaire du delta du Niger.

- Bien que les puits secs aient terni la Namibie il y a quelques années d'un point de vue des investisseurs, il était intéressant de voir d'anciens sceptiques namibiens (manque de sources, de réservoirs et de pièges prouvés ; plus ceux qui pensaient que c'était une province gazière) montrer un intérêt pour l'exploration dans cette région. En avril 2019, ExxonMobil a annoncé son intention d'accroître sa superficie d'exploration dans cette région. La Namibie dispose d'un bon environnement d'exploitation et des infrastructures existantes (port en eau profonde/centre logistique) à Walvis Bay. En plus de son régime réglementaire établi de longue date dans un environnement politiquement stable, le cadre juridique et le code du pétrole et du gaz de la Namibie sont généralement considérés comme favorables aux investisseurs. Environ 15 puits ont été forés à ce jour. Son régime fiscal est attrayant.

- Le Sénégal constitue une rare histoire d'exploration positive au cours des dernières années, au vu des découvertes de SNE et de Tortue, qui devraient être en service au début des années 2020. Le Sénégal a adhéré à l'Initiative pour la transparence des industries extractives (ITIE) en 2013. Le code pétrolier a été réformé en 2016 pour soutenir le développement transparent de l'industrie pétrolière et gazière et le Sénégal a dévoilé un nouveau code pétrolier en 2019. C'est l'un des pays les plus stables sur le plan politique et économique de l'Afrique de l'Ouest et il a une démocratie qui fonctionne depuis son indépendance de la France en 1960. Le président Macky Sall, géologue et géophysicien, est arrivé au pouvoir en 2012 et a été réélu pour un nouveau mandat de cinq ans en 2019. Le Sénégal a un régime fiscal basé sur des contrats de partage de la production plutôt attrayant.

Conditions fiscales

Les conditions fiscales ont un impact important sur les aspects économiques d'un développement. Le type de contrat que les entreprises choisissent est important. Examinons les contrats de partage de production par rapport aux contrats d'impôt et de redevances.

Contrats de partage de production :

- En règle générale, ils sont moins sensibles aux dépenses en capital et aux prix du pétrole que les contrats d'impôt et de redevances.

- Les conditions fiscales américaines sont attrayantes, mais les redevances peuvent être élevées.
- Les conditions fiscales varient selon les pays.
- Les conditions sont généralement applicables par le biais d'un arbitrage international ; les contrats sont rarement rompus par les gouvernements d'accueil.

Pour examiner l'impact des conditions fiscales sur les développements en eaux profondes en Afrique, nous pouvons utiliser les hypothèses ci-dessus et ne faire que varier les conditions fiscales pour voir comment les pays se comparent du point de vue de la rentabilité.

Par exemple, supposons qu'une entreprise développe un champ de 500 Mbep (90% de pétrole) en Afrique de l'Ouest à 60 USD/b de Brent, avec un ajustement de 10 USD/bep pour les dépenses en capital et de 10 d'USD/bep pour les dépenses d'exploitation. Nous avons comparé ce scénario à un développement similaire de pétrole de schiste américain dans le bassin du Permien prolifique. Le bassin du Permien est considéré comme l'un des principaux moteurs des bénéfices des États-Unis (et nord-américains) en amont et en aval.

Bien que la taille soit la même, le développement du bassin permien contient probablement moins de pétrole que le site africain et nous avons supposé un ajustement de 7 USD/bep pour les dépenses en capital et un ajustement de 8 USD/bep pour les dépenses d'exploitation.

Sur une base non risquée, la valeur actuelle nette par baril provenant d'un développement en eaux profondes d'Afrique de l'Ouest est supérieure à celle d'un projet de schiste aux États-Unis.

En d'autres termes, s'il n'y avait pas de différence de risque, une entreprise serait plus susceptible d'investir dans un projet en eaux profondes d'Afrique de l'Ouest que dans un projet de schiste aux États-Unis.

La valeur réalisée est plus élevée en Afrique de l'Ouest, car aux États-Unis la quantité de pétrole brut produite est plus faible (il y a plus de gaz et de liquides de gaz naturel associés au schiste). Le projet africain bénéficie également d'un rabais plus important (basé sur l'approvisionnement en pétrole brut de schiste), même si nous supposons que le gaz a une valeur nulle en Afrique de l'Ouest aux fins de cette comparaison. Les coûts d'exploitation sont légèrement inférieurs dans le Permien, de même que les coûts de développement – bien que beaucoup plus de puits soient nécessaires. Le flux de trésorerie total sur une base non actualisée est beaucoup plus élevé en Afrique de l'Ouest, mais aussi plus loin. C'est pourquoi plus le taux d'actualisation est élevé, plus il est punitif en eau profonde. La part du gouvernement est légèrement inférieure pour un développement moyen en Afrique de l'Ouest, car nous supposons une redevance de 32,5% au passage pour le Permien. Le prix d'équilibre du pétrole à la tête du puits est similaire pour les deux, mais compte tenu de la réduction de 8 USD/b réalisée que nous supposons pour le Permien, le prix d'équilibre est plus élevé.

De nombreux développements en eaux profondes ont pris plus de cinq ans pour passer de la décision d'investissement finale à la mise en production. Cependant, les entreprises optent désormais pour des conceptions de champs off-shore plus simples et moins chères, plus rapides à mettre en œuvre que des solutions sur mesure et plus économiques. Les entreprises ont également la possibilité de fractionner leur investissement en plusieurs phases, de sorte que les phases ultérieures puissent être financées à partir des flux de trésorerie et ne comportent aucun risque par rapport aux phases précédentes. Le raccourcissement du cycle de développement d'un an réduit les prix d'équilibre de 10% en moyenne.

L'un des principaux avantages perçus d'un développement de schiste sur un développement en eaux profondes est que le rythme de développement peut être modifié pour s'adapter au contexte du prix des produits de base. En théorie, les plates-formes peuvent être ajoutées et supprimées en quelques mois (toutefois, cela peut poser des problèmes de logistique et de coûts). Toutefois, la possibilité de réduire les dépenses en capital afin de faire correspondre les flux de trésorerie n'est utile que pour les entreprises qui ont besoin de rentabiliser les sommes énormes qu'elles ont payées pour acquérir une superficie au départ.

La qualité de la ressource reste un facteur majeur dans la détermination des coûts. Les coûts de développement ont été réduits grâce à la combinaison de coûts de service inférieurs, aux développements plus simples/échelonnés et à la normalisation. L'inflation des coûts est peu susceptible de se manifester bientôt dans les développements off-shore, mais il y a eu quelques cas aux États-Unis.

À 60 USD/b de Brent, le prix obtenu par bep d'un développement off-shore standard en Afrique de l'Ouest est environ 30% plus élevé que celui d'un développement de pétrole de schiste aux États-Unis. Historiquement, les bruts plus lourds se négociaient à un escompte considérable, mais compte tenu de la hausse de l'offre légère américaine (WTI) et de la baisse du lourd (provenant de sources telles que le Venezuela et le Mexique), le brut américain pourrait continuer de se négocier avec une décote. Le revenu par bep est beaucoup plus élevé pour un développement off-shore moyen, même par rapport aux gisements américains de schiste à haute production de pétrole, tels que ceux des formations permiennes et de Bakken.

Supposons un prix de 60 USD/b de Brent avec un écart Brent-WTI de 5 USD/b, un prix de Henry Hub (HH) de 3 USD par mille pieds cubes et des liquides de gaz naturel s'échangeant à 35% du WTI (soit 19 USD/b). Pour un développement de schiste composé d'environ 70% d'huile noire, la réalisation par bep n'est que de 42 USD /bep.

Un développement off-shore en Afrique, quant à lui, permettrait d'atteindre 54 USD/bep si nous supposons qu'il s'agit de 90% de pétrole et que tout le gaz produit est réinjecté ou produit gratuitement. Le prix du brut dépend de la qualité du brut (par ex., API/soufre), mais l'emplacement est également important – et en général, les bruts d'Afrique de l'Ouest de qualité similaire se négocient près du Brent ou à prime.

Aux États-Unis, compte tenu de l'offre excédentaire relative du WTI, il se négocie à un prix inférieur à celui du Brent malgré qu'il soit d'une qualité supérieure. Il existe d'autres écarts liés aux bassins, qui représentent le coût d'acheminement du pétrole brut jusqu'au point de livraison du WTI à Cushing. La plupart des gisements de schiste contiennent une grande quantité de liquides/condensats de gaz naturel, dont les prix sont très faibles aux États-Unis (environ 35% du WTI), car il y a une offre excédentaire et, dans de nombreux cas, l'éthane est « rejeté » et vendu comme gaz naturel à la place. Le prix du gaz aux États-Unis est également relativement bas (environ 3 USD/MMBtu) et il est peu probable qu'il augmente beaucoup à l'avenir, compte tenu de la grande quantité de gaz associée pouvant être produite, quel que soit pour ainsi dire le prix, et que l'incitation économique à produire est axée sur le pétrole.

En Afrique de l'Ouest, la monétisation du gaz varie d'un pays à l'autre – voire d'une région à l'autre. Dans la plupart des cas, la découverte de gaz est considérée comme un obstacle plutôt que comme un avantage. Les différentes options sont généralement le torchage, la réinjection, la production à terre dans un réseau de distribution de gaz ou dans une installation dédiée (centrale électrique/installation pétrochimique), dans un GNL terrestre ou un GNL flottant.

Il est plus difficile et plus coûteux d'obtenir des financements pour des développements off-shore en dehors des États-Unis que pour les sociétés on-shore américaines, en raison du niveau de risque plus élevé perçu et de la plus grande liquidité accrue du marché américain. Au cours des dernières années, les sources de financement de nombreuses entreprises provenaient de fonds de capital-investissement, mais en raison des exigences de rentabilité élevées (environ 20%) ces projets de financement sont plus coûteux. La hausse soutenue des prix du pétrole devrait faire baisser le coût du financement et ouvrir à nouveau les marchés des actions.

Au cours des dernières années, il a été difficile pour les entreprises de faire exécuter des contrats d'amodiation pour des ressources découvertes avant la DIF, et les transactions réalisées étaient généralement à bas prix et assurément à un prix inférieur à la juste valeur. La liquidité des actifs est beaucoup plus faible en dehors des États-Unis : un pool d'acheteurs plus réduit signifie que les sociétés opérant en Afrique doivent souvent accepter moins que la juste valeur. Bien que les États-Unis disposent d'un pool de liquidités beaucoup plus important pour finances à la fois leurs emprunts et leurs capitaux propres, le marché s'est montré réticent au cours des 12 derniers mois pour financer les compagnies pétrolières et il y a donc eu très peu de levées de fonds ou d'introductions en bourse (IPO) contraignant les sociétés à vivre en fonction de leur flux de trésorerie.

Un regard sur les retours

J'ai présenté un examen très franc sur les risques encourus par les entreprises américaines, tant en Afrique qu'aux États-Unis.

Toutefois, ces risques n'annulent pas les possibilités offertes par l'Afrique aux entreprises américaines d'obtenir des retours importants sur leurs investissements.

Les facteurs qui aident à déterminer un retour peuvent être classés en trois éléments de base :

1. Le coût pour obtenir un actif (droits miniers pétroliers et gaziers, permis d'exploitation de champs pétroliers, etc.)
2. Les revenus pouvant être tirés du pétrole et du gaz produits ; et
3. Le coût de production.

En termes de ces éléments, les actifs africains ont un avantage sur les actifs américains, car il est généralement moins coûteux d'obtenir des actifs en Afrique. De plus, les revenus qui peuvent être tirés des actifs sont souvent plus élevés et les coûts de production (en coûts et taxes) sont moins chers dans de nombreux cas.

L'accès à un actif entraîne des coûts, qui constituent un élément important et souvent négligé de son évaluation. Aux États-Unis, pour pouvoir se procurer un actif ou une ressource, il faudra payer le prix fort, étant donné le grand univers des acheteurs. Les ressources en Afrique peuvent généralement être obtenues à un prix inférieur à la juste valeur, en particulier sur le marché actuel, qui est en grande partie dû au manque d'acheteurs et à un marché beaucoup moins compétitif que celui des États-Unis (bien que le risque joue un rôle).

La génération de revenus d'un actif est déterminée en principe selon qu'il s'agisse de pétrole ou de gaz. Le pétrole est beaucoup plus facile à monétiser, compte tenu de la facilité de transport et du marché mondial liquide. Les actifs pétroliers en Afrique génèreront généralement un prix nettement supérieur à celui des États-Unis, qui souffrent de contraintes logistiques et d'une offre excédentaire de schiste bitumineux.

Par conséquent, il existe un potentiel d'obtenir un prix du pétrole produit en Afrique qui est 10 à 15% plus élevé, ce qui pourrait entraîner une grande différence de rendement pour une entreprise.

Le gaz est plus difficile à monétiser et dépend du lieu et du marché. Il existe un potentiel en Afrique d'obtenir de meilleurs prix de gaz que ceux des États-Unis où, encore une fois, l'offre excédentaire limite les prix (moins de 3 USD/MMBtu). En Afrique, de nombreux pays ont la possibilité d'utiliser le gaz pour remplacer le carburant à coût plus élevé, tel que le diesel, pour la production d'électricité, et le GNL est une autre voie d'accès au marché.

Le coût de production comprend le coût de la mise en service de l'actif (dépenses en capital), le coût de l'exploitation de l'actif (aussi appelé coûts d'exploitation ou frais relatifs au pompage) et l'impôt exigible (redevances, impôt, etc.). Les coûts dépendent en grande partie du type d'actif et de la géologie. Par exemple, certaines des zones pétrolières on-shore nigérianes ont un coût par baril très bas par rapport à celui des États-Unis, en raison des coûts moins élevés associés à la production on-shore, de la nature prolifique des puits et des coûts de transport plus bas. Les taux d'imposition varient considérablement en Afrique et varient à l'intérieur d'un même pays. Il y a plusieurs pays avec des conditions fiscales très favorables, qui sont sans surprise les pays avec une production de pétrole faible ou nulle, tels que l'Afrique du Sud et le Maroc.

Il y a environ cinq ans, si une société faisait une découverte, le marché ne donnerait du crédit pas seulement pour la découverte, mais aussi pour les autres prospections potentielles analogues identifiées, qui auraient été écartées de tout risque (Tullow en est un bon exemple). Ceci est parfaitement valable, et si l'exploration revient à la mode, cette situation se reproduira sans doute. Toutefois, la raison pour laquelle le marché a cessé d'attribuer une valeur future est que les sociétés d'E&P ont promis un certain nombre de découvertes ultérieures (« types Jubilee ») qui ne se sont jamais matérialisées (par exemple, le soi-disant « collier de perles » de découvertes attendues sur la côte du golfe de Guinée). Pour en tirer pleinement parti, les entreprises doivent avoir bloqué une grande superficie contiguë, ce qui est beaucoup plus facile à réaliser dans les régions frontalières.

Ce que nous pouvons faire

Bien sûr, reconnaître honnêtement nos risques est quelque chose. Il est également extrêmement important de les minimiser autant que possible. Andrew Skipper, responsable du cabinet africain de Hogan Lovells, a bien résumé la situation dans un article de 2018 dans *African Law & Business*.

« Nous savons que le gouvernement doit collaborer avec le secteur privé en Afrique en vue d'attirer davantage d'investissements directs étrangers (IDE). Nous savons que pour y parvenir, nous devons élaborer des politiques et réglementer uniformément et d'une façon moderne (par exemple, pour faire face au nombre croissant de technologies financières et d'entreprises en démarrage). Il faut également mettre l'accent sur l'édification et le renforcement d'institutions, l'élimination de la corruption et le développement d'une nation plus transparente et mieux éduquée. »[331]

Ces facteurs, notamment la transparence, la stabilité et la bonne gouvernance – revêtent une grande importance pour les entreprises américaines. Un ami américain et dirigeant de longue date possédant une vaste expérience en Afrique m'a dit qu'il serait heureux de refuser un champ pétrolier d'un million de dollars s'il estimait que le gouvernement local était instable ou peu fiable. La stabilité du gouvernement, a-t-il constaté, joue un rôle primordial lorsqu'il s'agit de déterminer si un pays est susceptible de respecter des contrats si de nouveaux dirigeants prennent le pouvoir.

Fondamentalement, les gouvernements africains qui veulent encourager l'activité pétrolière et gazière américaine doivent examiner leur pays du point de vue des investisseurs américains. Lorsque les entreprises effectuent leur diligence raisonnable, que vont-elles trouver ? Le gouvernement a-t-il de solides antécédents en matière de stabilité ? Et en ce qui concerne le respect des contrats étrangers ? Les entreprises américaines ont de nombreuses autres destinations d'investissement dans le monde entier et chez eux. Pour être concurrentiel en matière de ces investissements, les gouvernements doivent veiller à ce que leurs conditions fiscales soient attractives et à ce que le caractère inviolable des contrats soit assuré.

Quelques autres points :

- Le partage des risques est un autre moyen d'inciter à investir. Regardez le modèle norvégien consistant à payer près de 80% des coûts d'exploration.
- La facilité d'exploitation et d'investissement dans les pays africains est également importante et souvent négligée. Même si les conditions fiscales sont bonnes, les entreprises sont souvent découragées par les problèmes de paperasserie et de formalités administratives excessives imposées par le gouvernement.
- La capacité de transférer des actifs est également importante. Les entreprises veulent savoir qu'elles pourront monétiser leurs actifs à l'avenir sans impôt sur les gains en capitaux.

Les pays qui ont mis en place le cadre approprié doivent se commercialiser activement en tant que destination d'investissement et préciser pourquoi leur secteur pétrolier et gazier est un lieu d'investissement attrayant. Des pays tels que la Guinée équatoriale ont fait du bon travail en faisant connaître ce dont ils disposent.

Bien sûr, certains facteurs échappent au contrôle des gouvernements. Ils ont besoin de catalyseurs pour être positifs. Les catalyseurs comprennent des cours élevés du pétrole (qui se sont déjà matérialisés au moment d'écrire ces lignes), des succès importants dans le domaine de l'exploration et le retour de certaines activités de fusions et acquisitions. Par exemple, les succès majeurs de l'exploration en Guyane ont conduit à davantage d'investissements dans le pays et dans les superficies environnantes. Des découvertes ont été faites par ExxonMobil et Hess, et maintenant d'autres sociétés nord-américaines, notamment Kosmos, Apache, Eco Atlantic Oil & Gas, JHI Associates et CGX Energy, sont désireuses d'y investir.

Une relation à long terme

Lors du Forum d'affaires Afrique États-Unis en 2014, le président Barack Obama a plaidé pour que les États-Unis développent des liens économiques solides avec l'Afrique. Favoriser ces relations, a-t-il affirmé, serait bénéfique pour toutes les personnes concernées.

« Nous ne nous tournons pas vers l'Afrique simplement pour ses ressources naturelles ; nous reconnaissons l'Afrique pour sa plus grande ressource, à savoir sa population, ses talents et son potentiel », a déclaré Obama aux dirigeants africains réunis. « Nous ne voulons pas simplement extraire des minéraux du sol pour assurer notre croissance ; nous voulons construire de véritables partenariats qui créent des emplois et des occasions pour tous nos peuples et déclenchent la prochaine ère de croissance africaine. »[332]

Parmi les initiatives décrites par Obama lors du forum basé à Washington, DC, figurait sa campagne « Doing Business in Africa » [Faire des affaires en Afrique] pour promouvoir les exportations américaines en Afrique et l'initiative Power Africa pour aider à fournir de l'électricité à davantage d'Africains.

Sous le président Trump, l'enthousiasme à l'égard de l'Afrique est manifesté par son sous-secrétaire d'État aux Affaires africaines, Tibor Nagy qui a travaillé en Éthiopie, en Guinée, au Nigéria, au Cameroun, au Togo, en

Zambie et aux Seychelles au cours de ses 32 années de diplomate. Nagy est connu pour être un défenseur des valeurs américaines et a poussé à la création de partenariats qui favorisent l'amélioration des conditions de santé, des emplois, des compétences, une éducation, des occasions et de la sécurité en Afrique.

Lors d'un discours prononcé à l'Université du Witwatersrand à Johannesburg en juin 2019, Nagy a annoncé l'adoption récente de la loi BUILD, qui double le capital à investir du gouvernement américain de 29 à 60 milliards d'USD et permettra à Washington de faire des investissements en actions dans des entreprises africaines.

Washington a également dévoilé l'initiative « Prosper Africa » visant à accroître le commerce et les investissements bilatéraux entre l'Amérique et l'Afrique. « Prosper Africa nous permettra d'augmenter le nombre d'accords commerciaux entre homologues américains et africains et de promouvoir un meilleur climat des affaires et des marchés financiers sur le continent »,[333] a déclaré Nagy.

En date de cette écriture, Washington continue de soutenir les initiatives liées à l'Afrique mises en place par les administrations George W. Bush et Obama, notamment Power Africa, Feed the Future et PEPFAR, l'initiative américaine fructueuse de lutte contre le VIH/sida.

Il serait juste de dire que Washington aujourd'hui est plus concentré que jamais sur des politiques qui mettent « l'Amérique d'abord ». Mais nous voyons des signes que les dirigeants américains, politiques et militaires, comprennent toujours qu'il est dans l'intérêt des États-Unis d'instaurer de bonnes relations avec l'Afrique. Avoir de bonnes relations avec les pays africains favorise la sécurité américaine. Les liens économiques avec les pays africains contribuent à la croissance économique des États-Unis.

Je crois que les efforts visant à renforcer et à exploiter pleinement les ressources pétrolières de l'Afrique s'étendront sur plusieurs années et de nombreux dirigeants et positions politiques guideront les actions des États-Unis. En tant qu'Africain, il serait sage d'encourager et d'accueillir autant que possible des engagements positifs, comme le fait Washington, tout en restant attentif aux besoins de nos pays et aux décisions dans leur intérêt.

Plus puissants ensemble : l'énergie africaine et l'ingéniosité américaine

L'Afrique est certes une source d'énergie potentielle – mais de nombreuses régions du continent ne disposent pas de l'infrastructure et des ressources nécessaires pour exploiter ce potentiel. Grâce à des partenariats révolutionnaires avec des entreprises américaines, nous pouvons résoudre les problèmes d'énergie de l'Afrique et faire des choses vraiment invraisemblables.

Voici quelques exemples de ce qui peut arriver lorsque l'énergie africaine et l'ingéniosité américaine unissent leurs forces :

- Pioneer Energy, basé à Denver, travaille à élaborer des solutions pour aider à réduire le torchage du gaz au Nigéria et en Guinée équatoriale. Ces efforts ont été en grande partie menés par Ann Norman, directrice générale de Pioneer, Afrique subsaharienne. Norman a été une championne du secteur de l'énergie en Afrique et elle s'est installée au Nigéria pour jouer un rôle plus actif dans l'industrie énergétique du pays.[334]
- En juin 2019, deux sociétés américaines, Symbion Power, de New York, et Natel Energy, de Californie, ont annoncé une collaboration qui permettrait de fournir de l'énergie hydro-électrique aux communautés africaines sous-desservies. Symbion Power investit également dans une centrale géothermique au Kenya.[335]

En outre, des programmes tels que l'initiative « Power Africa », financée par le gouvernement américain, encouragent les entreprises du secteur privé à contribuer au développement de l'énergie africaine, à la construction du réseau électrique africain et à l'amélioration des infrastructures dans les communautés rurales africaines. Voici quelques-uns des nombreux participants :

- Citi, une institution financière mondiale basée aux États-Unis, s'est engagée à fournir des capitaux, une expertise et des conseils dans le secteur, et même des systèmes de paiement pour faciliter les affaires en Afrique.
- General Electric « a l'intention de fournir une technologie

basée sur diverses sources de combustible en fonction de chaque projet, y compris l'énergie solaire, éolienne et au gaz naturel, afin de fournir l'électricité et d'aider les partenaires à trouver un financement pour ces projets ».

- La United States Energy Association encourage la croissance du secteur de l'énergie en Afrique en commanditant des événements et en promouvant les possibilités de commerce et d'investissement pour les entreprises américaines intéressées par l'énergie africaine.
- Les sociétés américaines d'énergie alternative telles que NextGen Solar, dVentus Technologies et NOVI Energy s'emploient à développer une énergie durable en Afrique.[336]

18

Lumières éteintes : réformer les monopoles de production d'énergie africains et faire la transition vers l'avenir

Il est presque impossible de surestimer l'impact de la fiabilité de l'alimentation électrique sur le développement économique, industriel, social ou même culturel de la vie contemporaine. L'électricité alimente tout : elle éclaire nos nuits ; elle alimente toutes les activités économiques ; elle nous relie au monde. Il est fort possible que vous lisiez la version électronique de ce livre sur un appareil électrique.

Malheureusement, pour beaucoup d'Africains, l'alimentation électrique n'est pas fiable. Des centaines de millions de personnes en Afrique, en particulier celles qui vivent dans des zones rurales et éloignées sur le continent, sont déconnectées du réseau national. Mais le problème de la fiabilité de l'alimentation n'est pas uniquement de nature géographique. Même pour les Africains connectés aux réseaux électriques nationaux, de vivre sans électricité est une constante. De nombreux réseaux africains sont anciens, délabrés et mal entretenus. Les pannes sont courantes. La confiance dans les fournisseurs d'électricité est faible : dans certains endroits, les gens ne sont tout simplement pas abonnés au service d'électricité ou refusent de payer. De nombreuses personnes choisissent d'établir des connexions illégales au réseau, exerçant davantage de pressions sur le réseau et affaiblissant les revenus du fournisseur, qui a son tour rend le financement des améliorations au réseau encore plus difficile.

La situation n'est certainement pas idéale. Le résultat de cette situation est clairement visible, en Afrique du Sud, par exemple, même s'il s'agit de la plus grande économie avec l'un des taux d'accès à l'électricité les plus élevés d'Afrique.

En mars 2019, la compagnie d'électricité sud-africaine appartenant à l'État, Eskom, a été contrainte de mettre en œuvre à plusieurs reprises des délestages de charge sur son réseau, laissant ainsi le pays dans le noir. Un certain nombre de facteurs ont été à l'origine de cet événement, notamment des pannes de centrale, le manque de réserves de diesel et même des dommages liés aux conditions météorologiques sur le réseau électrique du pays reliant le Mozambique, qui auraient pu contribuer à l'alimentation en électricité. Le président sud-africain, Cyril Ramaphosa, a qualifié cette combinaison d'événements de « tempête parfaite » contre laquelle il n'y avait presque rien à faire.[337]

Bien qu'on puisse tous convenir qu'il s'agissait d'un mélange de facteurs particulièrement difficile, la vérité est que les pannes de courant sont monnaie courante en Afrique du Sud. Des réseaux d'infrastructure en ruine, un manque d'investissement dans la maintenance, une gestion médiocre, la corruption, un personnel en surnombre – la liste des raisons est longue, mais les conséquences sont très réelles.

La situation au point le plus au sud du continent est particulièrement désastreuse, car Eskom, responsable de 95% de la production électrique du pays, est sur le point de s'effondrer sous la gigantesque dette accumulée, mais j'y reviendrai dans un instant.

Les pannes de courant ne sont pas simplement gênantes. Elles empêchent effectivement un pays de produire et mettent en péril une énorme quantité de richesse. Les hôpitaux sans électricité mettent en péril des vies ; les industries et les services sont paralysés. La Banque africaine de développement estime qu'un approvisionnement en électricité insuffisant coûte chaque année environ deux points de pourcentage de la croissance du PIB à l'Afrique subsaharienne.[338] Ce chiffre est souvent utilisé, mais mérite d'être répété. Sur un continent qui a tant besoin de développement économique pour améliorer la qualité de vie de ses habitants, il s'agit d'une terrible réalité.

Un rapport publié en 2019 par la Banque mondiale indique que l'accessibilité moyenne à l'électricité sur l'ensemble du continent africain est de 43%, soit moins de la moitié de la moyenne mondiale de 88%. Cela représente environ 600 millions de personnes sans accès à l'électricité. Dire qu'il y a place à amélioration est peut-être le plus énorme euphémisme de l'année.[339]

Mais pourquoi les réseaux électriques en Afrique semblent-ils si peu fiables et d'une portée aussi limitée ? J'estime que le problème ne dépend pas seulement du nombre de ressources allouées au développement des infrastructures, mais que cela a à voir avec la nature même des compagnies d'électricité en Afrique.

Traditionnellement, les infrastructures de production, de transmission et de distribution d'électricité étaient la propriété de l'État. C'était le cas en Europe, en Amérique du Nord et ailleurs dans le monde, la taille et le coût de la mise en place d'un réseau faisant du budget national le seul budget permettant de construire des centrales, des centaines de sous-stations, des kilomètres des lignes électriques, et leur connexion aux habitations. Les entreprises monolithiques et verticalement intégrées étaient responsables de tous les aspects du réseau, y compris de la tarification.

Ce n'est cependant plus le cas. Peu à peu, les compagnies d'électricité du monde entier ont été dégroupées en opérations plus petites et plus spécialisées, plus faciles à surveiller, à gérer et à maintenir. Dans la plupart des régions, le réseau a été privatisé, favorisant l'optimisation des services et réduisant les coûts. La plupart des régions, mais pas en Afrique subsaharienne. Cela doit changer.

Réparer les compagnies d'électricité de l'ASS

Dans 38 pays d'Afrique subsaharienne sur 48, le secteur de l'électricité est entièrement sous le contrôle de l'État. Dans la plupart des 10 autres pays, les États ont laissé un peu d'espace pour la participation du secteur privé, mais celui-ci reste généralement limité. La plupart d'entre eux souffrent des mêmes problèmes d'inefficacité et d'infrastructure vieillissante. Le problème est que la plupart des États, sinon tous, qui contrôlent ces compagnies, ne disposent pas des capitaux nécessaires pour investir dans l'amélioration et l'extension de leurs réseaux électriques.

Cela coûte très cher à l'économie du pays et à ses habitants. Il s'agit d'investissements à long terme à forte intensité de capital qui tendent à s'opposer aux priorités à court terme des dirigeants politiques. En outre, malgré leur nature monopolistique, ces compagnies perdent systématiquement de l'argent. Selon une étude de la Banque mondiale sur 39 compagnies d'électricité en Afrique, seules celles de l'Ouganda et des Seychelles parviennent à recouvrer leurs coûts opérationnels et en capital, et seulement 19 d'entre elles ont récupéré uniquement leurs coûts opérationnels. Dans cette configuration, ces compagnies sont obligées d'accumuler des dettes et de ne jamais fournir de services fiables à la population, demeurant ainsi un fardeau pour l'État.

Une grande partie du problème provient du fait que ces compagnies sont trop grandes, trop opaques et trop étendues pour pouvoir corriger les inefficiences. En outre, les États-nations deviennent tellement dépendants de ces institutions monolithiques qu'elles sont considérées comme « trop grandes pour faire faillite », comme Président Ramaphosa l'a dit à propos d'Eskom. En février 2019, le gouvernement sud-africain a annoncé un appui budgétaire de 1,55 milliard d'USD pour Eskom. Les problèmes survenus depuis lors par la société garantissent que de nouvelles contributions seraient nécessaires pour la sauver. Eskom a actuellement une dette de près de 30 milliards d'USD, ce qui représente environ 10% du PIB de l'Afrique du Sud.[340]

Aujourd'hui, l'économie sud-africaine s'est contractée de 3,2% au premier trimestre de 2019. Cela était en partie dû à la réduction de l'activité économique causée par le délestage de charges mis en place par Eskom, qui s'efforçait de protéger le réseau national de l'effondrement. Moins de valeur créée signifie moins de recettes fiscales pour l'État, ce qui rendra le fardeau de sauver Eskom encore plus lourd, mais pas aussi lourd que l'effondrement du réseau national. Il est quasi certain que le déficit du budget national dépassera largement les estimations initiales, au péril de la dernière notation de risque crédit correspondant à la catégorie « Investment Grade » de l'Afrique du Sud. La perdre déclencherait probablement une sortie d'investissement rapide.

Fondamentalement, le gouvernement sud-africain se trouve pris en otage par sa compagnie d'électricité nationale. Le moins que l'on puisse dire, c'est qu'il s'agit d'une situation insoutenable. La solution réside dans le dégroupage : de séparer la production d'électricité de la transmission et de la distribution faciliterait immédiatement la gestion et l'identification des problèmes sur le réseau. Cela signifie également que si une compagnie est au bord de l'effondrement, il s'agirait d'une petite compagnie et il serait beaucoup plus facile pour l'État de l'aider à se remettre sur pied. C'est exactement ce que le président Ramaphosa avait promis de faire en février. Cependant, compte tenu de la forte opposition des puissants syndicats de travailleurs d'Afrique du Sud, qui craignent les licenciements, il n'est pas certain qu'il puisse poursuivre le processus.

Malheureusement, Eskom n'est que l'une des innombrables compagnies d'électricité nationales du continent confrontées à de graves problèmes. SEGESA en Guinée équatoriale, NEPA au Nigéria et beaucoup d'autres ne parviennent pas à fournir des services adéquats à leurs clients. Eneo, au

Cameroun, vient d'annoncer en juin une série de coupures de courant et de réductions de l'approvisionnement en électricité en raison de l'endettement croissant. Au Ghana, l'endettement croissant du secteur de l'énergie, qui s'élève à 2,2 milliards d'USD, freine l'expansion du réseau depuis des années.[341] Au moment d'écrire ces lignes, São Tomé e Príncipe vient endurer une panne d'électricité de cinq jours, car le pays ne dispose pas des réserves de carburant pour alimenter ses installations de production d'énergie minuscules. Heureusement, il y a aussi des exemples sur le continent qui offrent des leçons positives.

La leçon ougandaise et kenyane

Quelques pays subsahariens ont déjà entrepris de dégrouper leurs services d'électricité. L'Ouganda représente un exemple particulièrement éclairant de ce que le dégroupage et la privatisation progressive du secteur de la production d'électricité peuvent faire pour accroître l'accessibilité à l'électricité et sa fiabilité. En 1999, le réseau électrique ougandais était sur le point de s'effondrer avec des infrastructures anciennes et sous-entretenues ayant du mal même à desservir le petit nombre de personnes connectées au réseau. Le gouvernement a choisi de prendre position en mettant en œuvre l'un des efforts de libéralisation les plus complets et les plus complexes jamais observés dans le secteur de l'électricité en Afrique.

Comme certains États ont choisi de le faire, l'Ouganda a dégroupé son service public national en opérations de production, de transmission et de distribution, en choisissant de conserver le contrôle de son réseau de transmission, un secteur dans lequel l'intérêt public l'emporte sur la viabilité commerciale. Le processus était complexe et pas sans défauts, mais des acteurs du secteur privé ont rapidement commencé à apparaître sous la forme de producteurs d'énergie indépendants (PEI), contribuant activement à soulager un réseau national hydro-électrique en proie à la sécheresse.

Un cadre réglementaire complet a été mis en place pour gérer la transition au sein du secteur, avec une autorité indépendante chargée de surveiller les licences et la tarification, tandis qu'une entité spécifique a été créée pour gérer l'électrification en milieu rural. Cette transformation a eu pour résultat une augmentation considérable de la capacité de production du pays, des améliorations de l'efficacité, une réduction des pertes et un accès accru.

Cela est particulièrement évident dans Umeme, le réseau de distribution d'électricité entièrement privatisé de l'Ouganda. Après avoir été repris par un partenaire de capitaux privés, Actis, en 2009, et à la suite d'une stratégie de restructuration et de développement basée sur le renforcement de la gouvernance, des améliorations opérationnelles, la sensibilisation communautaire et la facilitation du financement, le réseau vétuste d'Umeme a vu un changement remarquable. Sa clientèle est passée de 292 000 en 2005 à plus d'un million en 2017. L'agrandissement de sa clientèle était en grande partie grâce au système prépayé de la compagnie, ce qui a contribué à faire passer la collecte de revenus de 80 à 99% au cours de la même période. Les pertes d'énergie résultant de l'amélioration du réseau ont été réduites de 38% à 17,5%. En obtenant un revenu constant et la confiance des investisseurs, la compagnie a été en mesure d'investir un demi-milliard de dollars dans l'amélioration et l'expansion du réseau.[342] Ces résultats remarquables au cours des dix dernières années sont rares dans le continent africain, mais ils illustrent bien ce qu'il est possible de réaliser grâce à une réglementation stricte, à la libéralisation du marché et à l'encouragement de la concurrence et de l'efficacité.

Cela ne signifie nullement qu'il n'y ait pas eu de problèmes de production d'électricité en Ouganda, qui continue à enregistrer l'un des taux de pénétration de l'électricité les plus bas au monde. En outre, les processus de privatisation tels que celui en cours au Nigéria, où le gouvernement a également choisi de garder le contrôle du secteur de la transmission, illustrent bien la nécessité d'une expertise et de cadres de réglementation et de mise en œuvre solides pour mener à bien les plans de réforme.

En dépit des efforts déployés pour réformer et libéraliser son réseau électrique, les problèmes rencontrés par le Nigéria en matière d'évaluation des performances, de changements de leadership politique et de manque de préparation générale à la transition globale empêchent le secteur privé d'améliorer le secteur de l'électricité. En conséquence, le pays reste mal desservi par son réseau électrique, utilisant moins de la moitié de sa capacité installée déjà insuffisante et subissant des pertes de réseau considérables. Les entreprises et les personnes qui en ont les ressources se sont habituées à consacrer une partie considérable de leur budget à l'alimentation de leurs propres générateurs de secours au diesel, qui coûtent cher, afin de rester en activité. Les processus de privatisation en Ouganda et au Nigéria restent en deçà, mais leur potentiel à apporter des changements significatifs et positifs demeure.

On peut observer un autre exemple important au Kenya. Dans les années 90, le réseau électrique du Kenya a fait l'objet d'un vaste processus de dégroupage et de libéralisation. Également dominé par la production hydro-électrique, des années de sécheresse ont montré les limites du réseau électrique vieillissant du pays et ont obligé le gouvernement à investir dans une production thermique d'urgence coûteuse pour compenser la perte de production. Afin de minimiser les investissements publics et sous le régime juridique réformé, des producteurs d'énergie indépendants sont entrés sur le marché kenyan au début des années 2000, tandis que le gouvernement continuait d'investir dans sa propre infrastructure de nouvelle production. Le gouvernement a également séparé la production, sous la responsabilité de la Kenya Electricity Generation Company et d'un nombre croissant de PEI, et a créé la Kenya Electricity Transmission Company (Ketraco), qui s'occupe de la transmission et du développement de l'infrastructure.

Alors que la semi-privatisation du secteur de la production apportait un grand soulagement au réseau, la structure plus légère et plus focalisée sur l'élaboration des projets de Ketraco a permis de construire 1 000 kilomètres d'infrastructures de transmission au cours de ses six premières années d'existence, ce qui représente une amélioration considérable par rapport aux 3 200 kilomètres construits au Kenya entre 1956 et 2008. L'extension du réseau a permis la liaison d'un certain nombre de projets de nouvelle production à connecter avec un réseau en constante expansion. Un cadre favorable à l'attraction des investissements, associé à un système de tarifs de rachats garantis (TRG) accordant aux producteurs des contrats à long terme à prix fixe, a donné au secteur privé la confiance dont il avait besoin pour continuer à investir dans le réseau. En conséquence, l'accès à l'électricité au Kenya a rapidement augmenté, passant de 32,1% en 2008 à 63,8% en 2017. Aujourd'hui, il se dirige vers un accès universel à l'électricité grâce aux investissements privés et aux programmes d'aide internationale.[343]

En présentant ces exemples, je ne choisis pas à la carte. Nul n'ignore que l'Afrique du Sud a également ouvert son marché aux PEI, mais elles représentent aujourd'hui moins de 5% de la production du pays, et le contrôle général du marché par Eskom a en grande partie découragé les investissements. Sur tout le continent, nous avons des exemples d'efforts de dégroupage et de privatisation qui restent principalement infructueux. Toutefois, les investisseurs se sont tenus à distance principalement dus à l'absence d'un environnement propice aux investissements et de transparence.

Soyons honnêtes, l'Afrique ne réalisera jamais tout son potentiel si elle ne parvient pas à alimenter ses industries, ses services ou même ses ménages. Cet extrait du rapport « Power People Planet » [Énergie, population et planète] de 2015 de l'Africa Progress Panel dresse un portrait fidèle du problème du secteur de l'énergie :

« Beaucoup trop de fonds publics sont gaspillés en subventions énergétiques inefficaces et inéquitables. Les gouvernements dépensent 21 milliards d'USD par an pour couvrir les pertes d'électricité et subventionner des produits à base de pétrole, en détournant les ressources d'investissements énergétiques plus productifs. Les ménages les plus pauvres d'Afrique sont les victimes involontaires d'un des échecs du marché mondial les plus marquants. Nous estimons que les 138 millions de ménages comprenant des personnes vivant avec moins de 2,50 USD par jour dépensent 10 milliards d'USD par an en produits liés à l'énergie, tels que le charbon de bois, les bougies, le kérosène et le bois de chauffage. Traduits en termes de coûts équivalents, ces ménages dépensent environ 10 USD/kWh en éclairage, soit environ 20 fois le montant dépensé par les ménages à revenu élevé connectés au réseau pour leur éclairage. »

Le rapport indique en outre que « les investissements actuels dans le secteur de l'énergie ne représentent que 8 milliards d'USD par an, soit 0,49% du produit intérieur brut (PIB) (de l'Afrique). C'est insuffisant. On estime que le déficit de financement des investissements pour répondre à la demande et réaliser l'accès universel à l'électricité est d'environ 55 milliards d'USD, soit 3,4% du PIB de l'Afrique en 2013. »[344]

Selon les estimations, le capital nécessaire pour atteindre l'accès universel d'ici 2030 varie entre 50 et 90 milliards d'USD par an. Le coût moyen pour respecter la date limite de clôture deviendra plus important pour chacune des années durant laquelle l'objectif annuel ne sera pas atteint. Ce qui semble absolument certain, c'est que les gouvernements africains ne disposent pas du capital pour réaliser ces investissements eux-mêmes et que les services publics nationaux intégrés verticalement ne sont pas prêts à maximiser les avantages de ces investissements. La coopération entre le secteur privé et les organisations internationales doit jouer un rôle fondamental dans la réalisation de ce potentiel, tandis que les gouvernements doivent encourager et faciliter non seulement les investissements dans le secteur de l'électricité, mais aussi surveiller, réglementer et appliquer des lois à la fois justes et durables en matière de performance, d'investissement et de tarification.

Transition vers le futur

L'Afrique est un continent riche en énergie dans tous les sens du terme, mais nous nous concentrons en matière d'énergie principalement sur les exploitations pétrolières et gazières. Les investissements étrangers dans le secteur de l'énergie du continent sont en très grande majorité dominés par une avalanche de capitaux dans les domaines de l'exploration et de la production d'hydrocarbures. La dépendance vis-à-vis de ce type d'énergie a créé une richesse considérable pour les pays riches en pétrole, mais a entraîné des coûts considérables pour ceux qui n'ont pas de réserves de pétrole, de gaz ou de charbon. Elle a également, dans une plus large mesure, façonné l'histoire de l'Afrique au cours des cent dernières années.

Bien que j'estime que l'industrie pétrolière et gazière ait un potentiel énorme pour alimenter le développement économique et permette à des centaines de millions de personnes de sortir de la pauvreté, nous ne devrions pas ignorer les évolutions avec le temps et ses conséquences pour l'industrie énergétique mondiale.

Une transition énergétique est en cours à travers le monde et également sur le continent africain. Les préoccupations relatives à l'utilisation d'hydrocarbures, aux émissions de dioxyde de carbone (C ^{2}) et aux preuves de plus en plus évidentes du changement climatique dominent les débats sur l'énergie et se reflètent dans les investissements croissants réalisés dans les énergies renouvelables à travers le monde. Je ne veux pas engager un débat sur les raisons pour lesquelles l'Afrique devrait s'inquiéter des émissions de CO_2 alors que nous en sommes responsables pour si peu, comparé à d'autres régions du monde. Ce qui me préoccupe, ce sont les vies des populations du continent et les économies dans lesquelles elles vivent. Dans ce contexte, un certain nombre d'arguments plaident en faveur d'une transition progressive, cohérente et forte vers une matrice d'énergie plus verte.

Après tout, le Nigéria, le plus grand producteur de pétrole du continent, est un importateur net de produits pétroliers et ne parvient toujours pas à fournir une énergie fiable à ses citoyens – une situation paradoxale qui prévaut dans la plupart des pays producteurs de pétrole du continent. Pour ceux qui ne possèdent pas ces ressources, importer du pétrole et du gaz pour alimenter leur économie entraîne des coûts énormes pour le contribuable et la croissance économique.

Donc, je propose qu'il vaille la peine d'explorer d'autres options.

Ces dernières années, la chute des prix de l'énergie solaire et éolienne, l'amélioration des capacités de stockage et le changement de comportement des consommateurs ont entraîné un changement de paradigme dans le secteur de l'énergie mondial, qui passe progressivement de l'énergie à base de carbone à des formes d'énergie plus propres. À cet égard, encore une fois, le Kenya offre un parfait exemple du potentiel de ces technologies pour fournir de l'électricité aux Africains du monde entier. Confrontés aux difficultés susmentionnées liées à sa dépendance à l'hydro-électricité et obligés de recourir à la production d'énergie basée sur la thermique en utilisant du pétrole lourd, les dirigeants kenyans ont pris des mesures sans précédent. Doté d'abondantes ressources géothermiques dans la région des Grands Lacs, le Kenya a investi dans une importante production d'énergie géothermique au cours de la dernière décennie, ce qui le place aujourd'hui dans le top 10 des producteurs mondiaux d'énergie géothermique. Aujourd'hui, la production d'énergie géothermique représente près de 50% de la capacité du réseau du pays, l'hydro-électricité restant la deuxième source d'énergie, avec 30%.

Le parc éolien du lac Turkana, la plus grande installation de ce type en Afrique, a été mis en service en octobre 2018. Il représente désormais à lui seul 11% de la matrice énergétique du pays. La production d'énergie thermique s'élève actuellement à 13%, tandis que le gouvernement élimine progressivement les contrats d'achat d'électricité à long terme conclus en période d'urgence. Un certain nombre de développements dans l'énergie solaire devraient être mis en service dans les années à venir, ce qui ajoutera considérablement aux sources vertes de ce réseau. De plus, le Kenya compte le plus de systèmes de micro-réseau sur le continent, une solution rentable qui utilise l'énergie renouvelable dans des régions isolées pour alimenter les communautés sans avoir besoin de connexions onéreuses au réseau national. À mesure que le réseau se développera, le Kenya devrait atteindre un accès à l'électricité de 80% d'ici 2022 et une suffisance d'énergie renouvelable de 100% surprenante d'ici 2020.[345]

Comment le Kenya est-il devenu un leader mondial des énergies renouvelables ? Le pays avait cruellement besoin de sécurité énergétique à la suite de graves sécheresses qui ont freiné sa croissance économique. Le plan directeur global du gouvernement visant à remédier à ce problème était axé sur les ressources disponibles localement (énergie géothermique) et la faisabilité commerciale, tout en encourageant la participation du secteur privé par le biais de politiques. Le système TRG mentionné précédemment garantissait la sécurité des prix, tandis que la Geothermal Development Company spécialement créée était chargée de l'exploration et du forage géothermique, ce qui réduisait considérablement le risque opérationnel et facilitait la participation du secteur privé à la production d'énergie. Des politiques discriminatoires, notamment des allégements fiscaux, ont été mises en place pour favoriser les investissements dans les énergies renouvelables ; de vastes programmes de formation ont permis de former une main-d'œuvre nombreuse et hautement qualifiée dans le secteur des énergies renouvelables ; des entités indépendantes fortes ont été créées pour surveiller le secteur et mettre en œuvre la réglementation ; et des programmes de financement internationaux ont été utilisés de façon intensive.

En résumé, aucune de ces possibilités n'est unique au Kenya. Certes, les ressources géothermiques ne sont pas disponibles partout, mais la plupart des pays africains ont une exposition solaire très adéquate pour la production d'électricité, sans parler de l'énergie éolienne, de l'énergie hydraulique et d'autres formes de production d'énergie propre.

Veuillez garder à l'esprit que le Kenya est sur le point de devenir un exportateur de pétrole et de gaz, avec d'importantes réserves de pétrole et de gaz trouvées sur son territoire ces dernières années. Je ne dis pas que le pétrole et le gaz doivent être ignorés, mais que dans le processus de transition énergétique que traverse le monde, il serait sage pour les pays africains de diversifier leurs sources d'énergie et d'utiliser les sources d'énergie les plus durables économiquement et écologiquement à leur disposition.

Aujourd'hui, le Kenya est sur le point d'atteindre l'indépendance énergétique, avec une matrice énergétique diversifiée qui réduit les risques tout en maintenant les prix relativement bas. Et si l'exemple du Kenya est extrême, la plupart des pays africains ont quand même les ressources nécessaires pour au moins, en partie, faire de même. Beaucoup ont déjà fait des efforts dans ce secteur, de la centrale solaire de Senergy au Sénégal et la centrale solaire de Mocuba au Mozambique et à la centrale solaire de Lusaka en Zambie.

Pour les pays où les ressources en énergies renouvelables ne sont pas aussi abondantes et économiques, une économie sobre en carbone peut également être développée autour de ressources moins polluantes et plus abondantes, à savoir le gaz naturel, qui offre des occasions économiques exceptionnelles à travers le continent, que j'ai déjà largement couvertes dans ce livre.

Une chose est sûre cependant : l'Afrique ne réalisera jamais son véritable potentiel tant que l'accès à une énergie fiable ne sera pas généralisé, et cela ne sera possible que si nous disposons de compagnies d'électricité, bien financées et transparentes, qui utilisent les nouvelles technologies et solutions et travaillent en partenariat avec le secteur privé pour promouvoir la capacité du continent à s'autoalimenter de manière durable. L'heure est venue de le faire.

L'innovation est la clé

Le « saut technologique » n'est pas un concept nouveau, mais c'est un concept très pertinent pour l'état actuel du secteur de l'énergie en Afrique. L'idée selon laquelle nous pouvons tirer parti des technologies plus efficaces mises au point dans d'autres régions du monde pour sauter certaines étapes internes du progrès menant à un avenir plus efficace n'est rien d'autre qu'attrayante.

Nous avons assisté à de tels progrès avec le processus d'industrialisation de la Chine : bien qu'ayant commencé beaucoup plus tard que l'Europe ou les États-Unis, l'industrie chinoise s'est développée dans un laps de temps beaucoup plus court, car elle bénéficiait de technologies avancées et efficaces. Les solutions élaborées par nécessité, comme l'industrie de l'éthanol au Brésil, développée après la crise des approvisionnements en pétrole du début des années 1970, illustrent bien comment l'innovation apportant des solutions plus efficaces et plus propres peut contribuer à des sauts qualitatifs dans certains secteurs industriels.

En ce sens, l'Afrique est très bien placée pour tirer parti des technologies émergentes et éprouvées dans le secteur de la production d'électricité. Nous avons été témoins de ce phénomène dans d'autres industries, telles que celle des télécommunications, dans laquelle la plupart des pays africains ont évité de lourds investissements dans un système téléphonique national, en passant directement aux téléphones mobiles. Au-delà de la simple réplication des technologies existantes, certains pays africains peuvent tirer parti de leurs propres paysages uniques pour aller encore plus loin dans le futur que le reste du monde.

L'une des applications potentielles les plus intéressantes des nouvelles technologies dans le secteur de l'énergie pourrait être la combinaison de panneaux photovoltaïques (PV) individuels connectés en réseau et gérés via un système blockchain. En termes simples, les personnes non connectées au réseau électrique national pourraient, par exemple, placer un panneau photovoltaïque sur leur toit et produire leur propre énergie. Pour surmonter le besoin de solutions de stockage coûteuses, ces personnes pourraient être connectées à un réseau local d'autres personnes productrices d'énergie et échanger de l'énergie, en achetant et vendant sur le réseau le cas échéant. Les transactions utiliseraient un système de grand livre décentralisé, qui enregistrerait les soldes de chaque producteur d'énergie et les traduirait sous la forme d'une crypto-monnaie qui pourrait ensuite être échangée contre des services publics ou d'autres types de biens. Ce type de solution pourrait avoir un impact extrêmement important sur les efforts d'alimentation en électricité dans les régions éloignées, en évitant la nécessité d'investir dans des connexions de transmission importantes vers des installations de production d'énergie centralisées.

Le fait est que les pays africains dont une partie considérable de leur population est déconnectée du réseau électrique national pourraient effectuer la transition vers des marchés décentralisés de la micro-énergie beaucoup plus rapidement que ceux disposant de marchés plus consolidés dans d'autres parties du monde.

Ce système pourrait entraîner l'électrification rapide des zones rurales en Afrique et garantir un certain niveau de sécurité énergétique, sans qu'il soit nécessaire d'attendre que les services publics nationaux disposent des ressources nécessaires pour investir dans l'expansion du réseau.

Si la croissance explosive du nombre de téléphones mobiles en Afrique est une indication, avec de nombreux pays enregistrant davantage de consommateurs pour les abonnements mobiles que pour les connexions au réseau électrique, les systèmes électriques décentralisés pourraient se répandre très rapidement sur tout le continent et répondre aux besoins de ceux qui vivent dans des zones où l'accès à l'électricité reste économiquement irréalisable.

Ce n'est là qu'un exemple parmi une multitude de nouvelles solutions développées chaque jour dans le secteur de l'énergie que les dirigeants et les entrepreneurs africains auraient tout intérêt à évaluer et à prendre en compte, dans la mesure où elles offrent une occasion unique de propulser le continent vers l'avant.

Qu'en est-il du « Supermajor » ?

Pour de nombreuses économies basées sur le pétrole en Afrique, la transition vers une matrice de production d'énergie à faible émission de carbone pourrait ne pas sembler toujours l'option la plus évidente. Dans de nombreuses régions, le passage du pétrole lourd au gaz naturel pour la production d'électricité constituerait déjà une option beaucoup plus fonctionnelle, économique et propre. Mais cette transition affecte-t-elle l'avenir de l'industrie pétrolière elle-même, qui soutient tant d'économies sur le continent ?

Au moins pour les prochaines décennies, le pétrole est là pour rester. Bien que la croissance de la demande ait ralenti de manière notable ces dernières années, le pétrole brut continuera de soutenir le développement économique pendant de nombreuses décennies. Nous ne pouvons cependant pas ignorer les transformations qui se produisent autour de nous et il est clair que les compagnies pétrolières et gazières sont très conscientes de la marée changeante qui semble se rapprocher, un moment de transformation surnommé le «pic pétrolier », où la demande mondiale devrait se trouver véritablement réduite.

Pour le moment, le changement s'est produit principalement dans le secteur de la production d'électricité. Le transport reste largement tributaire des produits pétroliers, et même si les véhicules électriques légers se généralisaient, il n'existait toujours pas de solution viable pour remplacer les produits à base de pétrole dans les transports routiers lourds, maritimes ou aériens. En outre, la demande de plastiques, d'engrais et d'autres produits à base de pétrole et de gaz devrait continuer à augmenter dans les années à venir. Il existe plusieurs possibilités d'ajustement et d'adaptation aux réalités de l'avenir, et les compagnies pétrolières et gazières ont emboîté le pas du paysage en évolution.

Au cours des deux dernières décennies, la plupart des exploitants pétroliers et gaziers ont progressivement investi dans la recherche et le développement de nouvelles formes d'énergie. La plupart des majors diversifient leur portefeuille en remplaçant la plupart des actifs pétroliers par le gaz naturel, qui est considéré comme ayant une demande croissante beaucoup plus soutenue à l'avenir que le pétrole. Plus récemment, certains ont également décidé d'investir dans la production d'énergie renouvelable, principalement solaire et éolienne. Quelques-uns ont même changé de nom pour projeter un changement de profil d'entreprise, passant d'une « compagnie pétrolière et gazière » à une « compagnie énergétique ». Le changement de nom de Statoil de la Norvège – rebaptisé Equinor est un parfait exemple de ce changement dans l'industrie.

En particulier en Europe, ces compagnies se sont positionnées pour suivre les tendances et les technologies du marché et restent dominantes dans tous les domaines de l'énergie. Certaines, comme BP et Shell dans les années 90, ont souffert de l'adoption de technologies immatures qui ne se révélaient pas rentables, mais à mesure que le secteur a évolué, le risque de pénétration précoce a diminué.

Jusqu'à présent, ces transitions ont fait preuve de prudence. Shell, qui est le plus agressif parmi les majors sur le marché des énergies renouvelables, consacre toujours moins de 10% de son budget d'investissement annuel aux énergies renouvelables, mais la tendance est à la hausse chez les principaux acteurs du secteur. Au-delà des aspects économiques de cette question, les compagnies pétrolières et gazières seront des acteurs fondamentaux dans la lutte pour la durabilité environnementale et l'atténuation des effets du changement climatique. Pour reprendre les mots du secrétaire général de l'OPEP, Mohammad Barkindo, en juin 2019, « l'industrie pétrolière et gazière est une partie instrumentale de la lutte contre le changement climatique. » Il a poursuivi en disant, « Nous pensons que le pétrole et le gaz font partie de la solution au changement climatique et que la solution réside dans la technologie, des politiques appropriées et des décisions d'entreprise ».[346]

Les compagnies pétrolières et gazières peuvent faire beaucoup plus dans le domaine de la gestion des ressources et de l'atténuation des impacts sur l'environnement. À travers l'Afrique, de nombreux gouvernements ont également poussé les acteurs locaux et étrangers à s'adapter à des pratiques moins dommageables. Au Nigéria, par exemple, les efforts visant à interdire le torchage du gaz et à utiliser la ressource pour la production d'électricité sont un exemple bien connu de ces initiatives politiques, même si leur succès a été limité.

Les synergies entre les acteurs du secteur pétrolier et gazier et les décideurs africains seront essentielles pour optimiser la transition énergétique du continent vers des économies à faibles émissions de carbone, tout en assurant la viabilité financière.

Des compagnies – énergétiques – et non pétrolières et gazières

J'ai beaucoup parlé des acteurs privés qui entrent sur le marché de l'énergie et exploitent les occasions pour assurer une sécurité énergétique plus fiable et durable. Mais qui sont ces acteurs privés ? Certes, il y a beaucoup d'entreprises qui se sont spécialisées dans les nouvelles technologies et formes d'énergie propre qui pourraient être très intéressées à puiser dans ces marchés africains principalement sous-explorés. Pour que cela se produise, les gouvernements doivent créer des environnements commerciaux attrayants et propices afin de faciliter les investissements étrangers et locaux dans ces industries. Fondamentalement, des politiques prévoyant la formation et la préparation de la main-d'œuvre pour qu'elle soit en mesure de participer à cette transformation doivent être définies, exactement comme ce qui est arrivé au Kenya. Les cadres fiscaux et tarifaires doivent être définis de manière à permettre une concurrence accrue entre les producteurs et à promouvoir des tarifs abordables pour les consommateurs.

Tout cela est vrai et éprouvé et constitue un élément fondamental de l'avenir du secteur de l'énergie en Afrique et de son développement économique dans son ensemble. Du point de vue des investissements, l'Afrique subsaharienne reste un marché frontière en matière d'énergies renouvelables, avec seulement 10% environ de son énergie provenant de sources vertes, contre environ 25% au niveau mondial.[347] Mais je suis d'avis que la transition des économies à haute intensité de carbone vers les économies à faibles émissions de carbone impliquera des acteurs beaucoup plus traditionnels que ce à quoi beaucoup pourraient s'attendre: les mêmes compagnies pétrolières et gazières qui opèrent maintenant dans les principaux points chauds du pétrole et du gaz d'Afrique. Après tout, ces compagnies sont déjà des acteurs bien établis avec une solide connaissance du marché, une compréhension du cadre juridique et du système politique, ainsi que le capital et le savoir-faire nécessaires pour poursuivre des efforts de cette envergure.

De toute évidence, un changement de culture sera également nécessaire au sein de ces acteurs du secteur pétrolier et gazier pour assurer la réussite de la transition : il existe des différences entre les modèles commerciaux de production de pétrole et d'électricité. Et le monde de l'entreprise, en particulier dans le cadre de l'expérience africaine, n'a jamais regardé les services publics d'un très bon œil. Mais ce changement arrive, comme le montre cet extrait d'un article de novembre 2018 du Financial Times :

« Total a déclaré qu'elle était 'allergique' au terme 'service public' alors même qu'elle développait une activité d'énergie de détail en France tout en contournant le marché réglementé. Elle a racheté la société américaine SunPower, le fournisseur d'électricité Lampiris et le spécialiste des batteries Saft, et a pris une participation indirecte dans EREN Renewable Energy avant de racheter le distributeur français d'électricité Direct Énergie pour 1,4 milliard d'euros cette année. Cela lui a permis de développer un portefeuille de centrales à énergie renouvelable et à gaz. »

Partout en Europe, de grandes compagnies pétrolières et gazières telles que Repsol ou Shell ont déjà des bornes de recharge pour véhicules électriques, produisent du matériel d'énergie renouvelable et disposent d'un grand portefeuille de production de gaz naturel. Equinor a beaucoup misé sur les parcs éoliens off-shore. Sous son « Beyond Petroleum » [Au-delà du pétrole], BP a racheté la société solaire Lightsource, le réseau de recharge pour véhicules électriques, Chargemaster, et le fabricant de batteries Store Dot.

Ce sont des avancées décisives vers un avenir plus vert du secteur de l'énergie. La question qui se pose à nous est la suivante : comment pouvons-nous apporter et promouvoir ce type de synergies en Afrique ?

Où se situent les Africains ?

À l'heure actuelle, nous nous trouvons tout à l'arrière – pour plusieurs raisons. Et nous continuerons de prendre du retard jusqu'à ce que nous répondions à certaines questions critiques :

Comment pouvons-nous espérer favoriser le développement et promouvoir les investissements dans nos secteurs de production d'électricité si nos réseaux électriques continuent d'être regroupés dans des compagnies inefficaces, opaques, politisées et sous-financées ?

Pourquoi les investisseurs étrangers voudraient-ils participer à un système qui ne réussit pas souvent à générer des revenus, ou selon lequel les compagnies de service public nationales omettent si souvent de payer leurs dettes ou de remplir leurs obligations ?

Si nous ne nous adaptons pas à ce monde en mutation, nous resterons à la traîne.

Aujourd'hui, l'Afrique est présentée avec une occasion unique. Le fait que notre réseau électrique soit sous-développé nous laisse moins de problèmes hérités, en ouvrant la porte à de nouvelles solutions et technologies. J'ai déjà largement abordé les défis sans fin qu'une alimentation électrique peu fiable représente pour une économie, en particulier dans un monde de plus en plus numérisé. Nous devons changer de vitesse et nous ajuster.

Nous devons dégrouper et rationaliser nos compagnies d'électricité, en les rendant plus légères, plus adaptables aux besoins du marché et plus faciles à gérer.

Nous devons créer les conditions permettant aux producteurs d'énergie indépendants d'entrer et de contribuer à accroître l'accès à l'électricité grâce à des solutions efficaces, propres et abordables.

Nous devons créer les conditions pour attirer les investissements et donner une certitude au secteur privé. Je ne parle pas uniquement des entreprises internationales, mais des entrepreneurs africains aussi.

Nous devons donner aux acteurs locaux les moyens d'exploiter ce marché en pleine croissance et de participer à cette transition énergétique. Pour cela, nous avons besoin de personnel qualifié, de programmes de formation, de politiques de promotion, d'accès aux équipements et d'avantages fiscaux visant le développement et le déploiement de nouvelles technologies.

Nous devons promouvoir l'échange de connaissances entre les pays africains et renforcer l'intégration des différents pools d'énergie du continent, afin de pouvoir tirer parti des atouts de chacun et de garantir la sécurité énergétique. Nous devons faire appel à nos partenaires internationaux et aux CPI, qui sont en train de se transformer en compagnies énergétiques. Elles possèdent le savoir-faire et les capitaux nécessaires pour investir dans ce type d'infrastructure.

Enfin, nous avons besoin de dirigeants compétents et forts qui comprennent la pertinence fondamentale des changements qui se produisent dans le monde et la nécessité de préparer les pays africains à tirer parti de ces changements.

L'Afrique a un potentiel de croissance extraordinaire dans ce secteur, qui générera à son tour une croissance économique plus générale grâce à une énergie propre, abordable et fiable. La question est de savoir si nous saisirons cette occasion ou si nous serons à nouveau laissés pour compte dans la marche en avant du monde.

19

Réflexions finales

Le milliardaire nigérian Benedict Peters a fait les gros titres au début de 2019 lorsque le Foreign Investment Network (FIN, www.foreigninvestmentnetwork. com) basé au Royaume-Uni lui a décerné le prestigieux prix *Icon of the Year Award*,[348] qui reconnaît les réalisations exceptionnelles dans les secteurs en amont, intermédiaires et en aval du secteur pétrolier africain. Le FIN, consultant financier pour les économies en développement, a rendu hommage à Peters pour ses contributions importantes au développement des ressources pétrolières et gazières en Afrique. Vingt ans après le lancement de son entreprise, Aiteo Group, Peters l'a transformé d'une petite entreprise en aval en un conglomérat énergétique intégré avec des investissements majeurs dans l'exploration et la production d'hydrocarbures.

Tout aussi importante, la richesse pétrolière et gazière accumulée par Peters représente un bien incommensurable pour les Africains ordinaires. Aiteo fait des dons importants et continus à des organisations à but non lucratif telles que FACE Africa, qui se consacre à fournir de l'eau potable aux Africains subsahariens. Son organisation à but non lucratif, la Fondation Joseph Agro, s'attaque au chômage et aux pénuries d'eau en créant des occasions d'emploi pour les agriculteurs. Et il ne faut pas oublier les centaines d'emplois locaux et d'occasions commerciales créés par les activités de son entreprise.

Pour ma part, c'est le type d'activité et le type de changement positifs que les ressources pétrolières de l'Afrique peuvent et devraient déclencher à travers le continent : la création d'emplois, le renforcement des capacités et l'autonomisation des Africains.

Bien entendu, des entreprises gigantesques et des milliards de dollars ne sont pas des conditions préalables pour que le pétrole et le gaz atteignent leur plein potentiel en Afrique. Les entreprises qui fonctionnent à une échelle beaucoup plus petite que celle d'Aiteo font une différence significative. Examinez ce qu'Egoli Gas a pu accomplir à Johannesburg, en Afrique du Sud :

- La société privée de distribution de gaz naturel est créatrice d'emplois. En 2018, elle employait 113 personnes et, à mesure qu'elle s'étendra au-delà de Johannesburg, elle offrira encore plus de débouchés et de possibilités de formation aux résidents de la région.
- La société soutient l'économie locale en achetant auprès et en créant des partenariats avec des sociétés sud-africaines, du fournisseur de services informatiques sud-africain qui permet à Egoli de surveiller son réseau de pipelines aux fournisseurs d'équipement.
- Egoli génère des recettes fiscales pour le gouvernement, qui peuvent à leur tour être capitalisées pour développer les infrastructures, financer l'éducation et investir dans la croissance économique et le bien-être à long terme de l'Afrique du Sud.

Bien que le gaz naturel qu'elle distribue provienne d'un autre pays africain, le Mozambique, Egoli fait une différence dans sa communauté. Et je suis convaincu que son exemple, comme les nombreux exemples de ce livre, montre que des opérations pétrolières et gazières stratégiques peuvent, sans aucun doute, contribuer à une Afrique stable et économiquement dynamique d'une manière qu'aucune aide étrangère ne pourrait espérer le faire.

Il est possible de briser la malédiction des ressources. Et au moment d'écrire ces dernières réflexions, j'ai encore plus de preuves à l'appui de mon propos. En fait, pendant la brève période que j'ai passée à écrire ces chapitres, j'ai constaté des développements encourageants sur tout le continent.

L'une des annonces les plus intéressantes est celle faite par la multinationale pétrolière et gazière française Total, qui a annoncé en février 2019 une découverte massive de gaz naturel au large de la côte sud de l'Afrique du Sud : environ 1 milliard de barils de gaz et de condensats.[349]

Il s'agit de la première découverte majeure en eaux profondes au large des côtes sud-africaines. Il s'agit non seulement d'une formidable occasion de répondre aux besoins nationaux en gaz naturel, mais d'un moteur important du type d'activité économique dont je parlais : des occasions d'emploi et d'affaires sur le marché intérieur, la monétisation du gaz naturel et une plus grande diversification.

Comme je l'ai dit après l'annonce, nous ne pouvons qu'espérer que cette découverte serait un catalyseur pour des efforts de la part des décideurs politiques pour créer un environnement commercial propice aux activités d'exploration et de forage en Afrique du Sud. Et nous avons toutes les raisons d'être optimistes : l'Afrique du Sud travaille déjà sur une nouvelle législation sur l'exploration pétrolière et gazière.

La découverte sud-africaine est énorme – et ce n'est qu'une des nombreuses annonces importantes à faire surface en écrivant ce livre.

Dans les domaines de la bonne gouvernance et de la transparence, l'Ouganda a annoncé début 2019 qu'il s'associerait à l'Initiative pour la transparence des industries extractives (ITIE) afin de minimiser la mauvaise gestion des revenus pétroliers. L'ITIE exige la divulgation d'informations provenant de l'ensemble de la chaîne de valeur de l'industrie extractive, du point d'extraction à la manière dont les revenus sont acheminés au gouvernement et au public.[350] En s'adhérant, l'Ouganda prend un engagement ferme en faveur d'une gouvernance transparente.

Et l'Ouganda n'est pas un cas particulier ; c'est l'un des 24 pays africains de l'ITIE. De plus, quelques semaines après l'annonce de l'Ouganda, le Bénin et le Sénégal ont adopté leur propre code du pétrole.

« Le nouveau code pétrolier du Bénin nous permettra de réglementer l'accès aux blocs d'exploration, d'améliorer la gouvernance et la transparence grâce à un cadre institutionnel clair ; et de mettre en œuvre des mesures visant à promouvoir les activités en amont des hydrocarbures », a déclaré André Biaou Okounlola, membre du Parlement béninois, à l'origine du nouveau projet de code de son pays.[351]

Les nouveaux codes du Sénégal, mettant à jour les lois rédigées en 1998, mettent l'accent sur la transparence, le contenu local et l'octroi de licences groupées.[352]

Dans le domaine de la collaboration stratégique, le ministre nigérian des Ressources pétrolières, Ibe Kachikwu, a annoncé que le Nigéria mobilisera des producteurs de pétrole et de gaz sur tout le continent, par le biais de la plate-forme de l'Organisation des producteurs de pétrole africains, afin de mobiliser jusqu'à 2 milliards d'USD pour financer des projets d'énergie à travers le continent. Je salue cette initiative et l'utilisation stratégique des ressources pétrolières pour répondre aux besoins énergétiques critiques de l'Afrique.

La Zambie et l'Angola sont aux premiers stades d'un projet pétrolier de 5 milliards d'USD qui conduira à la construction d'un oléoduc partagé. Les deux pays ont signé un protocole d'accord en novembre 2018 leur autorisant de faire le commerce du pétrole et du gaz, un geste judicieusement calculé qui couvrira les coûts d'importation du pétrole non raffiné. À l'heure actuelle, la Zambie dépense plus de 1 milliard d'USD par an pour importer des produits pétroliers. Le pays de l'Afrique australe veut également stabiliser les prix des produits, qui sont soumis aux aléas du turbulent marché international du pétrole.

« L'objectif du gouvernement est de faire baisser les prix du carburant dans le pays et de s'approvisionner auprès de pays plus proches riches en pétrole comme l'Angola était l'une des raisons pour la construction d'un oléoduc », a déclaré Mathew Nkhuwa, ministre zambien de l'Énergie, en janvier 2019. « Nous sommes résolus à faire en sorte qu'il devienne opérationnel bientôt, probablement dans deux ans. »[353]

Le gazoduc Nigéria-Maroc, qui fournira du gaz naturel à au moins 15 pays d'Afrique de l'Ouest, est un autre exemple intéressant de coopération stratégique. L'étude de faisabilité du projet a été achevée en janvier 2019 et une étude d'ingénierie préliminaire est en cours. « Ce gazoduc contribuera à l'industrialisation de ces pays », a déclaré Maikanti Baru, directeur général du groupe de la Nigerian National Petroleum Corporation. « Il répondra également aux besoins des consommateurs en matière de chauffage et d'autres utilisations. Nous voyons le gaz comme un carburant qui fera passer l'Afrique au niveau supérieur. »[354]

Bien dit, Maikanti. Je suis entièrement d'accord.

Ce ne sont là que quelques-unes des nombreuses collaborations prometteuses annoncées pendant la préparation de ce livre. Je suis également enthousiasmé par l'accord de coopération en matière d'assistance technique conclu par la Chambre africaine de l'énergie avec le ministère du Pétrole de la République du Soudan du Sud. Notre chambre mobilisera les efforts de renforcement des capacités du Soudan du Sud, investira dans des initiatives d'accès à l'énergie et aidera le pays à élaborer des réformes visant à créer un environnement favorable pour les investisseurs pétroliers.

Le Soudan du Sud est le seul producteur de pétrole mature en Afrique de l'Est. Il est dans l'intérêt de la région d'appuyer pleinement les efforts du pays pour construire un secteur des hydrocarbures durable. À son tour, il servira de pilier pour le développement de toute la chaîne de valeur énergétique de l'Afrique de l'Est.

Je dois dire que j'ai été extrêmement impressionné par les efforts énormes déployés pour réorganiser et réactiver les champs de pétrole au Soudan du Sud, grâce à l'approche pragmatique de l'ancien ministre du Pétrole, Ezekiel Lol Gatkuoth, et de l'actuel ministre Awow Daniel Chuang. À la fin de 2018 et au début de 2019, la production des champs de pétrole de Toma South et d'Unity a résumé pour la première fois depuis la cessation de ses activités en raison de la guerre civile cinq ans plus tôt. Et au moment d'écrire ces lignes, les travaux de restauration des champs de pétrole Al-Nar, Al-Toor, Manga et Tharjiath avancent à plein régime.

Je respecte l'engagement du ministre Gatkuoth de poursuivre la collaboration entre les industries pétrolières du Soudan et du Soudan du Sud.

« Nous plaidons pour une approche méthodique et mesurée pour garantir que l'industrie continue à se développer, que nos citoyens peuvent compter sur des emplois découlant de l'industrie pétrolière et que nos pays peuvent continuer à dépendre de cette ressource », a-t-il déclaré en avril 2019, quelques jours après qu'Omar al-Bashir a été chassé du pouvoir au Soudan. « C'est la colle qui lie nos destins communs et assure un progrès pacifique ensemble. »[355]

Le Soudan du Sud est également toujours déterminé à fournir aux investisseurs un environnement favorable pour investir et faire des affaires. Et cette stratégie porte des fruits importants. En mai 2019, la compagnie pétrolière d'état sud-africaine, le Strategic Fuel Fund (SFF), a signé un accord d'exploration et de partage de la production avec le Soudan du Sud pour le Bloc B2, le deuxième accord de ce type signé de toute l'histoire du pays après son indépendance. Il comprend des parties productives du bassin de Muglad au Soudan du Sud.[356] Mon cabinet était le négociateur en chef.

Il s'agit d'un accord brillant qui dynamisera non seulement le secteur pétrolier, mais qui favorisera également la paix et la stabilité dans le pays.

Les perspectives pour l'exploration au Soudan du Sud et du bloc B sont énormes, avec des ressources prometteuses dans les milliards de barils. Les découvertes potentielles peuvent être liées rapidement et à moindre coût aux infrastructures existantes. Je suis également impressionné par l'engagement de l'accord envers le contenu local, l'engagement d'embaucher des citoyens du Soudan du Sud et l'investissement dans l'éducation. L'éducation fera probablement plus pour renforcer l'économie en général que tout ce que le gouvernement peut faire. La capacité du Soudan du Sud à attirer, retenir et mobiliser des investissements énergétiques est essentielle pour une croissance économique inclusive et durable.

Il y a aussi eu d'autres développements intéressants. Dans le domaine des infrastructures, la Société ivoirienne de Raffinage (SIR), une raffinerie de la Côte d'Ivoire, a obtenu un financement par emprunt de 577 millions d'euros (660 millions d'USD) afin de permettre la modernisation de son exploitation de 76 300 b/j dans le district de Vridi à Abidjan.[357] En plus de permettre à la raffinerie de réduire le taux d'intérêt sur la dette existante, le refinancement permettra à la SIR d'améliorer ses processus de raffinage et de production, de développer ses activités et, espérons-le, de créer davantage d'emplois.

En ce qui concerne les possibilités de formation, la société japonaise MODEC Production Services Ghana JV Limited (MPSG) a lancé un programme de formation de six mois sur le pétrole et le gaz destiné aux ressortissants ghanéens en février 2019. Seize participants ont déjà été choisis pour la formation relative aux opérations de système flottant de production, de stockage et de déchargement. Une fois le cours terminé, les diplômés partageront ce qu'ils ont appris avec d'autres Ghanéens du secteur pétrolier et gazier.[358]

Les nouvelles en provenance d'Angola au moment d'écrire ses lignes sont particulièrement encourageantes. Au cours de la dernière année seulement, la CPN angolaise Sonangol a lancé son « Programme de régénération », axé sur la restructuration de la compagnie et la rationalisation du secteur pétrolier angolais. Le pays a également élaboré de nouvelles lois fiscales, créé un cadre réglementaire conçu pour encourager les investissements dans les champs de pétrole marginaux et annoncé son intention de développer une main-d'œuvre pétrolière plus qualifiée et mieux formée entre 2019 et 2023. « En tant que secteur à forte intensité de capital et à la pointe de la technologie, la valeur ajoutée pour le développement durable et économique de l'Angola sera d'autant plus pertinente si elle est obtenue grâce à l'intégration croissante d'une main-d'œuvre angolaise qualifiée », a déclaré Diamantino Azevedo, ministre angolais des Ressources minérales et du Pétrole.

Les efforts de l'Angola pour créer une industrie pétrolière et gazière efficace, durable et transparente ne sont pas passés inaperçus de la communauté mondiale et ont déjà suscité un intérêt accru parmi les CPI. Lorsque le secrétaire général de l'OPEP, Mohammad Sanusi Barkindo, s'est rendu pour la première fois dans le pays, il a salué le travail acharné de l'Angola : « Nous félicitons le gouvernement pour ses efforts héroïques de réformer le secteur. Ce sont les bonnes réformes au bon moment. »[359]

Je ne suis pas simplement optimiste. Il se passe vraiment de bonnes choses sur tout le continent et l'industrie pétrolière est le dénominateur commun.

Et non, je ne ferme pas les yeux sur les défis auxquels nous sommes confrontés en Afrique. Mais je dis ceci : l'Afrique est confrontée à des défis, PAS à des obstacles insurmontables. Nous pouvons accomplir beaucoup de choses. Je vous ai donné la preuve.

Ne nous arrêtons pas là. Pourquoi ne pas travailler ensemble – lutter ensemble – pour mettre la puissance transformatrice du pétrole et du gaz au service de notre continent ?

Notes de fin

1   « OPEC Secretary General's Acceptance Speech for the 'Africa Oil Man of the Year' Award », Organisation des pays exportateurs de pétrole, 5 septembre 2018, https://www.opec.org/opec_web/en/5132.htm

2   Sabrina Wilson, « President Trump Praises Oil and Gas Industry Workers During Visit to Louisiana », KSLA News 12, 14 mai 2019, https://www.ksla.com/2019/05/15/president-trump-praises-oil-gas-industry-workers-during-visit-louisiana/

3   Frankie Edozien, « In Nigeria, Plans for the World's Largest Refinery », le New York Times, 9 octobre 2018, https://www.nytimes.com/2018/10/09/business/energy-environment/in-nigeria-plans-for-the-worlds-largest-refinery.html

4   « Dangote Refinery Will Transform, Diversify Nigeria's Economy – Director », The Eagle Online, 31 octobre 2018, https://theeagleonline.com.ng/dangote-refinery-will-transform-diversify-nigerias-economy-director/

5   Alonso Soto, « Senegal to Boost Wealth Fund, Cut Debt With Oil Income », Bloomberg, 15 novembre 2018, https://www.bloomberg.com/news/articles/2018-11-15/senegal-to-boost-wealth-fund-cut-debt-with-oil-income

6   « The World Bank In Chile », la Banque mondiale, 10 avril 2019, https://www.worldbank.org/en/country/chile/overview

7   Martina Mistikova, « Opportunities for Service Companies in Chile's Copper Sector », BizLatinHub, 20 novembre 2018, https://www.bizlatinhub.com/opportunities-chile-copper-sector/

8   Sean Durns, « Four Countries that Beat the Resource Curse », Global Risk Insights, 22 avril 2014, https://globalriskinsights.com/2014/04/four-countries-that-beat-the-resource-curse./

9   « Mining for Development: Leveraging the Chilean Experience for Africa », Rapport de réunion d'une table ronde organisée par le Centre africain de développement des ressources minérales (AMDC), la Commission économique des Nations Unies pour l'Afrique (CEA) et l'ambassade du Chili en Éthiopie, 19 et 20 juin 2017, http://siteresources.worldbank.org/AFRICAEXT/Resources/258643-1271798012256/Botswana-success.pdf

10   « Yes Africa Can: Success Stories from a Dynamic Continent », Groupe de la Banque mondiale, Région Afrique, http://siteresources.worldbank.org/AFRICAEXT/Resources/258643-1271798012256/Botswana-success.pdf.

11   « Ranking of Countries with Highest Per Capita Income (1966) », Classora, 8 septembre 2015, http://en.classora.com/reports/s30614/ranking-of-countries-with-highest-per-capita-income?edition=1966

12   « BIH Profile », Botswana Innovation Hub, 2019, http://www.bih.co.bw/bih-profile/.

13   « Science and Technology in Botswana », le Mt. Kenya Times, 11 septembre 2017, https://mtkenyatimes.co.ke/science-technology-botswana/

14 Paula Ximena Meijia et Vincent Castel, « Could Oil Shine like Diamonds? How Botswana Avoided the Resource Curse and its Implications for a New Libya », la Banque africaine de développement, octobre 2012, https://www.afdb.org/fileadmin/uploads/afdb/Documents/Publications/Could%20Oil%20Shine%20like%20Diamonds%20-%20How%20Botswana%20Avoided%20the%20Resource%20Curse%20and%20its%20Implications%20for%20a%20New%20Libya.pdf

15 « Gas Set to Shine as African Nations Wake up to Potential », The National, 4 septembre 2018, https://www.thenational.ae/business/energy/gas-set-to-shine-as-african-nations-wake-up-to-potential-1.766717

16 « BP Statistical Review of World Energy », BP, juin 2018, https://www.bp.com/content/dam/bp/business-sites/en/global/corporate/pdfs/energy-economics/statistical-review/bp-stats-review-2018-full-report.pdf

17 « Western Supermajors in New Scramble to Tap Africa's Under-Explored Oil & Gas Resources », Africa New Energies, 13 septembre 2018, https://www.ane.na/news/opinion/western-supermajors-in-new-scramble-to-tap-africas-under-explored-oil-gas-resources/

18 Willis Krumholz, « Petroleum Powerhouse: Why America No Longer Needs the Middle East », National Interest, 29 avril 2019, https://nationalinterest.org/feature/petroleum-powerhouse-why-america-no-longer-needs-middle-east-55012

19 Cameron Fels, « Trump's Africa Strategy and the Evolving U.S.-Africa Relationship », Woodrow Wilson International Center for Scholars, 19 avril 2019, https://africaupclose.wilsoncenter.org/author/cameron-fels/

20 Brian Adeba, « How War, Oil and Politics Fuel Controversy in South Sudan's Unity State », African Arguments, 5 août 2015, http://africanarguments.org/2015/08/05/how-war-and-oil-and-politics-fuel-controversy-in-south-sudans-unity-state-by-brian-adeba/

21 « South Sudan Country Profile », BBC News, 6 août 2018, http://www.bbc.co.uk/news/world-africa-14069082.

22 « South Sudan Welcomes First International Law Firm », Global Legal Post, 19 avril 2017, http://www.globallegalpost.com/big-stories/south-sudan-welcomes-first-international-law-firm-99184828

23 « South Sudan Oil & Power 2018 Evaluation », Africa Oil & Power, novembre 2018, https://africaoilandpower.com/wp-content/uploads/2018/11/SSOP_Evaluation.pdf.

24 Corey Flintoff, « Is Aid to Africa Doing More Harm Than Good? » National Public Radio, 12 décembre 2007, https://www.npr.org/2007/12/12/17095866/is-aid-to-africa-doing-more-harm-than-good

25 Dambisa Moyo, Dead Aid: Why Aid Is not Working and How There Is a Better Way for Africa, 2009. https://books.google.com/books/about/Dead_Aid.html?id=-gYxhXHjOckC&printsec=frontcover&source=kp_read_button#v=onepage&q&f=false

26 Shakira Mustapha et Annalisa Prizzon, Africa's Rising Debt: How to Avoid a New Crisis, octobre 2018, https://www.odi.org/sites/odi.org.uk/files/resource-documents/12491.pdf

27 John Gallup, Jeffrey Sachs et Andrew Mellinger, 1999, « Geography and Economic Development », https://www.researchgate.net/publication/233996238_Geography_and_Economic_Development.

28 « Financing the End of Extreme Poverty », septembre 2018, https://www.odi.org/publications/11187-financing-end-extreme-poverty.

29 Indermit Gill et Kenan Karakülah, Sounding the Alarm on Africa's Debt, 6 avril 2018, https://www.brookings.edu/blog/future-development/2018/04/06/sounding-the-alarm-on-africas-debt/

30 « In Five Charts: Understanding the Africa Country Policy and Institutional Assessment (CPIA) Report for 2017 », la Banque mondiale, 12 septembre 2018, https://www.worldbank.org/en/region/afr/publication./in-five-charts-arrangement-the-africa-country-policy-and-institution-evaluation-cpia-report-for-2017

31 Charlotte Florance, « 22 Years After the Rwandan Genocide », Huffington Post, 7 avril 2016, https://www.huffingtonpost.com/to-the-market/22-years-after-the-rwanda_b_9631032.html.

32 Thabo Mphahlele, « ICF Report Hails Major Improvements in Africa's Business Environment », BizNis Africa, 5 septembre 2016, https://www.biznisafrica.com/icf-report-hails-major-improvements-in-africas-business-environment/

33 Jim Morrison, « The "Great Green Wall" Didn't Stop Desertification, but it Evolved Into Something That Might », Smithsonian, 23 août 2016, https://www.smithsonianmag.com/science-nature/great-green-wall-stop-desertification-not-so-much-180960171/

34 BP Statistical Review of World Energy 2019, https://www.bp.com/fr/global/corporate/energy-economics/statistical-review-of-world-energy/downloads.html.

35 « OPEC Share of World Crude Oil Reserves, 2017 », Organisation des pays exportateurs de pétrole, 2019, https://www.opec.org/opec_web/en/data_graphs/330.htm.

36 BP Statistical Review of World Energy 2019, https://www.bp.com/fr/global/corporate/energy-economics/statistical-review-of-world-energy/downloads.html.

37 « Equatorial Guinea Exports », Trading Economics, s.d., https://tradingeconomics.com/equatorial-guinea/exports.

38 « Keynote Address by OPEC Secretary General at the APPO CAPE VII Congress and Exhibition », Organisation des pays exportateurs de pétrole, 3 avril 2019, https://www.opec.org/opec_web/en/5475.htm

39 Paul Burkhardt, « Equatorial Guinea Expecting $2.4 Billion Oil Investment », Bloomberg, 5 novembre 2018, https://www.bloomberg.com/news/articles/2018-11-05/equatorial-guinea-is-said-to-expect-2-4-billion-oil-investment

40 « Equatorial Guinea Set for Upsurge in Offshore Drilling», Offshore, 11 décembre 2018, https://www.off-shore-mag.com/drilling-completion/article/16803408/equatorial-guinea-set-for-upsurge-in-off-shore-drilling

41 Matt Piotrowski, « OPEC: New And Improved? » The Fuse, 24 janvier 2018, http://energyfuse.org/opec-new-improved/

42 Vladimir Soldatkin, « Russian Oil Output Reaches Record High in 2018 », Reuters, 2 janvier 2019, https://www.reuters.com/article/us-russia-oil-output/russian-oil-output-reaches-record-high-in-2018-idUSKCN1OW0NJ

43 « Interview: Equatorial Guinea Warns of African Asset Grab by Oil Majors », Platts, 6 septembre 2018, https://www.spglobal.com/platts/en/market-insights/latest-news/oil/090618-interview-equatorial-guinea-warns-of-african-asset-grab-by-oil-majors

44 N.J. Ayuk, « An African Perspective: No Good Will Come from NOPEC», Africa Oil & Power, 22 juillet 2018, https://africaoilandpower.com/2018/07/22/an-african-perspective-no-good-will-come-from-nopec/

45 « OFID Governing Board Approves New Loans and Grants to Boost Socio-Economic Development », le Fonds de l'OPEP pour le développement international, 17 juin 2013, http://www.ofid.org/FOCUS-AREAS.

46 Dennis Lukhoba, « How OPEC Can Give the Republic of the Republic of Congo More Power in the International Fuel Market », Footprint to Africa, Footprint to Africa, 2 mai 2018, http://footprint2africa.com/opinions/opec-can-give-republic-republic-congo-power-international-fuel-market/

47 Tim Daiss, « Can Any Country Dethrone Qatar As Top LNG Exporter? » Oilprice.com, 23 février 2019, https://oilprice.com/Energy/Natural-Gas/Can-Any-Country-Dethrone-Qatar-As-Top-LNG-Exporter.html

48 Dania Saadi, « Why Is Qatar Leaving OPEC? » The National, 4 décembre 2018, https://www.thenational.ae/business/energy/quicktake-why-is-qatar-leaving-opec-1.798742

49 Caroline McMillan Portillo, « Check out the most inspiring quotes from Emma Watson's UN speech», Bizwomen, 24 septembre 2014, https://www.bizjournals.com/bizwomen/news/out-of-the-office/2014/09/check-out-the-most-inspiring-quotes-from-emma.html?page=all

50 Carly McCann, Donald Tomaskovic-Devey et MV Lee Badgett, « Employer's Responses to Sexual Harassment », Université du Massachusetts à Amherst: Centre pour l'équité en matière d'emploi, décembre 2018, https://www.umass.edu/employmentequity/employers-responses-sexual-harassment

51 Felix Fallon, « Oil & Gas Gender Disparity: Positions and Prospects for Women in the Industry », Egypt Oil & Gas, 10 mai 2018, https://egyptoil-gas.com/features/oil-gas-gender-disparity-positions-and-prospects-for-women-in-the-industry/

52 « Report Indicates Oil and Gas Sector Still A Mans World », Groupe PCL, janvier 2016, http://www.portlethen.com/index.php/archives/1068/.

53 Amanda Erickson, « Women Poorer and Hungrier than Men Across the World, U.N. Report Says », Washington Post, 14 février 2018, https://www.washingtonpost.com/news/worldviews/wp/2018/02/14/women-poorer-and-hungrier-than-men-across-the-world-u-n-report-says/?noredirect=on&utm_term=.f5f8261a7476

54   « Wangari Maathai Quotes », BrainyQuote, s.d., https://www.brainyquote.com/authors/wangari_maathai.

55   « Women's Economic Empowerment in Oil and Gas Industries in Africa », le Centre africain des ressources naturelles de la Banque africaine de développement, 2017, https://www.afdb.org/fileadmin/uploads/afdb/Documents/Publications/anrc/AfDB_WomenEconomicsEmpowerment_V15.pdf

56   Magali Barraja et Dominic Kotas, « Making Supply Chains Work for Women: Why and How Companies Should Drive Gender Equality in Global Supply Chains », BSR, 19 novembre 2018, https://www.bsr.org/en/our-insights/blog-view/gender-equality-global-supply-chains-companies

57   Andrew Topf, « Top 6 Most Powerful Women In Oil And Gas», OilPrice.com, 29 juillet 2015, https://oilprice.com/Energy/Energy-General/Top-6-Most-Powerful-Women-In-Oil-And-Gas.html

58   Katharina Rick, Iván Martén et Ulrike Von Lonski, « Untapped Reserves: Promoting Gender Balance in Oil and Gas », Conseil mondial du pétrole et le Boston Consulting Group, 12 juillet 2017, https://www.bcg.com./en-us/publications/2017/energy-environment-people-organization-untapped-reserves.aspx

59   Kwamboka Oyaro, « Corporate Boardrooms: Where Are the Women? » AfricaRenewal, décembre 2017/mars 2018, https://www.un.org/africarenewal/magazine/december-2017-march-2018/corporate-boardrooms-where-are-women

60   « The Oil Industry's Best Kept Secret: Advice from Women in Oil and Gas », Offshore Technology, 20 février 2019, https://www.off-shore-technology.com/features/the-oil-industrys-best-kept-secret-advice-from-women-in-oil-and-gas/

61   Lebo Matshego, « Innovative Ways to Empower African Women », Africa.com, 12 octobre 2017, https://www.africa.com/innovative-ways-to-empower-african-women/

62   « Asanko Gold Launches Women in Mining Empowerment Initiative », Africa Business Communities, 24 octobre 2018, https://africabusinesscommunities.com/news/ghana-asanko-gold-launches-women-in-mining-empingment-empowerment-initiative./

63   Gerald Chirinda, « What Can Be Done to Economically Empower Women in Africa? » Forum économique mondial, 8 mai 2018, https://www.weforum.org/agenda/2018/05/women-africa-economic-empowerment/

64   « How Africa Is Preparing for the Future with STEM» , Higher Life Foundation, 20 mars 2018, Éducation https://www.higherlifefoundation.com/how-africa-is-preparing-for-the-future-with-stem-education/

65   Unoma Okorafor, « STEM Education for Young Girls in Africa », la campagne indiegogo, https://www.indiegogo.com/projects/stem-education-for-young-girls-in-africa#/

66   « Interview: Marcia Ashong, Founder, TheBoardroom », African Business Communities, 3 août 2018, Africa https://africabusinesscommunities.com/features/interview-marcia-ashong-founder-the-boardroom-africa/

67 James Kahongeh, « Breaking Barriers in Oil and Gas Sector », Daily Nation, 8 juin 2018, https://www.nation.co.ke/lifestyle/mynetwork/Breaking-barriers-in-oil-and-gas-sector/3141096-4601382-13rhc91z/index.html

68 « African Best Oil & Gas Analyst of the Year (Rolake Akinkugbe) », FBN Quest, 15 novembre 2018, https://fbnquest.com/awards/african-best-oil-gas-analyst-of-the-year-rolake-akinkugbe/

69 Profil LinkedIn : Rolake Akinkugbe-Filani, https://www.linkedin.com/in/rolakeakinkugbe/?originalSubdomain=uk.

70 « Executive Team », Tsavo Oilfield Services, https://www.tsavooilfieldservices.com/about-us/team-2/

71 Toby Shapshak, « How a Doctor Helped Turn a Lagos Swamp into a Sustainable Trade Zone », Forbes, 12 décembre 2018, https://www.forbes.com/sites/tobyshapshak/2018/12/12/how-a-doctor-helped-turn-a-lagos-swamp-into-a-sustainable-trade-zone/#374e2c393d3e

72 Profil : Althea Eastman Sherman, Oil & Gas Council, https://oilandgascouncil.com/event-speakers/althea-eastman-sherman/

73 « Ceremony of the Oil & Gas Awards 2014 in Malabo », page Web officielle du gouvernement de la République de Guinée équatoriale, 22 septembre 2014, https://www.guineaecuatorialpress.com/noticia.php?id=5687&lang=en

74 « World Energy Outlook 2011 », Agence internationale de l'énergie, 6 juin 2011, https://webstore.iea.org/weo-2011-special-report-are-we-entering-a-golden-age.

75 « Filling the Power Supply Gap in Africa: Is Natural Gas the Answer? » Ishmael Ackah Institute of Oil and Gas Studies, Université de Cape Coast, 2012, https://papers.ssrn.com/sol3/papers.cfm?abstract_id=2870577

76 « How Hard Has The Oil Crash Hit Africa? » Global Risk Insights, 23 novembre 2016, https://oilprice.com/Energy/Energy-General/How-Hard-Has-The-Oil-Crash-Hit-Africa.html

77 Jonathan Demierre, Morgan Bazilian, Jonathan Carbajal, Shaky Sherpa et Vijay Modi, « Potential for Regional Use of East Africa's Natural Gas », Sustainable Development Solutions Network, mai 2014, https://energypolicy.columbia.edu/sites/default/files/Potential-for-Regional-Use-of-East-Africas-Natural-Gas-Sil-SDSN.pdf

78 « World Energy Outlook 2018 », AIE, http://www.worldenergyoutlook.org/resources/energydevelopment/africafocus/.

79 Jude Clemente, « Oil And Natural Gas Companies Could Be Heroes In Africa», Forbes, 9 septembre 2016, http://www.forbes.com/sites/judeclemente/2016/09/29/oil-and-natural-gas-companies-could-be-heroes-in-africa/#5911074f5ca0

80 « World Energy Outlook 2006 », AIE, https://www.iea.org/publications/freepublications/publication/cooking.pdf.

81 Agence internationale de l'énergie : Objectif de développement durable n° 7, https://www.iea.org/sdg/electricity/.

82   Jonathan Demierre, Morgan Bazilian, Jonathan Carbajal, Shaky Sherpa et Vijay Modi, « Potential for Regional Use of East Africa's Natural Gas», Sustainable Development Solutions Network, mai 2014, https://energypolicy.columbia.edu/sites./default/files/Potential-for-Regional-Use-of-East-Africas-Natural-Gas-Sil-SDSN.pdf

83   « Natural Gas-Fired Electricity Generation Expected to Reach Record Level in 2016 », US Energy Information Administration, 14 juillet 2016, https://www.eia.gov/todayinenergy/detail.php?id=27072.

84   « Gas-Fired: The Five Biggest Natural Gas Power Plants in the World », Power Technology, 14 avril 2014, http://www.power-technology.com/features/featuregas-fired-the-five-biggest-natural-gas-power-plants-in-the-world-4214992/

85   David Santley, Robert Schlotterer et Anton Eberhard, « Harnessing African Natural Gas – A New Opportunity for Africa's Energy Agenda? » la Banque mondiale, 2014, https://openknowledge.worldbank.org/bitstream/handle/10986/20685/896220WP0P1318040Box0385289B00OUO0900ACS.pdf?sequence=1&isAllowed=y

86   « Gas-to-Power: Upstream Success Meets Power Sector Growth », Africa Oil & Power, 11 mars 2016, http://africaoilandpower.com/2016/11/03/gas-to-power/

87   Simone Liedtke, « Diversified Fuel Source Required to Fuel Local Facilities », Engineering News, 3 février 2017, http://www.engineeringnews.co.za/article/diversified-fuel-source-including-natural-gas-required-to-fuel-local-facilities-2017-02-03/rep_id:4136

88   N.J. Ayuk, « Using African Gas for Africa First », Vanguard, 18 mars 2018, https://www.vanguardngr.com/2018/03/using-african-gas-for-africa-first/

89   N.J. Ayuk, « Using African Gas for Africa First », Vanguard, 18 mars 2018, https://www.vanguardngr.com/2018/03/using-african-gas-for-africa-first

90   Sylivester Domasa, « Tanzania: Natural Gas Find Saves 15 Trillion », Tanzania Daily News, 10 octobre 2016, https://allafrica.com/stories/201610110332.html.

91   Babalwa Bungane, « Tanzania Becoming an Energy Exporter », ESI Africa, 11 avril 2016, https://www.esi-africa.com/news/tanzania-becoming-an-energy-exporter.

92   « Mozambique: SacOil to construct natural gas pipeline », ESI Africa, 2 mars 2016, https://www.esi-africa.com/industry-sectors/generation/mozambique-sacoil-to-construct-natural- gazoduc

93   Anabel Gonzalez, « Deepening African Integration: Intra-Africa Trade for Development and Poverty Reduction », déclaration à la Banque mondiale, 14 décembre 2015, http://www.worldbank.org/en/news/speech/2015/12/14/deepening-african-integration-intra-africa-trade-for-development-and-poverty-reduction

94   « Liquefied Natural Gas (LNG) », Shell, s.d., http://www.shell.com/energy-and-innovation/natural-gas/liquefied-natural-gas-lng.html.

95   KPMG International, « Unlocking the supply chain for LNG project success », 2015, https://assets.kpmg/content/dam/kpmg/pdf/2015/03/unlocking-supply-chain-LNG-project-success.pdf

96 Derek Hudson, David Bishopp, Colm Kearney et Alistair Scott, « East Africa: Opportunities and Challenges for LNG in a New Frontier Region », BG Group PLC, décembre 2018, https://www.gti.energy/wp-content/uploads/2018/12/1-4-Derek_Hudson-LNG17-Paper.pdf

97 African Review, Regional Gas-to-Power Hubs 'a Win-Win for Africa', 5 janvier 2017, http://www.africanreview.com/energy-a-power/power-generation/regional-gas-to-power-hubs-a-win-win-for-africa

98 Jude Clemente, « Oil And Natural Gas Companies Could Be Heroes In Africa », Forbes, 9 septembre 2016, http://www.forbes.com/sites/judeclemente/2016/09/29/oil-and-natural-gas-companies-could-be-heroes-in-africa/#5911074f5ca0

99 World Energy Outlook 2018, AIE, http://www.worldenergyoutlook.org/resources/energydevelopment/africafocus/.

100 Babatunde Akinsola, « Trans-Saharan Pipeline Project Begins Soon », Naija 247 News, 12 février 2017, https://naija247news.com/2017/02/12/trans-saharan-pipeline-project-begins-soon./

101 Rosalie Starling, « WAPCo Considers Pipeline Expansion », Energy Global World Pipelines, 12 mai 2014, https://www.energyglobal.com/pipelines/business-news/12052014/wapco_considers_pipeline_expansion_324/.

102 Emmanuel Okogba, « African Energy Chamber (AEC): Africa's Energy Industry Finally Has an Advocate », Vanguard, 5 juin 2018, https://www.vanguardngr.com/2018/06/african-energy-chamber-aec-africas-energy-industry-finally-advocate/

103 Anslem Ajugwo, « Negative Effects of Gas Flaring: The Nigerian Experience », Journal of Environment Pollution and Human Health, juillet 2013, http://pubs.sciepub.com/jephh/1/1/2/.

104 « Eyes on Nigeria : Gas Flaring », American Association for the Advancement of Science, s.d., https://www.aaas.org/resources/eyes-nigeria-technical-report/gas-flaring.

105 Kelvin Ebiri et Kingsley Jeremiah, « Why Nigeria Cannot End Gas Flaring in 2020: Experts », The Guardian, 6 mai 2018, https://guardian.ng/news/why-nigeria-cannot-end-gas-flaring-in-2020-experts/

106 « Equatorial Guinea Exports », Trading Economics, s.d., https://tradingeconomics.com/equatorial-guinea/exports.

107 Emma Woodward, « Equatorial Guinea Thinks Big on LNG », DrillingInfo, 18 mai 2018, https://info.drillinginfo.com/equatorial-guinea-thinks-big-on-lng/.

108 Anita Anyango, « Equatorial Guinea to Construct a Gas Mega-Hub », Construction Review Online, 28 mai 2018, https://constructionreviewonline.com/2018/05/equatorial-guinea-to-construct-a-gas-mega-hub/

109 « Togo and Equatorial Guinea Sign Liquefied Natural Gas Deal, Promote Regional Gas Trade », ministère des Mines, de l'Industrie et de l'Énergie et gouvernement de la Guinée équatoriale, 9 avril 2018, https://globenewswire.com/news-

release/2018/04/09/1466764/0/en/Togo-and-Equatorial-Guinea-Sign-Liquefied-Natural-Gas-Deal-Promote-Regional-Gas-Trade.html

110 « Comparison Size: Qatar », Almost History, 2011, http://www.vaguelyinteresting.co.uk/tag/comparison-size-qatar/

111 Hassan E. Alfadala et Mahmoud M. El-Halwagi, « Qatar's Chemical Industry: Monetizing Natural Gas », CEP Magazine, février 2017, https://www.aiche.org/resources/publications/cep/2017/february/qatars-chemical-industry-monetizing-natural-gas

112 Abdelghani Henni, « Geopolitical Issues Lead Qatar to Change Gas Strategy », Hart Energy, 28 septembre 2018, https://www.epmag.com/geopolitical-issues-lead-qatar-change-gas-strategy-1717376#p=2

113 David Small, « Trinidad And Tobago: Natural Gas Monetization as a Driver of Economic and Social Prosperity », ministère de l'Énergie et des Industries énergétiques, 2006, http://members.igu.org/html/wgc2006/pdf/paper/add10639.pdf

114 Jacob Campbell, « The Political Economy of Natural Gas in Trinidad and Tobago », s.d., http://ufdcimages.uflib.ufl.edu/CA/00/40/03/29/00001/PDF.pdf.

115 Mfonobong Nsehe, « Meet NJ Ayuk, the 38-Year-Old Attorney Who Runs One of Africa's Most Successful Law Conglomerates », Forbes, 21 novembre 2018, https://www.forbes.com/sites/mfonobongnsehe/2018/11/21/meet-the-38-year-old-attorney-who-runs-one-of-africas-most-successful-law-conglomerates/#37c5cae8466d

116 « The Monetization of Natural Gas Reserves in Trinidad and Tobago », Séminaire II sur le pétrole et le gaz dans la région ALC, 25 juillet 2012, http://www.olade.org/sites/default/files/seminarios/2_petroleo_gas/ponencias/14hs.%20Timmy%20Baksh.pdf

117 Paul Burkhardt, « Africa Enjoys Oil Boom as Drilling Spreads Across Continent », Bloomberg, 5 novembre 2018, https://www.bloomberg.com/news/articles/2018-11-06/africa-enjoys-oil-boom-as-drilling-spreads-across-the-continent

118 « Africa's Oil & Gas Scene After the Boom: What Lies Ahead », Oxford Institute for Energy Studies, janvier 2019, https://www.oxfordenergy.org/wpcms/wp-content/uploads/2019/01/OEF-117.pdf

119 « Three Questions with Nyonga Fofang », Africa Oil & Power, 5 octobre 2016, https://africaoilandpower.com/2016/10/05/three-questions-with-nyonga-fofang/.

120 « Three Questions with Nyonga Fofang », Africa Oil & Power, 2017, https://africaoilandpower.com/2016/10/05/three-questions-with-nyonga-fofang.

121 « Market Report: Growth in Investment Opportunities Within Africa », Africa Oil & Power, 6 mars 2019, https://africaoilandpower.com/2019/03/06/market-report-growth-in-investment-opportunities-within-africa/

122 « Baru: Africa Yet to Tap over 41bn Barrels of Crude, 319trn scf of Gas », This Day Live, 17 mars 2019, https://www.thisdaylive.com/index.php/2019/03/17/baru-africa-yet-to-tap-over-41bn-barrels-of-crude-319trn-scf-of-gas/

123 « Angola Crude Oil Production », Trading Economics, s.d., https://tradingeconomics.com/angola/crude-oil-production.

124 « Angola Oil and Gas », export.gov, 1er novembre 2018, https://www.export.gov/article?id=Angola-Oil-and-Gas.

125 Gonçalo Falcão et Norman Jacob Nadorff, « Angola 2019-2025 New Concession Award Strategy », Mayer Brown, 27 février 2019, https://www.mayerbrown.com/fr/perspectives-events/publications/2019/02./angola

126 Henrique Almeida, « Angola Plots Recovery With Oil-Block Auction, New Refineries », Bloomberg, 23 avril 2019, https://www.bloomberg.com/news/articles/2019-04-23/angola-plots-recovery-with-oil-block-auction-new-refineries

127 Shem Oirere, « Congo Unveils More Enticing Offshore Exploration Opportunities », Offshore Engineering, 22 novembre 2018, https://www.oedigital.com/news/444302-congo-unveils-more-enticing-off-shore-exploration-opportunities

128 « Equatorial Guinea Primed for Huge Growth as Host of 2019 'Year of Energy' », ministère des Mines et des Hydrocarbures, s.d., https://yearofenergy2019.com/2018/12/11/equatorial-guinea-primed-for-huge-growth-as-host-of-2019-year-of-energy/

129 « Equatorial Guinea Orders Oil Firms to Cancel Deals with CHC Helicopters », Offshore Energy Today, 18 juillet 2018, https://www.off-shoreenergytoday.com/equatorial-guinea-orders-oil-firms-to-cancel-deals-with-chc-helicopters/

130 « Gabon Opens 12th Offshore Round, Ends Corporate Tax », The Oil & Gas Year, 7 novembre 2018, https://www.theoilandgasyear.com/news/gabon-announces-end-of-corporate-tax/

131 Mark Venables, « Focus Returns to Gabon as Government Relaxes Hydrocarbon Code », Hart Energy, 3 avril 2018, https://www.hartenergy.com/exclusives/focus-returns-gabon-government-relaxes-hydrocarbon- code-30915

132 « Baru: Africa Yet to Tap over 41bn Barrels of Crude, 319trn scf of Gas », This Day Live, 17 mars 2019, https://www.thisdaylive.com/index.php/2019/03/17/baru-africa-yet-to-tap-over-41bn-barrels-of-crude-319trn-scf-of-gas/

133 Macharia Kamau, « Flurry of Exits by Exploration Firms Threatens to Burst Kenya's Oil Bubble », Standard Digital, 7 avril 2019, https://www.standardmedia.co.ke/business/article/2001319842/oil-and-gas-companies-exit-kenya-casting-doubt-on-commercial-viability

134 « Announcement of 2018 Licensing Round, Republic of Cameroon », 10 janvier 2018, https://www.cgg.com/data/1/rec_docs/3698_Announcement_of_2018_Licensing_Round_-_Republic_of_Cameroon_-_January_2018.pdf

135 Sylvain Andzongo, « Cameroon: Franco-British Perenco Plans $12.5-$36.5m in Investment in Bomana Oil Block », Business in Cameroon, 22 février 2019, https://www.businessincameroon.com/hydrocarbons/2202-8874-cameroon-franco-british-perenco-plans-12-5-36-5mln-investment-in-bomana-oil-block

136 « Victoria Oil and Gas Lifts 2P Reserves Estimate at Cameroon Field », Oil Review, 4 juin 2018, http://www.oilreviewafrica.com/exploration/exploration/victoria-oil-and-gas-lifts-2p-reserves-estimate-at-cameroon-field

137 Evelina Grecenko, « Bowleven Encouraged After Recent Results from Cameroon Assets », Morningstar, 18 octobre 2018, http://www.morningstar.co.uk/uk/news/AN_1539863495618474800/bowleven-encouraged-after-recent-results-from-cameroon-assets.aspx

138 Jamie Ashcroft, «Tower Resources to Raise £1.7mln to Support Upcoming Cameroon Drill Programme », Proactive Investors, 24 janvier 2019, https://www.proactiveinvestors.co.uk/companies/news/213235/tower-resources-to-raise-17mln-to-support-upcoming-cameroon-drill-programme-213235.html

139 Morne van der Merwe, « Fewer Mergers and Acquisitions Are Taking Place in Africa, Here's Why », CNBC Africa, 20 juillet 2018, https://www.cnbcafrica.com/news/east-africa/2018/07/20/fewer-mergers-and-acquisitions-are-taking-place-in-africa-heres-why/

140 Gerhard Toews et Pierre-Louis Vezina, « Resource discoveries and FDI bonanzas: An illustration from Mozambique », International Growth Centre, 26 octobre 2017, https://pdfs.semanticscholar.org/539e/e283bb081d2ee05cf26d5fb10800194f69c5.pdf.

141 Yun Sun, « China's Aid to Africa: Monster or Messiah? » Brookings, 7 février 2014, https://www.brookings.edu/opinions/chinas-aid-to-africa-monster-or-messiah/

142 « Oil Industry in Singapore », Wikipédia, 16 juin 2019, https://en.wikipedia.org/wiki/Oil_industry_in_Singapore.

143 « Oil & Gas Equipment and Services», EDB Singapore, s.d., https://www.edb.gov.sg/en/our-industries/oil-and-gas-equipment-and-services.html.

144 Girija Pande et Venkatraman Sheshashayee, « Why Singapore Needs to Save its Offshore O&G Services Industry », Business Times, 19 juin 2019, https://www.businesstimes.com.sg/opinion/why-singapore-needs-to-save-its-off-shore-og-services-industry

145 Cecile Fruman, « Economic Diversification: A Priority for Action, Now More Than Ever », Blogues de la Banque mondiale, 1er mars 2017, http://blogs.worldbank.org/psd/economic-diversification-priority-action-now-more-ever

146 Aaron Coseby, « Climate Policies, Economic Diversification and Trade », Réunion du groupe spécial d'experts ad hoc de la CNUCED, 3 octobre 2017, https://unctad.org/meetings/en/SessionalDocuments/ditc-ted-03102017-Trade-Measures-Coseby.pdf

147 Scott Wolla, « What Are the 'Ingredients' for Economic Growth? » Banque fédérale de réserve de Saint-Louis, septembre 2013, https://research.stlouisfed.org/publications/page1-econ/2013/09/01/what-are-the-ingredients-for-economic-growth/

148 Bontle Moeng, « Deloitte Africa: The Need for Economic Diversification in the Continent Is High », BizNis Africa, 25 avril 2017, https://www.biznisafrica.com/deloitte-africa-the-need-for-economic-diversification-in-the-continent-is-high/

149 « Botswana Embarks on Economic Diversification Beyond Diamonds », Africanews, 14 novembre 2016, http://www.africanews.com/2016/11/14/botswana-embarks-on-economic-diversification-beyond-diamonds//

150 « Economy of Botswana », Wikipédia, 9 juin 2019, https://en.wikipedia.org/wiki/Economy_of_Botswana.

151 « Botswana Economy Profile 2018 », IndexMundi, 20 janvier 2018, https://www. indexmundi.com/botswana/economy_profile.html.

152 « Petroleum Industry in Nigeria », Wikipédia, 25 mai 2019, https://en.wikipedia.org/ wiki/Petroleum_industry_in_Nigeria.

153 Frankie Edozien, « In Nigeria, Plans for the World's Largest Refinery », New York Times, 9 octobre 2018, https://www.nytimes.com/2018/10/09/business/energy-environment/in-nigeria-plans-for-the-worlds-largest-refinery.html?

154 N.J. Ayuk, « Natural Gas: Nigeria's Lost Treasure », How We Made it in Africa, 9 février 2018, https://www.howwemadeitinafrica.com/nj-ayuk-natural-gas-nigerias-lost-treasure./60826/

155 Onome Amawhe, « Nigeria Is a Natural Gas Nation », Vanguard, 30 janvier 2018, https://www.vanguardngr.com/2018/01/nigeria-natural-gas-nation/.

156 Nigerian Gas Flare Commercialization Programme, http://www.ngfcp.gov.ng/.

157 « Republic of Congo: Economy », Global Edge, s.d., https://globaledge.msu.edu/ countries/republic-of-congo/economy.

158 « Republic of the Congo: GDP Share of Agriculture », TheGlobalEconomy.com, s.d., https://www.theglobaleconomy.com/Republic-of-the-Congo/Share_of_ agriculture/.

159 « Republic of Congo: Agricultural Sector », export.gov, 18 juillet 2017, https://www. export.gov/article?id=Republic-of-Congo-Agricultural-Sector.

160 Elie Smith, « Haldor Topsoe to Help Build $2.5 Billion Congo Fertilizer Plant », Bloomberg, 18 septembre 2018, https://www.bloomberg.com/news/ articles/2018-09-18/haldor-topsoe-to-help-build-2-5-billion-congo-fertilizer-plant

161 Ernest Scheyder, « In North Dakota's Oil Patch, a Humbling Comedown », Reuters, 18 mai 2016, https://www.reuters.com/investigates/special-report/usa-northdakota-bust/.

162 « Equatorial Guinea », US Energy Information Administration, décembre 2017, https:// www.eia.gov/beta/international/analysis.php?iso=GNQ.

163 Emma Woodward, « Equatorial Guinea Thinks Big on LNG », DrillingInfo, 18 mai 2018, https://info.drillinginfo.com/equatorial-guinea-thinks-big-on-lng/.

164 « Equatorial Guinea to Construct a Gas Megahub », Africa Oil & Power, 10 mai 2018, https://africaoilandpower.com/2018/05/10/equatorial-guinea-to-construct-a-gasgasmegahub./

165 « Equatorial Guinea Makes Plans for Gas Mega-Hub », Gambeta News, 15 mai 2018, http://www.gambetanews.com/equatorial-guinea-plans-for-gas-mega-hub/

166 « Equatorial Guinea Economy Profile 2018 », IndexMundi, 20 janvier 2018, https:// www.indexmundi.com/equatorial_guinea/economy_profile.html.

167 Margherita Andaloro, « Economic Diversification: The Case of Chile », https://www. academia.edu/33381722/Economic_Diversification_The_Case_of_Chile.

168 Jeff Desjardins, « How Copper Riches Helped Shape Chile's Economic Story »,

Visual Capitalist, 21 juin 2017, https://www.visualcapitalist.com/copper-shape-chile-economic-story/

169   Cecile Fruman, « Economic Diversification: A Priority for Action, Now More Than Ever », Blogs de la Banque mondiale, 1er mars 2017, http://blogs.worldbank.org/psd/economic-diversification-priority-action-now-more-ever

170   « Chile: 20th Century », Wikipédia, 26 juin 2019, https://en.wikipedia.org/wiki/Chile#20th_century.

171   « Doing Business 2005: Removing Obstacles to Growth », la Banque mondiale, 8 septembre 2004, http://www.doingbusiness.org/en/reports/global-reports/doing-business-2005.

172   « It's Time for Africa: Ernst & Young's 2011 Africa Attractiveness Survey », Ernst & Young, 2011, http://www.doingbusiness.org/content/dam/doingBusiness/media/Annual-Reports/English/DB2019-report_web-version.pdf

173   « Doing Business 2019: Training for Reform », la Banque mondiale, 31 octobre 2018, http://www.doingbusiness.org/content/dam/doingBusiness/media/Annual-Reports/English/DB2019-report_web-version.pdf

174   Christopher Adam, « Africa Needs Smart Macroeconomic Policies to Navigate Headwinds », The Conversation, 25 avril 2016, https://theconversation.com/africa-needs-smart-macroeconomic-policies-to-navigate-headwinds-58104.

175   Vitor Gaspar et Luc Eyraud, « Five Keys to a Smart Fiscal Policy », Fonds monétaire international, le 19 avril 2017, source actuellement e, mais le lien est « avant sont les cources: pour le gouvernement à 1111111111111111111111111111111111111111111111 1111111 https://blogs.imf.org/2017/04/19/five-keys-to-a-smart-fiscal-policy/

176   « Natural Resources for Sustainable Development: The Fundamentals of Oil, Gas, and Mining Governance » (module de formation en ligne), Institut national de la gouvernance des ressources, février-avril 2016, https://resourcegovernance.org/events/natural-resources-sustainable-development-fundamentals-of-oil-gas-and-mining-governance

177   Thomas Scurfield et Silas Olan'g, « Magufuli Seeks the Right Balance for Tanzania's Mining Fiscal Regime », Institut national de la gouvernance des ressources, 31 janvier 2019, https://resourcegovernance.org/blog/magufuli-seeks-right-balance-tanzania-mining-fiscal

178   Efam Dovi, « Ghana's 'New Path' for Handling Oil Revenue », Africa Renewal, janvier 2013, https://www.un.org/africarenewal/magazine/january-2013/ghana%E2%80%99s-%E2%80%98new-path%E2%80%99-handling-oil-revenue

179   Harriet Sergeant, « Does Aid Do More Harm Than Good? », The Spectator, 17 février 2018, https://www.spectator.co.uk/2018/02/does-aid-do-more-harm-than-good/

180   « Addressing Corporate Fraud and Corruption in Africa », Financier Worldwide, août 2012, https://www.financierworldwide.com/addressing-corporate-fraud-and-corruption-in-africa#.W_2ZTpNKhTY

181 Joe Amoako-Tuffour, « Public Participation in the Making of Ghana's Petroleum Revenue Management Law », octobre 2011, https://resourcegovernance.org/sites/default/files/documents/ghana-public-participation.pdf.

182 Babafemi Oyewole, Best Practice for Local Content Development Strategy: The Nigerian Experience, https://unctad.org/meetings/en/Presentation/Atelier%20Lancement%20Tchad%20-%20Babafemi%20Oyewole%20-%2026%20nov%202015.pdf

183 John Anyanwu, « Manufacturing Value Added Development in North Africa: Analysis of Key Drivers », la Banque africaine de développement, octobre 2017, https://www.researchgate.net/publication/320558479_Manufacturing_Value_Added_Development_in_North_Africa_Analysis_of_Key_Drivers

184 « Atlas of Sustainable Development Goals 2017: Goal 9 », la Banque mondiale, s.d., http://datatopics.worldbank.org/sdgatlas/archive/2017/SDG-09-industry-innovation-and-infrastructure.html.

185 Franck Kuwonu, « Using Trade to Boost Africa's Industrialization », Africa Renewal, août 2015, https://www.un.org/africarenewal/magazine/august-2015/using-trade-boost-africa%E2%80%99s-industrialization

186 Lisa Friedman, « Africa Needs Fossil Fuels to End Energy Apartheid », Scientific American, 5 août 2014, https://www.scientificamerican.com/article/africa-needs-fossil-fuels-to-end-energy-apartheid/

187 « Africa Mining Vision », l'Union africaine, février 2009, http://www.africaminingvision.org/amv_resources/AMV/Africa_Mining_Vision_English.pdf.

188 Kayode Adeoye, « Upgrading Kainji Dam and Improving Electricity », The Guardian, 29 mars 2017, https://guardian.ng/energy/upgrading-kainji-dam-and-and-improving-electricity/

189 LN Chete, JO Adeoti, FM Adeyinka et O. Ogundele, « Industrial Development and Growth in Nigeria: Lessons and Challenges », Brookings Institution, juillet 2016, https://www.brookings.edu/wp-content./uploads/2016/07/L2C_WP8_Chete-et-al-1.pdf

190 Landry Signé et Chelsea Johnson, « The Potential of Manufacturing and Industrialization in Africa: Trends, Opportunities, and Strategies », Brookings Institution, septembre 2018, https://www.brookings.edu/wp-content/uploads/2018/09/Manufacturing-and-Industrialization-in-Africa-Signe-20180921.pdf

191 « Lagos Free Trade Zone Woos Singaporean Investors as Existing Investments hit $150M », Business Day, 2 août 2017 https://www.nipc.gov.ng/lagos-free-trade-zone-woos-singaporean-investors-existing-investments-hit-150m/

192 Anzetse Were, « Manufacturing in Kenya: Features, Challenges and Opportunities », Supporting Economic Transformation, août 2016, https://set.odi.org/wp-content/uploads/2016/09/Manufacturing-in-Kenya. -Anzetse-Were.pdf

193 « Kenya's Industrial Transformation Programme », ministère de l'Industrie, du

Commerce et des Coopératives, s.d., http://www.industrialization.go.ke/index.php/downloads/282-kenya-s-industrial-transformation-programme.

194 « Industrialize Africa: Strategies, Policies, Institutions and Financing », la Banque africaine de développement, 20 novembre 2017, https://www.afdb.org/en/news-and-events/industrialize-africa-strategies-policies-institutions-and-financing-17570/

195 « Interview: Ashley Taylor », Oxford Business Group, s.d., https://oxfordbusinessgroup.com/interview/ashley-taylor.

196 Jaya Shukla, « Banking through Mobile Money Technology in Africa », The New Times, 18 juin 2018, https://www.newtimes.co.rw/business/banking-through-mobile-money-technology-africa

197 « M-Pesa », Wikipédia, 24 juin 2019, https://en.wikipedia.org/wiki/M-Pesa

198 Erik Hersman, « The Mobile Continent », Stanford Social Innovation Review, printemps 2013, https://ssir.org/articles/entry/the_mobile_continent.

199 Sama Tanya, « NJ Ayuk on How Tech can Impact Africa's Oil & Gas Industry », Bequadi, 7 février 2018, https://www.bequadi.com/nj-ayuk-2/.

200 « MOGS Oil & Gas Operations and Projects », s.d., https://www.mogs.co.za/oil-gas-services/operations/oiltainking-mogs-saldanha.

201 Paul Burkhardt, « Africa's Oil Hub Woos Global Traders With New Million-Barrel Tanks», Bloomberg, 25 février 2019, https://www.bloomberg.com/news/features/2019-02-26/africa-s-oil-hub-woos-global-traders-with-new-million-barrel-tanks

202 Iyabo Lawal, « FUPRE as Bridge Between Education and Innovation », The Guardian, 25 avril 2019, https://guardian.ng/features/education/fupre-as-bridge-between-education-et-innovation/.

203 « 'At Friburge We Leverage Cutting Edge Technology That Will Significantly Cut Costs And Reduce The Heavy Effects Of Resource Mining On Africa's Bourgeoning Eco System' – Dos Santos », Orient Energy Review, 2 février 2017, https://orientenergyreview.com/uncategorised/at-friburge-we-leverage-cutting-edge-technology-that-will-significantly-cut-costs-and-reduce-the-heavy-effects-of-resource-mining-on-africas-bourgeoning-eco-system/

204 Abdi Latif Dahir, « This Documentary Tells the Story of Africa's Longest Internet Shutdown », Quartz, 6 août 2018, https://qz.com/africa/1349108/cameroons-internet-shutdown-in-blacked-out-documentary/

205 Abdi Latif Dahir, « How Do You Build Africa's Newest Tech Ecosystem When the Government Shuts the Internet Down? », Quartz, 3 février 2017, https://qz.com/africa/902291/cameroons-silicon-mountain-is-suffering-losses-from-the-countrys-internet-shutdown/

206 « Rebecca Enonchong: A Heavyweight in African Tech », la Banque mondiale, 8 mars 2019, https://www.worldbank.org/en/news/feature/2019/03/08/rebecca-enonchong-a-heavyweight-in-african-tech

207 Marriane Enow Tabi, « Rebecca Enonchong: How I Built a Global Tech Business

with no Funding—7 Lessons », Journal du Cameroun, 14 janvier 2019, https://www.journalducameroun.com/en/rebecca-enonchong-how-i-built-a-global-tech-business-with-no-funding%E2%80%8A-%E2%80%8A7-lessons/

208 Arlene Lagman, « Njeri Rionge, The Serial Entrepreneur », Connected Women, 17 janvier 2016, https://www.connectedwomen.co/magazine/herstory-njeri-rionge-the-serial-entrepreneur/

209 « Rolling out the Web to Kenya's Poor », BBC News, 14 mai 2012, https://www.bbc.com/news/world-africa-17901645.

210 « Interview: Tunde Ajala », African Business Communities, 1er octobre 2018, https://africabusinesscommunities.com/features/interview-tunde-ajala,-executive-director-dovewell-oilfield-services-nigeria/.

211 Derby Omokoh, « Arthur Eze: Nigeria Profile », Oil Voice, 2 octobre 2017, https://oilvoice.com/Opinion/8804/Arthur-Eze-Nigeria-Profile.

212 Mfonobong Nsehe, « Nigerian Oilman Prince Arthur Eze Builds $800,000 School In South Sudan », Forbes, 1er octobre 2018, https://www.forbes.com/sites/mfonobongnsehe/2018/10/01/nigerian-oilman-prince-arthur-eze-builds-800000-school-in-south-sudan/#21367c36751b

213 Ninsiima Julian, « Oranto Petroleum Increases its Support to the Education of Uganda, South Sudan's Communities », PLM Daily, 11 mars 2019, http://www.pmldaily.com/news/2019/03/oranto-petroleum-increases-its-support-to-the-education-of-uganda-south-sudans-communities.html

214 « Sahara Group Canvasses Investments in Emerging Markets at Europlace Forum in Paris », Sahara Group, 10 juillet 2018, http://www.sahara-group.com/2018/07/10/sahara-group-canvasses-investments-in-emerging-markets-at-europlace-forum-in-paris/

215 « Sustainability Through Synergy », Sahara Group, 2016, http://www.sahara-group.com/wp-content/uploads/2018/06/Sahara_Group_2016_Sustainability_Report.pdf.

216 « Q&A with Kola Karim », Unity Magazine, s.d., https://unity-magazine.com/qa-with-kola-karim/

217 Derek Dingle, « Kase Lawal Is One of the Biggest Power Players in Houston's Oil Industry », Black Enterprise, 17 mai 2017, https://www.blackenterprise.com/kase-lawal-houston-oil/.

218 Susannah Palk, « Kase Lawal: Not Your Average Oil Baron », CNN, 19 mai 2010, http://www.cnn.com/2010/WORLD/africa/05/18/kase.lukman.lawal/index.ht

219 « Oil Company Tradex Does Well in Chad, Equatorial Guinea and the Central African Republic », Business in Cameroon, octobre 2018, page 9, https://www.businessincameroon.com/pdf/BC68.pdf.

220 Andy Brogan, « Why National Oil Companies Need to Transform », Ernst & Young, 12 avril 2019, https://www.ey.com/en_gl/oil-gas/why-national-oil-companies-need-to-transform

221 « NOC-IOC Partnerships », Congrès national mondial des compagnies pétrolières, juin

2012, http://www.terrapinn.com/conference/world-national-oational-oil-companies-congress/Data/nociocpartnerships.pdf.

222 « Angola: Total Will Launch a Fuel Retail Network with Sonangol », BusinesWire, 21 décembre 2018, https://www.businesswire.com/news/home/20181221005176/en/Angola-Total-Launch-Fuel-Retail-Network-Sonangol

223 Ejiofor Alike, « FG Sets Bid Round Guidelines for Award of 46 Marginal Oil Fields », This Day, 18 septembre 2017, https://www.thisdaylive.com/index.php/2017/09/18/fg-sets-bid-round-guidelines-for-award-of-46-marginal-oil-fields/

224 Dolapo Oni, « Nigeria Targets Local Upstream Players with Marginal Field Round », Petroleum Economist, 7 mars 2018, http://www.petroleum-economist.com/articles/upstream/licensing-rounds/2018/nigeria-targets-local-upstream-players-with-marginal-field-round

225 Chijioke Nwaozuzu, « Marginal Oil Fields Development in Nigeria: Way Forward », Business am, 6 août 2018, https://www.businessamlive.com/marginal-oil-fields-development-in-nigeria-way-forward/

226 « Special Report: Untold Story of How Skye Bank's Bubble Burst », Ripples Nigeria, 6 juillet 2016, https://www.ripplesnigeria.com/special-skye-bank/.

227 Chijioke Nwaozuzu, « Marginal Oil Fields Development in Nigeria: Way Forward », Business am, 6 août 2018, https://www.businessamlive.com/marginal-oil-fields-development-in-nigeria-way-forward/

228 Elie Smith, « Congo Republic Sees OPEC Admission Opening Up Its Oil Industry », Bloomberg, 23 juin 2018, https://www.bloomberg.com/news/articles/2018-06-23/congo-republic-sees-opec-admission-opening-up-its-oil-industry

229 Viktor Katona, « Can Angola Overhaul Its Struggling Oil Industry? », OilPrice.com, 29 octobre 2018, https://oilprice.com/Energy/Crude-Oil/Can-Angola-Overhaul-Its-Struggling-Oil-Industry.html

230 « Angola Facts and Figures », Organisation des pays exportateurs de pétrole, 2018, https://www.opec.org/opec_web/en/about_us/147.htm.

231 Stephen Eisenhammer, « Angola Cuts Tax Rates for Development of Marginal Oil Fields », Reuters, 22 mai 2018, https://af.reuters.com/article/investingNews/idAFKCN1IN0SN-OZABS.

232 « Angola: 2019 Licensing Round, Marginal Fields Drive Explorers' Interest », Africa Oil & Power, https://africaoilandpower.com/2018/12/17/independent-oil-companies-turn-attention-to-angola-2019-licensing-round-marginal-fields-drive-explorers-interest/

233 Moses Aremu, « Deepwater Fields Define Angola's Oil Wealth in the New Century », Oil and Gas Online, s.d., https://www.oilandgasonline.com/doc/deepwater-fields-define-angolas-oil-wealth-in-0001

234 « Infrastructure », Sahara Group, s.d., http://www.sahara-group.com/businesses/#infrastructure.

235 « Upstream», Sahara Group, s.d., http://www.sahara-group.com/businesses/#upstream.

236 « Sustainability Through Synergy », Sahara Group, 2016, http://www.sahara-group. com/wp-content/uploads/2018/06/Sahara_Group_2016_Sustainability_Report.pdf.

237 « Contract Negotiation and Fiscal Policies in Africa's Extractives Sector », le NEPAD, 5 novembre 2018, https://www.nepad.org/news/contract-negotiation-and-fiscal-policies-africas-extractives-sector.

238 Desmond Davies, « Obasanjo Advises African Leaders to Improve Negotiation Skills », Ghana News Agency, 19 avril 2017, http://www.ghananewsagency.org/features/obasanjo-advises-african-leaders-to-improve-negotiation-skills-115788

239 Richard Harroch, « 15 Tactics for Successful Business Negotiations », Forbes, 16 septembre 2016, https://www.forbes.com/sites/allbusiness/2016/09/16/15-tactics-for-successful-business-negotiations/#55751d3d2528

240 Danny Ertel, « Getting Past Yes: Negotiating as if Implementation Mattered », Harvard Business Review, novembre 2004, https://hbr.org/2004/11/getting-past-yes-negotiating-as-if-implementation-mattered

241 « Corporate Responsibility Report », Kosmos Energy, 2015, https://www. unglobalcompact.org/system/attachments/cop_2016/300841/original/Kosmos_Energy_2015_Corporate_Responsibility_Report.pdf?1468431920

242 « Senegal », BP, s.d., https://www.bp.com/fr/global/corporate/what-we-do/bp-worldwide/bp-in-senegal.html

243 « Kosmos Energy Welcomes Approval of Inter-Governmental Cooperation Agreement between Mauritania and Senegal », Kosmos Energy, 12 février 2018, http://investors. kosmosenergy.com/news-releases/news-release-details/kosmos-energy-welcomes-approval-inter-governmental-cooperation

244 « Noble Energy Announces Agreement to Progress Development of Alen Natural Gas, Offshore Equatorial Guinea », 10 mai 2018, http://investors.nblenergy.com/news-releases/news-release-details/noble-energy-announces-agreement-progress-development-alen

245 N.J. Ayuk, « Equatorial Guinea's New Flare », Vanguard, 13 juin 2018. https://www. vanguardngr.com/2018/06/equatorial-guineas-new-flare/

246 Robert Brelsfor, « Uganda Inks Deal for Country's First Refinery », Oil & Gas Journal, 12 avril 2018, https://www.ogj.com/articles/2018/04/uganda-inks-deal-for-country-s-first-refinery.html

247 « Behind the Scenes in Uganda's $4bn Oil Refinery Deal », The Observer, 17 avril 2018, https://observer.ug/news/headlines/57478-behind-the-scenes-in-uganda-s-4bn-oil-refinery-deal.html

248 Edward McAllister et Oleg Vukmanovic, « How One West African Gas Deal Makes BG Group Billions », Reuters, 12 juillet 2013, https://www.reuters.com/article/bg-equatorial-guinea-lng/how-one-west-african-gas-deal-makes-bg-group-billions-idUSL5N0FA1BE20130712

249 Oleg Vukmanovic, « Equatorial Guinea in LNG Sale Talks as Shell Deal

Winds Down », Reuters, 11 mai 2018, https://af.reuters.com/article/topNews/idAFKBN1IC0MV-OZATP.

250 Ahmad Ghaddar, « Libya Port Attack Cut Output by 400,000 Barrels Per Day: NOC Head», Reuters, 19 juin 2018, https://www.reuters.com/article/us-libya-security-oil/libya-port-attack-cut-output-by-400000-barrels-per-day-noc-head-idUSKBN1JF180

251 Ayman al-Warfalli et Shadia Nasralla, « East Libyan Forces Advance Rapidly to Retake Key Oil Ports », Business Insider, 21 juin 2018, https://www.businessinsider.com/r-east-libyan-forces-advance-rapidly-to-retake-key-oil-ports-2018-6

252 « East Libyan Forces Reclaim Key Oil Ports », eNCA, 22 juin 2018, https://www.enca.com/africa/east-libyan-forces-reclaim-key-oil-ports.

253 Jan-Philipp Scholz, « Gas Flaring in the Niger Delta Ruins Lives, Business », Deutsche Welle, 11 novembre 2017, https://www.dw.com/en/gas-flaring-in-the-niger-delta-ruins-lives-business/a-41221653

254 Leonore Schick, Paul Myles et Okonta Emeka Okelum, « Gas Flaring Continues Scorching Niger Delta », Deutsche Welle, 14 novembre 2018, https://www.dw.com/en/gas-flaring-continues-scorching-niger-delta/a-46088235

255 John Campbell, « The Trouble With Oil Pipelines in Nigeria », Conseil des relations étrangères, 14 septembre 2017, https://www.cfr.org/blog/trouble-oil-pipelines-nigeria.

256 Shadow Governance Intel, « Nigeria's Oil Theft Epidemic », OilPrice.com, 6 juin 2017, https://oilprice.com/Energy/Crude-Oil/Nigerias-Oil-Theft-Epidemic.html.

257 Terry Hallmark, « Oil and Violence in the Niger Delta Isn't Talked About Much, but it Has a Global Impact », Forbes, 13 février 2017, https://www.forbes.com/sites/uhenergy/2017/02/13/oil-and-violence-in-the-niger-delta-isnt-talked-about-much-but-it-has-a-global-impact/#422d73284dc6

258 Bukola Adebayo, « Major New Inquiry into Oil Spills in Nigeria's Niger Delta Launched », CNN, 26 mars 2019, https://www.cnn.com/2019/03/26/africa/nigeria-oil-spill.-inquiry-intl/index.html

259 Irina Slav, « Nigerian Army Destroys Major Oil Smuggling Hub », OilPrice.com, 16 avril 2019, https://oilprice.com/Latest-Energy-News/World-News/Nigerian-Army-Destroys-Major-Oil-Smuggling-Hub.html

260 « Market Report: NNPC to Provide Support to the Agriculture Industry », Africa Oil & Power, 15 avril 2019, https://africaoilandpower.com/2019/04/15/market-report-nnpc-to-provide-support-to-the-agriculture-industry/

261 Gege Li, « Harnessing Plants and Microbes to Tackle Environmental Pollution », Chemistry World, 29 mars 2019, https://www.chemistryworld.com/research/harnessing-plants-and-microbes-to-tackle-environmental-pollution/3010307.article

262 Rebecca Campbell, « See How This Non-Profit Is Using the Blockchain to Clean up the Niger Delta », Forbes, 14 janvier 2019, https://www.forbes.com/sites/rebeccacampbell1/2019/01/14/see-how-this-non-profit-is-using-the-blockchain-to-clean-up-the-niger-delta/#2cbb69c53302

263 Nkosana Mafico, « Using Blockchain Technology to Clean Up the Niger Delta », Huffington Post, 8 octobre 2017, https://www.huffpost.com/entry/using-revolutionary-technology-to-clean-up-the-niger_b_59d373eae4b092b22a8e3957

264 Bukola Adebayo, « Contaminated Lands, Water: New Major Inquiry into Oil Spills in Niger Delta », Vanguard, 31 mars 2019. https://www.vanguardngr.com/2019/03/contaminated-lands-water-new-major-inquiry-into-oil-spills-in-niger-delta/

265 Ian Ralby, « Downstream Oil Theft: Global Modalities, Trends, and Remedies », Atlantic Council Global Energy Center, janvier 2017, https://www.atlanticcouncil.org/images/publications/Downstream-Oil-Theft-RW. -0214.pdf

266 Terry Hallmark, « The Murky Underworld of Oil Theft and Diversion », Forbes, 26 mai 2017, https://www.forbes.com/sites/uhenergy/2017/05/26/the-murky-underworld-of-oil-theft-and-diversion/#dc609716886e

267 « Nigeria Takes Action Against Gas Flaring », Journal du Cameroun, 3 avril 2019 , https://www.journalducameroun.com/fr/nigeria-takes-action-against-gas-flaring/

268 Samuel Petrequin et Ebow Godwin, « 2 Arrested in Togo Soccer Team Attack », CBS News, 11 janvier 2010, https://www.cbsnews.com/news/2-arrested-in-togo-soccer-team-attack/

269 Ed Cropley, « Rebels Alive and Kicking in Angolan Petro-Province, Oil Workers Say », Reuters, 14 juin 2016, https://www.reuters.com/article/angola-oil-security/rebels-alive-and-kicking-in-angolan-petro-province-oil-workers-say-idUSL8N1952C9

270 « What's Behind the Surge in Violence in Angola's Cabinda Province? » Revue politique mondiale, 9 septembre 2016, https://www.worldpoliticsreview.com/trend-lines/19873/what-s-behind-the-surge-in-violence-in-angola-s-cabinda-province

271 Lucy Corkin, « After the Boom: Angola's Recurring Oil Challenges in a New Context », Oxford Institute for Energy Studies, mai 2017, https://www.oxfordenergy.org/wpcms/wp-content/uploads/2017/05/After-the-Boom-Angolas-Recurring-Oil-Challenges-in-a-New-Contect-WPM-72.pdf

272 Matthew Hill et Borges Nhamire, « Burning Villages, Ethnic Tensions Menace Mozambique Gas Boom », Bloomberg, 1er juillet 2018, https://www.bloomberg.com/news/articles/2018-07-02/burning-villages-ethnic-tensions-menace-mozambique-s-gas-boom

273 Jordan Blum, « Anadarko's Mozambique LNG Attacked Amid Insurgency, One Contractor Killed », Houston Chronicle, 22 février 2019, https://www.houstonchronicle.com/business/energy/article/Anadarko-Mozambique-Attacked-for-First-Time-Amid-13636373.php

274 Paul Burkhardt et Matthew Hill, « Chevron Gets Treasure, Trouble with Rebel-Hit Mozambique Gas », Bloomberg, 12 avril 2019, https://www.bloomberg.com/news/articles/2019-04-12/chevron-reaps-treasure-trouble-in-rebel-hit-mozambique-gas-area

275 Chris Massaro, « Nigeria Plagued by Ethnic and Religious Violence as Attacks on Christians Rise », Fox News, 24 avril 2019, https://www.foxnews.com/world/nigeria-etnic-religieux-violence-christians

276 Orji Sunday, « Organised Crime Kills More Civilians in Nigeria than Boko Haram », TRT World, 24 avril 2019, https://www.trtworld.com/magazine/organised-crime-kills-more-civilians-in-nigeria-than-boko-haram-26143

277 Brian Adeba, « How War, Oil and Politics Fuel Controversy in South Sudan's Unity State », African Arguments, 5 août 2015, http://africanarguments.org/2015/08/05/how-war-oil-and-politics-fuel-controversy-in-south-sudans-unity-state-by-brian-adeba/

278 « South Country Profile », BBC, 6 août 2018, http://www.bbc.co.uk/news/world-africa-14069082.

279 Javira Ssebwami, « South Sudan enters into Agreement with African Energy Chamber to Provide Technical Assistance to its Petroleum Sector », PML Daily, 31 janvier 2019. http://www.pmldaily.com/business/2019/01/south-sudan-enters-into-agreement-with-african-energy-chamber-to-provide-technical-assistance-to-its-petroleum-sector.html

280 Abdelghani Henni, « South Sudan: When Oil Becomes A Curse », Hart Energy, 19 juillet 2018, https://www.hartenergy.com/exclusives/south-sudan-when-oil-becomes-curse-31242.

281 Okech Francis, « South Sudan Sees $2 Billion Oil Investments as First Start », World Oil, 19 décembre 2018, https://www.worldoil.com/news/2018/12/19/south-sudan-sees-2-billion-oil-investments-as-first-start

282 Nhial Tiitmamer, « South Sudan's Mining Policy and Resource Curse », Sudd Institute, 22 avril 2014, https://www.suddinstitute.org/publications/show/south-sudan-s-mining-policy-and-resource-curse

283 Nhial Tiitmamer, « The South Sudanization of the Petroleum Industry Through Local Content: Is the Dream within Reach? » Sudd Institute, 20 octobre 2015, https://www.suddinstitute.org/publications/show/the-south-sudanization-of-the-petroleum-industry-through-local-content-is-the-dream-within-reach

284 Wim Zwijnenburg, « South Sudan's Broken Oil Industry Increasingly Becoming a Hazard », New Security Beat, 2 mai 2016, https://www.newsecuritybeat.org/2016/05/south-sudans-broken-oil-industry-hazard/

285 William Charnley, « South Sudan: Post Civil War Instability », Global Risk Insights, 19 mars 2019, https://globalriskinsights.com/2019/03/south-sudan-war-peace-deal/.

286 « Laura FitzGerald, the Bells of the Wells », CNBC, s.d., https://www.cnbc.com/laura-fitzgerald/

287 Laura FitzGerald, « Women's Oil Business Plan: Removing Your Glass Ceiling », Ilios Resources, s.d., http://iliosresources.com/oil-business-plan/.

288 Rob Wile, « Why Letting an Oil Company Frack in Your Backyard Is Actually an Awesome Idea », Business Insider, 15 octobre 2012, https://www.businessinsider.com/if-you-want-to-become-a-millionaire-let-an-oil-company-frack-your-backyard-2012-10

289 David Bailey, « In North Dakota, Hard to Tell an Oil Millionaire from Regular Joe », Reuters, 3 octobre 2012, https://www.reuters.com/article/us-usa-northdakota-

millionaires/in-north-dakota-hard-to-tell-an-oil-millionaire-from-regular-joe-idUSBRE8921AF20121003

290 « Oil in Nigeria: A Cure or Curse? » Global Citizen, 31 août 2012, https://www.globalcitizen.org/fr/content/oil-in-nigeria-a-cure-or-curse/

291 « Poverty and Crime Flourish in Oil-Rich Niger Delta », PBS News Hour, 27 juillet 2007, https://www.pbs.org/newshour/politics/africa-july-dec07-delta_0727.

292 Daron Acemoglu et James Robinson, « Is There a Curse of Resources? The Case of the Cameroon », Why Nations Fail, 16 mai 2013, http://whynationsfail.com/blog/2013/5/16/is-there-a-curse-of-resources-the-case-of-the-cameroon.html

293 William Lloyd, « Top 10 Facts About Living Conditions In Cameroon », Borgen Project, 19 février 2019, https://borgenproject.org/top-10-facts-about-living-conditions-in-cameroon/.

294 Tim Cocks, « Anglophone Cameroon's Separatist Conflict Gets Bloodier », Reuters, 1er juin 2018, https://www.reuters.com/article/us-cameroon-separatists/anglophone-cameroons-separatist-conflict-gets-bloodier-idUSKCN1IX4RS

295 Yusser AL-Gayed, « Oil, Order and Diversification in Libya », Natural Resource Governance Institute, 12 août 2016, https://resourcegovernance.org/blog/three-ways-oil-reliance-has-hit-libya-and-government

296 Jim Armitage, « Libya Sinks into Poverty as the Oil Money Disappears into Foreign Bank Accounts », The Independent, 17 juillet 2018, https://www.independent.co.uk/news/business/analysis-and-features/libya-poverty-corruption-a8451826.html

297 Charles Recknagel, « What Can Norway Teach Other Oil-Rich Countries? » Radio Free Europe, 27 novembre 2014, https://www.rferl.org/a/what-can-norway-teach-other-oil-rich-countries/26713453.html

298 Richard Valdmanis, « Debt-Wracked Nations Could Learn from Norway, Prime Minister Says », Reuters, 25 septembre 2013, https://www.reuters.com/article/us-usa-norway-stoltenberg/debt-wracked-nations-could-learn-from-norway-prime-minister-says-idUSBRE98P04D20130926

299 « Kenya Proposes Transparent, but Risky, New Sovereign Wealth Fund », Natural Resource Governance Institute, 6 mars 2019, https://resourcegovernance.org/blog/kenya-proposes-transparent-risky-new-sovereign-wealth-fund

300 Larry Diamond et Jack Mosbacher, « Petroleum to the People, Africa's Coming Resource Curse—And How to Avoid It », Affaires étrangères, septembre/octobre 2013, http://media.hoover.org/sites/default/files./documents/diamond_mosbacher_latest3.pdf

301 Shanta Devarajan, « How to Use Oil Revenues Efficiently: Universal Basic Income », Brookings, 30 mai 2017, https://www.brookings.edu/blog/future-development/2017/05/30/how-to-use-oil-revenues-efficiently-universal-basic-income/

302 Emeka Duruigbo, « Managing Oil Revenues for Socio-Economic Development in Nigeria », North Carolina Journal of International Law and Commercial Regulation, automne 2004, https://scholarship.law.unc.edu/cgi/viewcontent.cgi? référer = https://www.google.com/&httpsredir=1&article=1781&context=ncilj

303 Landry Signé, « Africa's Natural Resource Revenue for All: The Alaska Permanent Fund Dividend Model », Brookings, 26 juin 2018, https://www.brookings.edu/blog/africa-in-focus/2018/06/26/africas-natural-resource-revenue-for-all-the-alaska-permanent-fund-dividend-model/

304 Svetlana Tsalik, « Caspian Oil Windfalls: Who Will Benefit? » Open Society Institute, 2003, http://pdc.ceu.hu/archive/00002053/01/051203.pdf

305 Ujjwal Joshi, « Chad-Cameroon Pipeline Project», 6 juin 2013, https://www.slideshare.net/ujjwaljoshi1990/chad-cameroon-pipeline-project-22545357.

306 Artur Colom Jaén, « Lessons from the Failure of Chad's Oil Revenue Management Model (ARI) », Real Instituto Elcano, 3 décembre 2010, http://www.realinstitutoelcano.org/wps/wcm/connect/8473080041b87f3a9de5ffe151fccd56/ARI12-2010_Colom_Chad_Oil_Revenue_Management_Model.pdf?MOD=AJPERES&CACHEID=8473080041b87f3a9de5ffe151fccd56

307 « Chad-Cameroon Petroleum Development and Pipeline Project: Overview », la Banque mondiale, décembre 2006, http://documents.worldbank.org/cured/en/821131468224690538/pdf/36569.pdf

308 Shawn Simmons, « Thank a Mentor By Becoming One Yourself», magazine STEAM, été/automne 2016, https://mydigitalpublication.com/publication/frame.php?i=312844&p=66&pn=&ver=html5.

309 Sarah Donchey, « Women Making a Difference: Shawn Simmons fulfills dream of becoming engineer », Click2Houston.com, 23 février 2018, https://www.click2houston.com/community/women-making-a-difference/shawn-simmons-fulfills-dream-of-becoming-engineer

310 « Dr Shawn Simmons advises on ExxonMobil's work in Nigeria », Diversity/Careers in Engineering & Information Technology, http://www.diversitycareers.com/articles/pro/06-augsep/managing_exxon.html.

311 Robert Rapier, « How The Shale Boom Turned The World Upside Down », Forbes, 21 avril 2017, https://www.forbes.com/sites/rrapier/2017/04/21/how-the-shale-boom-turned-the-world-upside-down/#5cf4192a77d2

312 Robert Rapier, « How The Shale Boom Turned The World Upside Down », Forbes, 21 avril 2017, https://www.forbes.com/sites/rrapier/2017/04/21/how-the-shale-boom-turned-the-world-upside-down/#5cf4192a77d2

313 « Overview of U.S. Petroleum Production, Imports, Exports, and Consumption », Bureau of Transportation Statistics, https://www.bts.gov/content/overview-us-petroleum-production-imports-exports-and-consumption-million-barrels-day

314 « U.S. monthly crude oil production exceeds 11 million barrels per day in August », United States Energy Information Administration, 1er novembre 2018, https://www.eia.gov/todayinenergy/detail.php?id=37416

315 « Cobalt in dispute with Sonangol over Angolan assets », Offshore Energy Today, 2017, https://www.off-shoreenergytoday.com/cobalt-in-dispute-with-sonangol-over-angolan-assets/.

316 « BP And Partner's US$350 Million Payments In Corruption-Prone Angola Show Need for U.S. Transparency Rule », Global Witness, 4 août 2014, https://www.globalwitness. org/en/archive/bp-and-partners-us350-million-payments-corruption-prone-angola-show-need-us-transparency/

317 Jonathan Stempel, « Och-Ziff reaches $29 million shareholder accord over Africa bribery probes », Reuters, 2 octobre 2018, https://www.reuters.com/article/us-och-ziff-settlement/och-ziff-reaches-29-million-shareholder-accord-over-africa-bribery-probes-idUSKCN1MC2DS

318 « BBC Expose On $10BN Deal Shows BP May Have Been Complicit In Corruption », Global Witness, 3 juin 2019, https://www.globalwitness.org/en/press-releases/bbc-expos%C3%A9-on-10bn-deal-shows-bp-may-have-been-complicit-in-corruption/

319 Daniel Graeber, « More Oil Progress Offshore Senegal », UPI, 7 mars 2017, https://www.upi.com/Energy-News/2017/03/07/More-oil-progress-off-shore-Senegal./9391488887085/

320 Rick Wilkinson, « Cairn Energy group begins FEED at SNE field off Senegal », Oil & Gas Journal, 17 décembre 2018, https://www.ogj.com/exploration-development/article/17296866/cairn-energy-group-begins-feed-at-sne-field-off-senegal

321 Angela Macdonald-Smith, « Woodside Petroleum to pay $565.5m for ConocoPhillips' Senegal venture », Australian Financial Review, 14 juillet 2016. https://www.afr.com/business/energy/oil/woodside-petroleum-taypay-pay-5655m-for-conocophillips-senegal-venture-20160714-gq5b49

322 Dai Jones, « 2018 Global Exploration Activity Stable and 2019 Outlook Upbeat », DrillingInfo.com, 4 avril 2019, https://info.drillinginfo.com/blog/2018-global-exploration-activity-stable-and-2019-outlook-upbeat/

323 « Eni announces a major oil discovery offshore Angola », Eni, 13 mars 2019, https://www.eni.com/en_IT/media/2019/03/eni-announces-a-major-oil-discovery-off-shore-angola

324 Dai Jones, « 2018 Global Exploration Activity Stable and 2019 Outlook Upbeat », DrillingInfo.com, 4 avril 2019, https://info.drillinginfo.com/blog/2018-global-exploration-activity-stable-and-2019-outlook-upbeat/

325 « West African Rig Market: A Slow-Burn Recovery », Westwood Global Energy Group, 10 avril 2019, https://www.westwoodenergy.com/news/westwood-insight/west-african-rig-market-a-slow-burn-recovery/

326 « West African offshore rig market remains subdued », Offshore, 10 avril 2019, https://www.off-shore-mag.com/drilling-completion/article/16790829/west-african-off-shore-rig-market-remains-subdued

327 Dai Jones, « 2018 Global Exploration Activity Stable and 2019 Outlook Upbeat», DrillingInfo.com, 4 avril 2019, https://info.drillinginfo.com/blog/2018-global-exploration-activity-stable-and-2019-outlook-upbeat/

328 « Ghana Crude Oil Production », Trading Economics, https://tradingeconomics.com/ghana/crude-oil-production.

329 Ismail Akwei, « Ghana wins three-year maritime boundary dispute case against Ivory Coast », AllAfrica, 23 septembre 2017, https://www.africanews.com/2017/09/23/ghana-wins-three-year-maritime-boundary-dispute-case-against-ivory-coast//

330 « Côte D'ivoire Crude Oil Production by Year », IndexMundi, https://www.indexmundi.com/energy/?country=ci&product=oil&graph=production.

331 Andrew Skipper, « Africa 2019 – The Optimist's View », African Law & Business, 18 décembre 2018, https://www.africanlawbusiness.com/news/8891-africa-2019-the-optimists-view.

332 Garrett Brinker, « President Obama Speaks at the U.S.-Africa Business Forum », obamawhitehousearchives.gov, 5 août 2014, https://obamawhitehouse.archives.gov/blog/2014/08/05/president-obama-speaks-us-africa-business-forum

333 Tibor Nagy, « The Enduring Partnership between the United States and South Africa », africanews., 25 juin 2019, https://www.africanews.com/2019/06/25/the-enduring-partnership-between-the-united-states-and-south-africa-speech-by-assistant-secretary-tibor-nagy/

334 « Ann Norman, Pioneer Energy: 'Africa is open for business », Kapital Afrik, 20 mars 2019, https://www.kapitalafrik.com/2019/03/20/ann-norman-pioneer-energy-africa-is-open-for-business/

335 « Africa: Symbion Power Announces Low-Cost, Mini-Hydro Pilot in Rwanda and Geothermal Plant in Kenya During U.S. 'Prosper Africa' Rollout », AllAfrica, https://allafrica.com/stories/201906200815.html

336 Power Africa : Beyond The Grid, Private Sector Partner List, https://www.usaid.gov/powerafrica/privatesector

337 « Load shedding: Eskom drops to Stage 2 on Friday 22 March », The South Africa, 22 mars 2019, https://www.thesouthafrican.com/news/load-shedding-today-friday-22-march-2019/

338 « Why We Need to Close the Infrastructure Gap in Sub-Saharan Africa » la Banque mondiale, avril 2017, https://www.worldbank.org/en/region/afr/publication/why-we-need-to-close-the-infrastructure-gap-in-sub-saharan-africa

339 Moussa P. Blimpo et Malcolm Cosgrove-Davies, « Electricity Access in Sub-Saharan Africa: Uptake, Reliability, and Complementary Factors for Economic Impact », Série des forums sur le développement en Afrique, 2019, https://openknowledge.worldbank.org./bitstream/handle/10986/31333/9781464813610.pdf?sequence=6&isAllowed=y

340 Michael Cohen, Paul Burkhardt et Paul Vecchiatto, « The Only Option for Eskom Is One South Africa Can't Afford », 18 juin 2019, https://www.bloomberg.com/news/articles/2019-06-19/the-only-option-for-eskom-is-one-south-africa-can-t-afford

341 Julius Yao Petetsi, « Ghana: Minority Expresses Worry Over Energy Sector Debt », AllAfrica, 21 juin 2019, https://allafrica.com/stories/201906240402.html

342 « Umeme investment in power distribution infrastructure paying off », The Independent, 22 novembre 2017, https://www.independent.co.ug/umeme-tremendously-contributed-towards-power-distribution/

343 Lily Kuo, « Kenya's national electrification campaign is taking less than half the time it took America », Quartz Africa, 16 janvier 2017. https://qz.com/africa/882938/kenya-is-rolling-out-its-national-electricity-program-in-half-the-time-it-took-america/

344 Africa Progress Panel, « Africa Progress Report 2015, Power People Planet: Seizing Africa's Energy and Climate Opportunities », https://app.box.com/s/kw1za0n3r4bo92a3wfst0wuln216j6pp.

345 « Kenya Launches Africa's Biggest Wind Farm », The East African, 18 juillet 2019, https://www.theeastafrican.co.ke/business/Kenya-to-launch-africa-biggest-wind-farm/2560-5202472-m7582y/index.html

346 Carla Sertin, « Oil and gas industry key to climate change solutions: OPEC Secretary-General Barkindo », OilandGasMiddleEast.com, 10 juillet 2019. https://www.oilandgasmiddleeast.com/drilling-production/34513-oil-and-gas-industry-instrumental-part-of-climate-change-solutions-opec-secretary-general-barkindo

347 Agence internationale de l'énergie, « Africa Energy Outlook: A Focus on Energy Prospects in Sub-Saharan Africa », 2019 https://www.iea.org/publications/freepublications/publication/WEO2014_AfricaEnergyOutlook.pdf

348 Collins Olayinka et Kingsley Jeremiah, « AITEO Founder Peters Wins FIN African Icon Award », The Guardian, 31 janvier 2019, https://guardian.ng/appointments/aiteo-founder-peters-wins-fin-african- icon-award/

349 Tsvetana Paraskova, « South Africa Oil Discovery Could Be a Game-Changer », OilPrice.com, 10 février 2019, https://oilprice.com/Energy/Crude-Oil/South-Africa-Oil-Discovery-Could-Be-A-Game-Changer.html

350 Kim Aine, « Uganda Joins Extractive Industries Transparency Initiative to Boost Investor Confidence », ChimpReports, 29 janvier 2019, https://chimpreports.com/uganda-joins-extractive-industries-transparency-initiative-to-boost-investor-confidence/

351 « Benin's National Assembly Adopts New Petroleum Code », Africa Oil & Power, 25 janvier 2019, https://africaoilandpower.com/2019/01/25/benins-national-assembly-adopts-new-petroleum-code/

352 Thomas Hedley, « Senegal's Petroleum Code Moves Towards Final Stage », Africa Oil & Power, 14 janvier 2019, https://africaoilandpower.com/2019/01/14/senegals-petroleum-code-moves-towards-final-stage/

353 Jeff Kapembwa, « Zambia, Angola Sign Agreement on Oil and Gas », Southern Times, 28 janvier 2019, https://southerntimesafrica.com/site/news/zambia-angola-sign-agreement-on-oil-and-gas

354 Okechukwu Nnodim, « Nigeria, Morocco Gas Pipeline to Supply 15 Countries », Punch, 29 janvier 2019, https://punchng.com/nigeria-morocco-gas-pipeline-to-supply-15-countries/

355 « Oil is the Glue that Binds Sudan and South Sudan », Oil Review, 16 avril 2019,

http://www.oilreviewafrica.com/downstream/downstream/oil-is-the-glue-that-binds-sudan-and-south-sudan-ezekiel-lol-gatkuoth

356 Steven Deng, « South Africa's State-owned Oil Company Signs Deal to Explore Highly-prospective Oil Block B2 in South Sudan », AfricaNews.com, 6 mai 2019, https://www.africanews.com/2019/05/06/south-africas-state-owned-oil-company-signs-deal-to-explore-highly-prospective-oil-block-b2-in-south-sudan/

357 Robert Brelsford, « Ivory Coast Secures Loan to Support Refinery Revamp », Oil & Gas Journal, 14 janvier 2019, https://www.ogj.com/articles/2019/01/ivory-coast-secures-loan-to-support-refinery-revamp.html

358 « Ghanaians Undergo Oil and Gas Training in Brazil », Ghana Business News, 31 janvier 2019, https://www.ghanabusinessnews.com/2019/01/31/ghanaians-undergo-oil-and-gas-training-in-brazil/

359 « Angola Sets Sights on Training and Education to Bolster Oil and Gas Sector », Africa Oil & Power, 7 janvier 2019, https://africaoilandpower.com/2019/01/07/angola-sets-sights-on-training-and-education-to-bolster-oil-and-gas-sector/

www.ingramcontent.com/pod-product-compliance
Lightning Source LLC
Chambersburg PA
CBHW031503180326
41458CB00044B/6674/J